주식투자
매도하는 법부터
배워라

주식 투자
매도하는 법부터 배워라

개정 1쇄 발행 2019년 12월 26일
개정 3쇄 발행 2021년 5월 14일

지은이 | 김중근
펴낸이 | 박수길
펴낸곳 | ㈜도서출판 미래지식
편 집 | 김아롬
디자인 | 플러스

주 소 | 경기도 고양시 덕양구 통일로 140 삼송테크노밸리 A동 3층 333호
전 화 | 02-389-0152
팩 스 | 02-389-0156
홈페이지 | www.miraejisig.co.kr
전자우편 | miraejisig@naver.com
등록번호 | 제2018-000205호

* 이 책의 판권은 미래지식에 있습니다.
* 값은 표지 뒷면에 표기되어 있습니다.
* 잘못된 책은 구입하신 서점에서 바꾸어 드립니다.

ISBN | 979-11-90107-59-4 13320

이 도서의 국립중앙도서관 출판예정도서목록(CIP)은 서지정보유통지원시스템 홈페이지(http://seoji.nl.go.kr)와
국가자료종합목록 구축시스템(http://kolis-net.nl.go.kr)에서 이용하실 수 있습니다.
(CIP제어번호 : CIP2019050024)

미래지식은 좋은 원고와 책에 관한 빛나는 아이디어를 기다립니다.
이메일(miraejisig@naver.com)로 간단한 개요와 연락처 등을 보내주시면
정성으로 고견을 참고하겠습니다. 많은 응모 바랍니다.

최상의 매도 타이밍으로 얻는 절대 수익

주식투자
매도하는 법부터 배워라

김중근 지음

미래지식

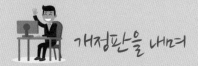

Revised Edition TV를 그리 즐기는 편은 아니지만, 스포츠 중계는 웬만하면 챙겨보는 편이다. 여러 종류의 스포츠를 좋아하는데 그중에서도 특히 축구에 푹 빠져 있다. 축구는 농구나 배구 혹은 럭비와는 달리 점수가 잘 나지 않는 편이다. 심지어 전, 후반 90분 경기 내내 '헛심'만 잔뜩 들이고 끝나는 경기도 허다하다. 그럴 때는 좀 허탈하다. 축구의 맛은 역시 "고~ 올!"이라고 외칠 때가 아닐까? 온몸을 감싸는 짜릿함 때문에 내내 경기를 지켜보는 것인데, 골이 나지 않으면 참으로 실망스럽다.

다소 극단적으로 말한다면 미드필드에서 아무리 패스를 잘해도 소용없는 것이 축구이다. 패스를 멋들어지게 한다고 점수가 나는 것은 아니기 때문이다. 골 에어리어까지 열심히 드리블한다고 해도 엉뚱한 슈팅으로 공이 골대를 넘어가 버리면 만사 '도루묵'이다. 역시 축구에서는 '골'이 중요하다. 점유율에서 밀리더라도 골만 많이 넣으면 이기는 것이 축구다. 그러기에 내내 지기만 하는 약팀을 두고 누구나 '골 결정력'을 탓하지 않았던가!

뜬금없이 축구 이야기를 늘어놓았지만, 축구를 주식에 비유한다면 주식 투자에서 골처럼 중요한 것이 '매도'이다. 화려한 드리블이나 현란한 패스가 축구 경기에서 승리를 보장하지 못하는 것처럼, 주식투자에서 좋은 종목을 멋진 타이밍에 잘 매수하였더라도 결정적인 순간, 매도 의사결정을 잘못한다면 그동안의 온갖 노력은 수포가 되고 만다. 그렇다고 주식을 매수한 이후 이제 막 수익이 나기 시작하는데 매도 타이밍이 중요하다는 이유만으로 애써 매수한 종목을 서둘러 매도해 버릴 수도 없다. 매도한 시기가 주가의 꼭지라는 보장도 없는 데다 보통 주가가 상승세를 이어가는 일이 많기 때문이다. 주식투자를 해본 사람이라면 누구나 느끼겠지만, 그놈의 주식은 내가 매수하면 내내 하락하기만 하다가 하필이면 내가 매도하고 난 이후부터 어김없이 치솟으니 정말 환장할 노릇이다.

주식에서 매도는 참으로 어렵다. 나름 전문가라 불리는 필자 역시 어렵다. 나는 금융시장에서 잔뼈가 굵었다고 자부한다. 오랫동안 외환시장에서 달러, 엔 등을 거래해 왔고, 주식시장과 파생상품시장에서 온갖 주식과 선물, 옵션 등을 매매해 보았다. 그런데도 여전히 매도 시기를 선택하는 일은 어렵다. 이론으로 무장한다고 해결될 문제도 아니다. '머리'는 이해하면서도 '가슴'으로는 받아들이지 못하는 경우가 대부분이기 때문이다. 매도하는 일이 어려워서인지 주식을 '매수하는 법'에 대한 책은 정말 많지만, 정작 '잘 매도하는 법'과 관련된 책을 찾기는 어렵다. 그래서 이 책에서는 매수하는 방법뿐만 아니라 잘 매도하는 법에 대한 노하우를 담기 위해 노력했다.

이 책이 출간된 지는 10년도 더 지났지만, 그동안 꾸준히 독자들의 사랑을 받아왔다. 그래도 시간이 흐르다 보니 책에서 설명한 사례나 기법이 지금 실정과 맞지 않은 게 많았다. 그래서 이번 기회에 심혈을 기울여 개정판을 새로 작업했다.

처음에는 개정판이라고 하여 책 일부만 살짝 손보면 될 것이라 쉽게 생각했는데, 작업을 하다 보니 만만한 일이 아니었다. 결국, 거의 새로 쓰다시피하여 이 책이 탄생했다. 이번 개정판에서는 프롤로그부터 바꾸었으며 심리분석도 보완하였다. 그리고 초판에서 부족하였던 매도 실전 편, 즉 매도 목표치를 산정하고 타이밍을 정하는 실전적인 기법을 추가하였다.

속담에 '끝이 좋으면 모든 것이 좋다'라는 말이 있다. 주식투자의 끝은 역시 매도인 바, 모쪼록 이 책에서 여러분이 원하는 매도 기법을 찾아서 투자의 마무리를 멋지게 해낼 수 있기를 바란다.

개정판을 만들 것을 제안하고 내내 필자를 독려해 주신 미래지식의 박수길 사장님께 감사드리며, 예쁜 삽화를 그려준 차정민 양과 엉성한 원고를 잘 다듬어준 편집진에게도 머리 숙여 감사드린다. 또한, 이 책에 차트를 사용할 수 있도록 허락해 준 국내 최고의 금융 전문 뉴스인 '연합인포맥스'에도 감사드린다. 아울러 아내 미선에게도 사랑과 감사를 전한다. 끝으로 내가 새로운 책을 낼 때마다 항상 자랑스러워하고 기뻐하시는 부모님에게 가장 큰 감사를 드린다.

지은이 김증근

CONTENTS

후회하기 싫은 그 미묘한 감정

우리나라도 그렇지만 미국에서 TV 채널을 돌리다 보면 유난히 퀴즈 프로그램이 많다는 생각이 든다. 온갖 채널에서 이 런저런 내용으로 출연자들이 상금을 두고 겨룬다. 그 상금은 상당한 액수인 데, 1등 상금으로 몇십만 달러를 따는 것이 보통이다. 그걸 보면서 '퀴즈 공부를 해볼까?' 하는 생각을 잠시 했을 정도이다. 어쨌거나 치열한 경쟁을 뚫고 예선을 거쳐 올라온 출연자들이 TV 스튜디오에 모였고, 준비된 퀴즈 문제를 끝까지 풀어낸 한 명이 드디어 우승자가 되었다. 우승한 출연자는 소리를 지르며 기뻐했다. 그러자 사회자가 희희낙락하는 그를 향하여 "축하합니다, 우승자님. 정말 수고하셨습니다. 이제 상품을 드릴 차례이지요?"라고 말하며 우승자를 스튜디오 한쪽으로 인도한다. 거기에는 3개의 문이 있었다.

사회자가 설명한다. "저 3개의 문 중 하나를 선택하십시오. 셋 중 하나의 문 뒤에는 멋진 자동차가 있습니다. 자동차가 있는 문을 여신다면 그 차는 당신의 것입니다. 물론, 나머지 2개의 문 뒤에는 자동차가 없습니다."

출연자는 심사숙고한다. 잘만 고르면 집으로 멋진 자동차를 몰고 갈 수 있다. 그런데 꽝이면 어쩌나? 짧은 순간 온갖 실없는 생각이 들기도 한다. 고민

끝에 그는 1번 문을 선택했다.

"이 문으로 하겠습니다."

그러자 사회자가 "예, 잘 알겠습니다. 1번 문이라고요? 거기에 자동차가 있을까요? 혹시 다른 문에는 과연 무엇이 있을까요?"라고 말하며 그가 선택하지 않았던, 예컨대 3번 문을 열어 보여 준다. 그러나 그 문 안에 자동차는 없었다. 그러고는 사회자가 다시 묻는다.

"다행히 3번 문 뒤에는 자동차가 없고 귀여운 돼지 한 마리가 있네요. 그렇다면 정말로 1번 문 뒤에 자동차가 있을까요, 아니면 혹시 2번 문일까요? 우승자님은 어떻게 생각하세요? 만일 생각이 변하셨다면 아까 하신 선택을 지금이라도 바꾸실 수 있습니다. 어쩌시겠습니까? 2번 문으로 바꾸실래요? 아니면 그대로 1번 문으로 하실래요?"

이 상황에서 만약 여러분이라면 어떻게 할 것인가? 이게 바로 앞으로 내가 하고 싶은 이야기의 초점이다. 이 글을 읽는 바로 당신이 우승자가 되었다고 가정하자. 그래서 세 개의 문 중에서 하나를 골랐는데, 사회자가 그냥 내가 고른 문을 열어서 결과를 보여주지 않고 뜸을 들인다. 좀 더 흥미를 끌 작정인 듯 다른 문을 열어 그게 '꽝'이라는 사실을 확인하고는 다시 묻는다.

'지금이라도 바꿔도 된다.'라고 한다면 당신은 어떤 선택을 하겠는가? 바꾸겠는가? 아니면 처음 선택을 고수하겠는가?

여기서 잠깐! 바꿀 때와 바꾸지 않았을 때, 자동차가 당첨될 확률을 따져보자. 처음과는 다르게 2개의 문 중에서 선택할 때의 확률은 50%이다. 그 사실을 유념하고 결정해 보자. 당신은 어떤 선택을 할 것인가?

사실을 말한다면, 나는 당신이 어떤 선택을 할지 알고 있다. 당신은 십중팔구 바꾸지 않는 쪽, 처음의 선택을 고수할 것이다. 나는 이 이야기를 강의에서 종종 써먹는데, 수강생들에게 묻고 손을 들어보라고 하면 '바꾸겠다'에 손을 든 사람은 전체의 5%도 안 된다. 대다수 95% 이상이 '바꾸지 않겠다'에 손을 든다.

하지만 안타깝게도 그 선택은 틀렸다. 당신은 앞선 선택을 바꾸어야만 당첨 확률이 높아진다. 하지만 이 말에 '바꾸거나 바꾸지 않거나 결국 확률은 50 대 50이 아닌가?'라고 반문할 수도 있다. 다음의 표를 보면서 알아보자.

	1번 문	2번 문	3번 문
①	O	X	X
②	X	O	X
③	X	X	O

표를 보면 우리가 생각할 수 있는 경우의 수는 모두 세 가지이다. 1번 문 뒤에 자동차가 있거나, 2번 문 뒤에 자동차가 있거나, 이도 저도 아니라면 3번 문 뒤에 자동차가 있는 단 세 가지 경우의 수뿐이다.

당신이 1번 문을 선택했다고 가정하자(다른 문을 선택해도 어차피 결과는 마찬가지이다.). 먼저 ① 상황이다. 자동차는 1번 문 뒤에 있다. 그걸 모르고 당신은 1번 문을 선택했는데, 사회자가 2번 문을 열면서 그게 꽝이라고 알려 주고, '바꾸지 않겠냐'라고 물었다. 만일 당신이 1번 문의 선택을 버리고, 3번 문으로 바꾸었다면, 안타깝게도 꽝이 된다.

이번에는 ② 상황이다. 자동차는 2번 문 뒤에 있다. 그걸 모르고 당신은 1번 문을 선택했는데, 사회자가 3번 문을 열면서 그게 꽝이라고 알려 주고 '바꾸지 않겠냐?'라고 물었다. 당신이 만일 1번 문을 버리고 2번 문으로 선택을 바꾸었다면 어떻게 될까? 당신은 멋진 자동차를 집에 몰고 갈 수 있다.

마지막으로 ③ 상황이다. 자동차는 3번 문 뒤에 숨어 있다. 당신은 1번 문을 선택했는데, 사회자가 2번 문을 열면서 그게 꽝이라고 알려 주고, '바꾸지 않겠냐?'라고 물었다. 당신이 만일 1번 문을 버리고 다른 문, 즉 3번 문으로 선택을 바꾸었다면 어떻게 될까? 당신은 이번에도 유유히 자동차를 몰고 갈 수 있다.

다시 한번 살펴보자. 처음 선택을 바꾸었다면 자동차에 당첨될 확률은 2/3이다. 그렇지 않고 처음의 선택을 고수했다면 자동차를 몰고 집에 갈 수 있는 확률은 1/3이다. 그러므로 정답은 '선택을 지금이라도 바꾸어야 한다'이다. 그게 확률을 높이는 길이다.

사람들은 왜 바꾸려 하지 않을까?

사실 이 문제는 아주 유명한 확률 문제로, '몬티 홀 딜레마Monty Hall Dilemma'라고 부른다. 몬티 홀은 퀴즈 프로그램의 사회자인데, 그가 퀴즈 프로그램에서 위의 사례와 같은 행동을 했다고 하여 붙여진 이름이다. 이는 매우 까다로운 확률 문제로, 당신이 틀린 것도 이상한 일이 아니다. 유명한 수학자들조차 틀린 경우가 많았다고 하니 말이다.

실제로 현실에서는 확률을 생각할 틈이 없다. 진짜로 당신이 퀴즈 프로그램에서 우승자가 되었고, 그래서 3개의 문 가운데 하나를 골라야 하는 상황이 되었다고 하자. 세상에 어느 누가 그 와중에 복잡한 조건부 확률을 따져 계산할 수 있을까?

앞서 우리는 당초 결정을 바꾸거나 바꾸지 않거나 어차피 자동차가 당첨될 확률은 50%라고 보았다. 그렇다면 세상 모든 사람이 이 상황에서의 당첨 확률을 50 대 50이라고 생각했다면, 실제로 "바꾸실래요?"라고 물었을 때 각각의 답이 대략 50 대 50의 비율로 나누어져야 논리적이다. 그런데 대부분 사람이 '결정을 바꾸지 않겠다'에 손을 들었다. 그 이유는 뭘까?

아마도 자신의 선택을 바꿈으로 인해 돌아오는 실패가 더 감당하기 힘들기 때문일 거다. 당신이 사회자의 말대로 처음 선택을 바꾸었다고 하자. ①의 상황이라면 당신은 자동차가 숨어 있는 문을 잘 골랐다. 그런데 당첨 직전에 사회자의 말에 흔들려서 처음 고른 문을 버리고 3번 문을 선택했더니 꽝이다. 원래 골랐던 1번 문 뒤에 자동차가 있었다면, 당신이 느끼는 상실감은 훨씬 클 것이다. 처음부터 갖지 못한 물건이라면 모르겠지만, 이 상황은 마치 내 손에 다 들어온 자동차를 허무하게 놓쳐 버린 기분일 것이다.

그만큼 자책은 더욱 커진다. 결국, 선택을 바꾼 탓에 아무것도 얻지 못하고 터덜터덜 집으로 돌아가야 한다. 밤이 되어 자려고 침대에 누웠지만, 낮에 있었던 일이 반복해서 떠오를 것이다. 아마도 평생 자동차만 보면 그때의 선택을 후회하며 괴로워할 것이다.

작위 후회와 부작위 후회

성경에 따르면 소돔과 고모라는 음행이 가득한 방탕과 성 문란의 극치를 달리는 도시로 묘사된다. 그래서 인간들의 잘못에 진노한 하느님께서는 마침내 도시를 불바다로 만들어 멸망시키겠다고 결심한다. 이때 하느님의 진노를 막고 소돔성을 구하기 위하여 아브라함이 나선다. 그는 하느님께 "소돔성에 있는 사람들이 모두 다 악한 것은 아니지 않습니까? 만일 의로운 사람이 조금이라도 있다면 그 사람들은 억울하게 죽는 것 아니겠습니까?"라고 말한다.

결국, 소돔성에서 10명의 의인을 찾으면 소돔성 전체가 멸망하는 운명을 피할 수 있다는 하느님의 확답을 받는다. 그러나 아브라함은 성을 아무리 뒤져도 10명의 의인은커녕 롯이라는 의로운 사람 하나만을 겨우 찾아냈다. 소돔성을 향한 하느님의 불벼락을 막을 수 없게 된 아브라함은 롯에게 "가족들을 다 이끌고 빨리 소돔성을 빠져나가라. 당신이 성을 빠져나가자마자 불벼락이 떨어질 것이다. 다만 절대로 뒤를 돌아보지 마라." 하고 당부한다. 롯은 아내와 가족을 이끌고 성을 빠져나왔고, 그러자마자 하느님이 내린 불벼락이 소돔성에 떨어져 성에 있던 모든 사람이 진멸되었다. 그런데 아브라함이 신신당부했음에도 롯의 아내는 소돔성이 어떻게 되었는지 호기심을 이기지 못해 뒤를 돌아보았고, 그 순간 소금 기둥으로 변하고 말았다. 구약성경 창세기에 나오는 이야기인데, 지금도 이스라엘에 가보면 롯의 아내라고 불리는 사람 모습을 한 소금 기둥을 볼 수 있다.

사람들은 종종 뒤를 돌아보는, 즉 후회하는 버릇이 있다. 어차피 인간이 하는 선택이나 결단(결정)은 본질적으로 완벽할 수 없다. 그래서 덴마크의 철학자 키르케고르Soren Aabye Kierkegaard는 자신의 책 《우수의 철리》에서 '인간은 후회하는 동물'이라고 하면서, "너는 결혼해도 후회할 것이고 결혼하지 않아도 후회한다. 너는 그것을 잡아도 후회하고 잡지 않아도 후회한다."라고 지적한다. 세상사 많은 일에서 대부분의 결정이 순조롭게 성공적인 결과로 이어지지 않고 실패로 나타날 때가 허다한지라 인간은 후회하기 마련이다. 이때 심리학 이론에 따르면 인간의 후회에는 두 가지 종류가 있다고 한다. 하나는 작위 후회Regrets of Commission이고, 또 다른 하나는 부작위 후회Regrets of Omission이다.

이 용어에서 짐작할 수 있듯, 작위 후회는 자신이 한 행위(작위)를 뒤늦게 후회하는 일이다. '내가 그때 왜 그런 행동을 했을까?'가 작위 후회의 전형적인 예이다. 반대로 부작위 후회는 자신이 어떤 행위를 하지 않은 것(부작위)을 후회하는 일이다. '내가 그때 왜 그런 행동을 하지 않았을까?'가 부작위 후회의 전형적인 예이다. 작위 후회는 부작위 후회에 비하여 훨씬 더 강력하다. 부작위 후회는 하지 않은 것에 후회가 되긴 하지만, 어차피 지난 일이라고 체념할 수라도 있다. '운이 없었구나!' 하며 포기하고 잊어버리면 그만이다. 하지만 작위 후회는 다르다. 공을 들여 어떤 행위를 했는데 그 일이 나쁜 결과를 낳았다. 차라리 하지 않는 편이 좋았는데 괜히 그걸 하는 바람에 낭패를 보았다. '왜 그런 짓을 저질렀지?' 하며 두고두고 자신의 머리를 쥐어뜯게 된다. 즉 작위 후회가 더욱 강력한 실망감을 안겨 준다.

앞에서 당신에게 '처음 선택을 바꿀 것인지 그대로 둘 것인지' 선택하라고 했다. 그리고 당신은 어떤 선택을 했는가? 만약 '바꾸지 않겠다'를 선택했다면 그 이유는 무엇인가? 바꾸거나 바꾸지 않거나 어차피 확률은 50%라고 생각하면서도 왜 바꾸지 않겠다고 했으며, 대체 뭐가 두려웠던 것인지 생각해 보자.

당신은 ①의 상황이 두려웠던 거다. 다시 말하자면, 작위 후회가 겁이 났던 것이다. 선택을 바꾸었다가 혹시 내가 원래 골랐던 문에서 자동차가 나온다면 어쩌나 하는 마음에 바꾸지 않겠다고 답했다.

인간은 본능적으로 작위 후회가 강력하다는 사실을 잘 알고 있다. 그러기에 스스로 작위 후회할 일을 아예 처음부터 회피한다. 괜히 바꾸었다가(작위) 나중에 후회할 것이 두려우니 차라리 바꾸지 않는 것이다. 그런 이유로 대부분 사람은 원래의 선택을 고수한다.

왜 선뜻 매도하지 못하는가?

이제부터 본격적으로 주식 이야기를 시작해 보자. 만약 당신이 어떤 주식을 5만 원에 샀다고 가정하자. 물론 그 주식이 오르기를 기대하며 샀을 것이다. 주식을 매수하면서 꿈에 부푼다. 이게 5만 5,000원이 되면 10% 수익이 나고, 6만 원이 되면 20%……, 희망은 점점 커지고 상상만 해도 배가 부르게 된다.

그러나 대부분 현실은 그 반대이다. 하필이면 당신이 매수한 날이 꼭지였고, 그날부터 주가는 내리 곤두박질, 하락세만 이어진다. 어느새 5만 원이 4만 9,000원, 4만 8,000원이 되더니 주가는 며칠이 못 되어 금세 4만 7,000원이 되어 버렸다. 너무나 후회스러워 머리카락을 쥐어뜯으면서 고민하다가 결국 그 주식을 과감하게, 손해를 보더라도 팔아버리기로 한다.

그런데 매도하겠다고 단단히 결심하고 HTS에 들어가 '매도' 주문을 내기 위해 마우스를 클릭하려는 순간, 당신은 망설이게 된다. 주식투자를 해본 사람이라면 다 알겠지만, 주식투자하면서 겪는 가장 최악의 경우는 5만 원에 산 주식을 눈물을 머금고 4만 7,000원에 손절해 버렸는데, 하필이면 그게 바로 다음 날 4만 8,000원이 되고, 그다음 날 5만 원으로 복구하더니 이후 6만 원, 7만 원이 되어 버리는 거다. 만약 그런 상황이 된다면 당신은 아마 후회로 몸서리칠 것이다. '왜 팔았을까!' 하는 게 바로 작위 후회이다.

매도 주문을 하려고 마우스를 누르는 그 순간, '혹시 이게 내일이라도 오르면 어떡하지?'라는 생각이 들며, 작위 후회의 두려움이 스멀스멀 올라온다. 작위 후회는 강력하다. 결국, '혹시 오를 수도 있으니 하루만 더 기다려보자.'라고 다짐하고는 매도 주문을 내지 않는다. 그다음 날이 되자 주가가 오르기는커녕 더 내려 4만 6,000원이 되고 말았다. '아, 어제 팔아버릴걸. 왜 팔지 않았을까?' 하고 후회하기 시작한다. 이것은 부작위 후회이다. 그런데 부작위 후회는 작위 후회에 비해 덜 강력하다. 당신은 후회가 되지만, '어제 팔지 않은 행동', 즉 부작위 후회가 당신을 괴롭히는 것이 아니라, '애당초 내가 저걸 왜 5만 원에 샀을까?' 하는 작위 후회에 시달린다.

그다음 날, 주가는 또 내렸다. 4만 5,000원이다. 손해의 괴로움과 후회로 몸서리치며 거의 '미쳐 버릴' 지경이 된다. 다음 날, 주가가 급기야 4만

5,000원마저 무너뜨리고 4만 4,500원이 되었을 때 결심한다. '이제 더는 못 참겠다. 일단 뒤도 돌아보지 말고 무조건 팔고 나서 다시 생각하자!'

굳센 결심을 앞세워 당신은 HTS에서 눈을 질끈 감고 매도 주문을 낼 참이다. 컴퓨터의 마우스 버튼을 클릭하려는 찰나, 당신의 머릿속에서 속삭임이 들린다. '잠깐, 오늘 바닥이 아닐까? 그동안 주가가 내리 처박혔으니 오늘이야말로 마지막일 거야. 내일부터는 진짜로 올라갈지도 몰라." 당신은 결국 매도 주문을 내지 못하고 하루 더 기다려보기로 한다. 그 이후는 뻔한 스토리이다. 주가는 4만 5,000원이 문제가 아니라 4만 원의 벽을 무너뜨리고, 3만 5,000원이 되더니, 3만 원, 2만 원…… 끝없이 추락한다. 당신은 후회뿐만이 아니라 이제 팔고 싶어도 팔 수 없는 처지가 되고 말았다.

또 다른 예를 들어보자. 갑돌이는 현대자동차 주식을 100만 원어치 보유하고 있다. 그런데 증권회사에 다니는 친구가 갑돌이에게 현대자동차 주식을 팔고, 기아자동차로 갈아타라고 권유하였다. 그러나 갑돌이는 친구의 말을 듣지 않고 현대자동차 주식을 그대로 보유했다. 1년 후 현대자동차의 주가는 30% 하락하여 현대자동차 주식의 평가액은 70만 원이 되었다. 반면, 증권회사에 다니는 그 친구의 예측대로 기아자동차의 주가는 1년 동안 무려 50%나 상승하였다.

또한, 그 동네에 갑순이라는 투자자도 있었다. 갑순이는 기아자동차 주식을 100만 원어치 가지고 있다. 그런데 증권회사에 다니는 갑순이의 삼촌이 기아자동차 주식을 팔고 현대자동차로 갈아타라고 권유하였다. 갑순이는 삼촌의 말대로 기아자동차 주식을 팔아 현대자동차 주식을 매수하였다. 1년 후 현대자동차의 주가는 30% 하락하여 현대자동차 주식의 평가액은 70만 원이 되었다.

갑돌이와 갑순이 중에서 누가 더 기분이 나쁠까? 보유한 주식이 하락하여 똑같이 70만 원이 되었으니 둘 다 기분이 좋을 수는 없다. 그런데 두 사람 중에서 더 기분 나쁜 사람을 선택한다면, 당연히 갑순이일 것이다. 아무 일도 하지 않고 그냥 현대자동차 주식을 줄곧 보유한 갑돌이보다는 중간에 기아자동차 주식에서 현대자동차 주식으로 갈아탄 갑순이의 후회가 더 클 것이다. 특히, 기아자동차는 1년 전보다 주가가 올랐으니 그걸 계속 보유하였다면 수익도 꽤 얻었을 터인데 그걸 냉큼 팔아서 현대자동차로 갈아탄 갑순이는 후회가 막심이다. 그냥 기아자동차 주식을 보유했더라면, 설령 나중에 주가가 하락하였더라도 덤덤할 수 있을지 모르나, 그걸 애써 다른 종목으로 바꾸었는데도 결과가 좋지 못했으니 후회가 이만저만 아닐 것이다.

이처럼 부작위에 따른 후회보다는 작위에 따르는 후회가 훨씬 더 고통스럽다. 그냥 그대로 현상을 유지하였더라면 괜찮았을지도 모르는데, 성급하게 일을 저질러 나쁜 결과를 초래하였고, 그로 인해 이처럼 후회하게 되면 정말 가슴이 찢어진다. 그래서 대부분 사람은 작위에 따르는 후회를 피하기 위하여 차라리 아무 일도 하지 않는 편을 택한다. 지금 가지고 있는 주식으로 손해를 보고 있지만, 그것을 서둘러 팔았다가 나중에 자칫 후회하게 될 것이 두려워서 또, 그 후회에 따르는 고통이 더 크기에 아무런 행동도 취하지 않고 계속 보유하는 쪽을 선택한다.

후회를 피하려는 것은 인간의 본성이다. 이러한 후회 회피 성향은 주식투자에서 자기가 보유하고 있는 여러 종목 중에서 어떤 종목을 팔아야 할 것인가를 결정할 때도 영향을 미친다. 예를 들어, 순돌이는 지금 삼성전자의 주식과 LG전자의 주식을 보유하고 있는데 삼성전자는 매입한 이후 주가가 꾸준히 올라 현재 10%의 수익률을 기록하고 있고, 반면 LG전자는 매입한 이후 주가가 계속 하락하여 현재 10%의 손실을 기록하고 있다고 하자(물론 가상이며 현실과는 다르다.). 그런데 순돌이가 당장 급하게 돈이 필요하여 보유하고 있는 주식의 일부를 팔아야 한다. 만약 당신이 순돌이라면, 삼성전자 주식을 팔겠는가 아니면 LG전자 주식을 팔겠는가?

대부분 사람은 수익을 내는 삼성전자 주식을 팔려고 한다. 삼성전자는 매입한 이후 주가가 올라 수익을 내고 있다. 다시 말하면, 당시 삼성전자를 매입하기로 한 당신의 결정은 옳았다. 그러니 지금 삼성전자 주식을 팔아서 수익을 실현한다면 몹시 자랑스러울 것이다. 반면 LG전자의 주가는 매입한 이후 내내 하락하여 현재 손실을 끼치고 있다. 당시 LG전자를 매입하기로 한 당신의 결정은 잘못되었다. 그래서 지금 LG전자 주식을 판다면 당시의 매입 결정이 잘못되었다는 것을 인정하는 꼴이다.

결국, 사람들은 이익이 나고 있는 삼성전자를 매도하고, 손해를 보고 있는 LG전자는 그대로 보유하겠다고 결정한다. 삼성전자를 매도하면서 당신의 기분은 좋아지고 올바른 선택을 하였다는 생각에 자랑스러울 것이다. 반면 LG전자를 판다면 후회스럽고 고통스러울 따름이다. 사람들은 후회할 일은 기피하므로 LG전자는 팔지 않는다. 이게 바로 투자자들이 손해 보고 있는 주식을 악착같이 쥐고 있는 이유이다.

당신 그리고 나의 이야기

위의 사례는 이 글을 읽는 수많은 일반인 투자자, 속칭 개미 투자자의 전형적인 투자 행태이다. 그리고 솔직히 말하면 '전문가인 척'하며 이 글을 쓰고 있는 바로 나 자신의 경험담이기도 하다. 나도 주식투자로 수없이 많은 실패를 겪었고 뼈저리게 느꼈다.

매도를 잘하지 못한다면, 결코 성공할 수 없다! 그래서 나도 수많은 시행착오를 거듭하였고, 잘 팔 수 있는 방법을 찾아서 오랫동안 방황하였다. 그리고 이제는 나름대로 답을 얻었다고 생각한다. 그 노하우를 이 책에 공개한다.

주식투자는 어려운 일이다. 비유한다면 안개가 자욱하여 도무지 앞이 보이지 않는, 꼬불꼬불한 비포장도로에서 시속 100킬로미터 혹은 그보다 더 빠른 속력으로 자동차를 모는 것과 같다. 언제 어디서 무슨 일이 벌어질지 모른다. 길이 어디서 끊어질지, 앞이 천길만길 낭떠러지인지 알 수 없다.

좀 심하게 말하면 주식이 어려운 것은 '다른 사람의 돈을 따먹으려' 하기 때문이다. 그러니 힘들지 않을 리가 없다. 게다가 매수도 매수이지만 그놈의 주식을 매도하기란 참으로 어렵기 짝이 없다. 인간의 온갖 생각과 후회가 올바른 의사결정을 가로막고 방해하기 때문이다. 주식에서 이기기 위해서는 무엇보다도 인간의 심리를 잘 이해해야 한다. 다른 사람의 심리가 아닌 자신의 심리를 잘 알아야 한다. 적을 알고 나를 알면 백전백승이라고 하지 않았던가.

이 책을 끝까지 읽으면, 자신의 심리뿐만 아니라 증권투자에 성공하기 위한 중심 내용도 건질 수 있을 것이다. 지금부터 서두르지 말고 천천히 통독해 보자.

PART 1

팔아야 할 때
팔지 못하는 이유

경험이 적은 투자자일수록 매도 타이밍을 잡는 것을 어려워한다. 설령 경험이 많고 노련한 투자자일지라도 매도 타이밍을 잡기는 쉽지 않은 일이다. 전문가들도 종종 매도 기회를 놓쳤다는 자괴감으로 머리카락을 쥐어뜯는다.

매수와 매도 행위는 모두 투자자의 결정에 따라 이루어진다. 매수나 매도나 따지고 보면 같은 일이고, 어느 것이 더 쉽고 어느 것이 더 어렵다고 말하기도 힘들다. 하지만 우리는 매수 결정보다 매도 결정을 상대적으로 더 어렵게 느낀다. 매수할 때라면 평소에 보아 두었던 종목 중에서 몇 개를 골라 과감하게 매수하면 그만이다. 그러나 매도할 때는 그렇지 않다. 과연 지금이 적절한 타이밍인지 아닌지 심사숙고하게 되고, 앞뒤를 가리게 된다. 매수할 때야 덜컥 사 버리면 그만이지만, 파는 것은 '덜컥' 팔아 버릴 수가 없다. 매도하는 결정을 내리기가 그리 만만치 않은 것이다.

우리가 매도 타이밍을 잡는 데 어려움을 느끼는 가장 큰 이유는 의사결정 과정에 '인간의 복잡하고도 간사한' 심리가 작용하기 때문이다. 그러니 '어떻게 매도 기회를 잡을까?', '어떻게 하면 동네방네 소문날 정도로 신나고, 화끈하고, 짜릿하게 매도하고 빠져나올 수 있을까?'에 대한 답을 얻기 위해 마음속에서 무슨 일이 벌어지고 있는지부터 알아야 한다.

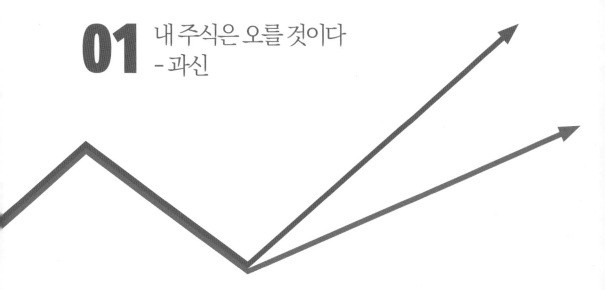

01 내 주식은 오를 것이다
- 과신

심리학자들의 연구에 따르면, 사람들은 자신의 의사결정이 항상 옳다고 생각하는 경향이 있다. 예를 들면, 평범한 다수의 사람을 표본으로 하여 자신의 운전 실력이 평균 이상이라고 생각하는 사람이 얼마나 되는지 조사해 보았다. 그러자 거의 절대다수가 '자신의 운전 실력이 매우 뛰어난 수준'이라고 믿고 있음이 밝혀졌다. 만일 이들의 생각이 옳다면, 서투른 운전자는 누구란 말인가?

또 다른 사례도 있다. 이번에는 보통 사람이 아니라, 교육 수준이 높은 의사들을 대상으로 한 조사이다. 내과 의사들을 대상으로 한 조사에서 의사들은 스스로 '폐렴을 90%의 정확도로 진단할 수 있다'라고 말한다. 하지만 공식 통계에 따르면 의사들이 폐렴을 정확하게 진단한 것은 50%에 불과했다.

결국, 90%의 확률로 폐렴을 진단해낼 수 있다는 의사들의 생각은 허황한 자기 과신에 불과했다. 주식투자에서도 마찬가지이다. 주식에 투자하는 사람 치고 손해 볼 생각으로 투자하는 사람은 단 한 사람도 없다. 그러나 '손해 보지 않겠다'라는 것은 '희망 사항'일 따름이다. 실제로 주식시장에는 수없이 많은 사람이 손해를 보고 있고, 고통에 신음하고 있다. 그러나 이렇게 고통 당하고 있는 투자자들을 대상으로 조사해 보아도 '다른 사람은 몰라도 나는 절대로 손해 보지 않을 것이다'라고 생각하는 사람이 많다.

물론 자신감 그 자체는 나쁜 것이 아니다. 하지만 자신감과 과신은 분명한 차이가 있다. 자신감self confidence이란 어떤 일을 해낼 수 있거나 어떤 일이 꼭 그렇게 되는 데 대하여 스스로 굳게 믿고 있는 것, 혹은 그렇게 믿는 믿음을 의미한다. 반면, 과신over confidence이란 믿음이 과도하여 지나치게 믿는 것을 말한다. 과유불급過猶不及이라는 말에서 이르듯 지나치면 좋지 않은 법이다. 특히, 돈이 걸려 있는 문제에서 과신하면 치명적인 피해를 보는 경우가 많다.

자신이 믿는 바가 과연 옳은 것인지, 아니면 잘못된 것인지 구체적으로 차근차근 따져보지도 않고, 무턱대고 '나는 옳다'라고 생각하는 것이 바로 과신이다. 다른 사람은 틀렸고 나는 옳으며, 나는 절대로 손해를 보지 않을 것이고, 아울러 내가 가진 주식은 반드시 오를 것이라고 확신하는 투자자들은 스스로 바보 같은 의사결정을 내리는 것은 물론이고, 그들로 인하여 전체 주식시장에도 강력한 영향을 미친다.

다음의 퀴즈를 풀어보자.

《신데렐라》에 나오는 난쟁이는 모두 몇 명인가?

5명, 6명 아니면 7명? 여기서 자신의 답이 정답이라는 데 얼마의 돈을 걸겠는가? 만 원, 십만 원 아니면 백만 원?

사람들은 왜 쉽게 과신할까? 다시 말해서 사람들은 왜 자신의 생각을 과도하게 믿는 경향을 가질까? 그 이유는 사람들이 대부분 '나는 다른 사람과는 달라'라는 생각을 하기 때문이다. 다른 사람들은 모두 엉터리, 멍청이여서 얼빠진 투자 결정을 하지만 자신만은 그렇지 않다고 믿는다. 이는 인간이 자신에게는 관대하고, 다른 사람에게는 엄격한 이중 잣대를 가지고 있기 때문이다. 그러기에 '내가 하면 로맨스이고, 남이 하면 불륜'이라는 유명한 말도 있지 않은가?

일반적으로 투자자들은, 자신은 다른 사람들에 비하여 똑똑하고, 수익을 낼 주식을 잘 고를 수 있고 믿는다. 혹은 최소한 자신만은 시장 수익률을 능가할 수 있는 뛰어난 펀드나 펀드매니저를 선택할 수 있다고 생각한다. 한마디로 사람들은 자신이 가지고 있는 지식이나 경험을 과대평가하는 경향이 있다. 게다가 자신이 믿고자 하는 바를 확인해 주는 정보에는 의존하지만, 자신이 믿는 것과 정반대의 정보는 무시하는 성향이 있다. 사람들은 자신이 '믿고 싶은 것'을 믿는 것이지, '믿어야 할 것'을 믿는 것은 아니라는 말이다. 자신이 믿고 싶은 것을 진실이라고 믿을 때, 그 믿음의 정도가 지나치면 그게 과신이 되고, 엉뚱한 의사결정으로 이어지는 지름길이 된다. 당연히 패망의 구렁텅이로 인도하는 것은 말할 것도 없다.

앞의 퀴즈로 돌아가서, 당신은 얼마의 돈을 걸었는지 다시 한번 확인해 보

자. 1만 원? 10만 원? 아니면 화끈하게 100만 원?

이제 정답을 공개한다. 난쟁이가 7명 등장한다고 확신하는 사람들에게는 안된 이야기이지만, 《신데렐라》에 나오는 난쟁이는 한 명도 없다. 난쟁이는 《백설 공주》에는 나오지만, 《신데렐라》에는 등장하지 않는다. 이처럼 간단한 퀴즈에도 정답을 과신한 나머지 100만 원, 10만 원 혹은 하다못해 만 원이라도 돈을 건 사람들은 무슨 생각에서 그랬을까?

수많은 주식 투자자가 그릇된 판단을 하고 있다. 그 이유는 바로 과신 때문이다. 자신의 신념을 너무 믿기 때문이다. 자신만이 옳다고 생각하기 때문에 주가가 내리 추락하고 있는데도, 손해가 눈덩이처럼 불어나고 있는데도, 투자자들은 그 주식을 팔지 못한다. 이들은 자신이 생각하는바 혹은 그 주식에 대한 정보를 너무 과신하고 있으며, 또 자신이야말로 옳다고 믿어 의심치 않기 때문이다. 자신의 생각이 당연히 옳은데, 분명히 그 주식은 올라야 하는데, 시장이 오히려 잘못된 방향으로 나아가고 있는데, 거기에 굴복할 수는 없지 않은가!

하지만 유감스럽게도 그것은 사실이 아니다. 시장은 항시 옳다. 주식시장에서 주가가 하락한다면, 그럴 만한 이유가 있기 마련이다. 만일 모든 사람이 자신의 정보만이 옳은 것이고 다른 사람들에 비하여 자신은 더 많은 것을 알고 있고, 실제로도 그러하다면, 결과적으로 주식시장에는 손해 보는 사람이 많지 않을 것이다. 그러나 실상은 그렇지 못하다. 지금도 엄청난 수의 사람들이 주식투자의 실패로 고통에 몸부림치고 있다.

TV에 나오는 최면술사들을 보면 "여러분의 과거가 보인다……."라는 주문을 되뇌다 어느 순간, "레드 썬!"이라고 외치곤 한다. 그러면 최면에 걸린 사람은 어김없이 깊은 잠 속으로 빠져든다. 주식투자에서도 마찬가지이다.

매도가 어려운 것은 이처럼 자신의 믿음을 과신하고 있기 때문이다. 주식에 대놓고 "레드 썬!"을 외쳐 보았자 주가는 오르지 않는다. 그러나 사람들은 지금도 자기 마음속에서 "레드 썬!"을 외치고 있으니, 그런 상태에서 주식을 팔기는 더욱더 어렵다. 그래서 주식투자의 길은 멀고도 어려운 일이다.

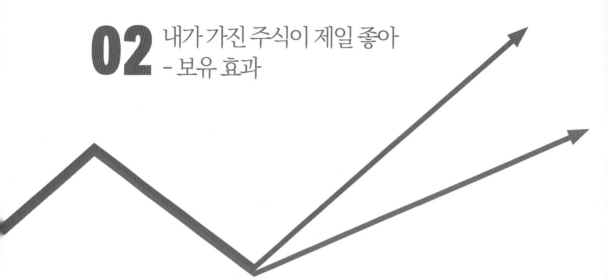

02 내가 가진 주식이 제일 좋아
- 보유 효과

Stock investment 행동경제학으로 잘 알려진 시카고대학의 리처드 탈러Richard Thaler 교수는 재미있는 실험을 통해 인간이 얼마나 비합리적인지를 증명하였다. 그는 자기 수업을 듣고 있는 학생들에게 대학교의 마크가 들어 있는 머그잔을 나누어 주었다. 사실 이 머그잔은 대학교 구내매점에서 팔고 있는 것으로 평범한 것이었다.

그런데 모든 학생에게 머그잔을 나누어준 것이 아니라, 무작위 추첨을 통해 절반의 학생들에게만 그 컵을 주었다. 즉 절반의 학생은 머그잔을 받았고, 나머지 절반의 학생들은 받지 못했다. 그런 후 탈러 교수는 행운으로 머그잔을 받은 학생들에게 '그 머그잔을 돈을 받고 다른 학생에게 판다면, 최소한 얼마 이상은 받아야 하는지' 가격을 써내라고 하였다. 동시에 아쉽게 추첨에 떨어져 머그잔을 받지 못한 학생들에게는 '그 머그잔을 돈을 내고 산다면, 최대한 얼마까지는 지불할 의사가 있는지' 가격을 써내라고 했다.

머그잔에 대해 학생들이 생각하는 '최소한 그 이상은 받아야 하는 가격'과 '그 이상으로는 지불하지 않겠다'라는 가격을 모아서 비교해 보니 놀라운 일이 벌어졌다. 머그잔을 가지고 있는 학생들은 평균 5.2달러 이하로는 절대로 팔지 않겠다고 대답했지만, 머그잔을 받지 못한 학생들은 평균 2.7달러 이상으로는 절대 사지 않겠다고 답한 것이다.

평범하기 짝이 없는 똑같은 머그잔을 두고 두 집단이 생각하는 가격이 거의 두 배가량 차이가 났다. 무엇 때문일까? 갑자기 머그잔의 디자인이나 가치가 바뀌었을 리는 없다. 그것은 사람들의 생각이 바뀌었기 때문이다. 심리학자 혹은 행동경제학자들은 이를 두고 '보유 효과' 때문이라고 설명한다.

매우 흔한 머그잔이었지만, 일단 자신의 손에 들어오자 그것의 가치는 훨씬 높은 것으로 느껴지기 마련이다. 더 이상 그것은 평범한 머그잔이 아니다. 좀 과장하여 말한다면, '이 세상에서 가장 빼어난' 머그잔으로 변신한 셈이다. 자신과 별 관계가 없을 때는 그렇지 않았으나, 일단 자신의 소유가 된 이후에는 그 가치가 더 높아 보이는 현상이 바로 보유 효과이다.

보유 효과는 일반인들은 물론이고 주식 투자자의 심리에도 교묘하게 파고들어 이들의 의사결정에 많은 영향을 미친다. 예컨대 당신이 여윳돈이 좀 생겨서 그걸로 주식을 매수하려 한다고 하자. 어떤 주식을 사야 할까? 아마도 당신은 온갖 정보와 자료를 총동원하여 조사하고 분석하면서 심사숙고해 종목을 선정할 것이다.

자, 이제 당신이 고심 끝에 고른 종목의 주가가 오르면 좋으련만 그렇지 않다. 기대와는 달리 화끈하게 오르지 못하고 비실거리거나 오히려 하락하기만 한다면, 당신은 이제 어떻게 할까? 이것이 문제의 핵심이다. 애당초 뭐가 잘못되었기에 주가가 오르기는커녕 내리는 것인지 알 수 없지만, 어쨌거나 시장의 허다한 종목을 두고 하필이면 엉뚱한 종목을 선택한 결과가 되고 말았다.

물론, 이 책에서 추구하는 주장은, "잘못된 의사결정이라고 판단되는 순간, 뒤도 돌아보지 말고 즉각 팔라"라는 것이다. 하지만 대부분 사람은 그렇게 하지 않는다. 되레 "이처럼 좋은 종목인데, 왜 오르지 않는 거지? 이 종목은 최소한 얼마 이상의 가치는 분명히 있어!"라고 생각한다. 이건 바로 앞서 설명하였듯 보유 효과 때문이다.

또 다른 설명이 있다. 이번에는 고릴라 이야기이다. 유튜브에서 '보이지 않는 고릴라'라는 동영상을 쉽게 찾을 수 있다. 하버드 대학교에서 만든 이 동영상도 역시 심리실험의 일종이다. 먼저 동영상을 시작하기 전에 '흰옷을 입은 여학생이 공을 몇 번이나 주고받는지 패스 횟수를 헤아려 보라.' 하는 설명이 나온다. 그리고 검은 옷을 입은 여학생 세 명과 흰옷을 입은 여학생 세 명, 모두 여섯 명이 화면에 등장하여 서로 열심히 공을 주고받는 장면이 이어진다. 그런데 도중에 커다란 고릴라가 천천히 화면 한가운데를 가로질러 지나간다.

사실, 이 동영상의 핵심은 패스의 횟수가 아니다. 2, 3분 정도 분량의 동영상이 끝나면 말미에서 "그런데 혹시 고릴라를 보셨습니까?"라고 묻자 사람들의 반응은 놀랍다. "어, 고릴라? 못 봤는데요?"

실제로 하버드 대학의 실험에 따르면 조사에 응한 사람 중에서 절반 이상이 고릴라를 전혀 보지 못한 것으로 나타났다. 고릴라가 왜소하여 눈에 뜨이지 않았거나 아니면 후다닥 나타났다가 재빨리 사라진 것도 아닌데 말이다. 인터넷에서 동영상을 한번 찾아보자. 사람 키보다 훨씬 큰 털북숭이 고릴라가 느릿느릿 지나가는 것을 볼 수 있다.

그런데도 사람들은 뻔히 눈을 뜨고서도 화면 속에 나타난 큼직한 고릴라를 보지 못했다. 바로 '흰옷 입은 여학생들의 패스 횟수를 세라' 하는 주문을 이행하는 데 정신이 팔린 나머지, 화면 속 다른 장면에는 전혀 눈이 가지 못했던 탓이다. 마치 자신이 보유한 종목의 가치만 높이 매기는 데에만 정신이 팔려 다른 종목의 장점이나 가치를 알아채지 못하는 여느 주식 투자자와 똑같다. 자기 종목에만 푹 빠져 다른 종목은 아예 쳐다보지도 않는 것이다. 연애를 하면 눈에 콩깍지가 씐다고들 말한다. 다른 사람들이야 뭐라고 하건 당사자의 눈에는 한없이 예쁘고 사랑스럽게만 보인다. 하지만 그건 연애에서나 가능한 일이다. 상대가 한눈팔지 않고 자기만 바라본다면 얼마나 좋겠느냐만 안타깝게도 이건 사랑 놀음이 아니라 주식투자다.

학자들은 보유 효과를 '현상 유지 편향'으로 설명하기도 한다. 현상 유지 편향이라는 이름에서 알 수 있듯, 사람들은 현재의 상황을 바꾸기보다는 그냥 그대로 가만히 있는 쪽을 좋아한다. 이런 특성은 우리의 주변에서 흔히 발견된다. 예를 들어, 당신이 현대자동차 주식을 가지고 있다고 하자. 그런데 친구가 와서는 기아자동차의 전망이 더 좋으니 현대자동차 주식을 팔고 기아자동차 주식을 사라고 한다면, 당신은 친구의 말을 따를 것인가? 아마 그냥 현대자동차 주식을 보유하는 쪽을 택할 것이다. 앞서 설명하였듯 세상 모든 주식 중에서 현대자동차 주식이 제일 좋아 보이는 보유 효과 때문이기도 하고, 자칫 현대자동차 주식을 팔고 기아자동차 주식을 샀다가 나중에 최악의 결과가 나타날까 두렵기도 한 탓이다.

만약 일껏 팔았던 현대자동차 주식은 이후 크게 올랐지만, 애써 종목을 교체하여 매입하였던 기아자동차 주식은 되레 오르지 못하였다면 얼마나 참담할까? 작위, 부작위 후회로서 설명할 수도 있으나 역시 보유 효과가 가장 적절한 설명이 된다.

인간의 심리에 작용하는 보유 효과 때문에 투자자들은 결정적인 순간에 제대로 된 판단을 하지 못한다. 대부분 눈물을 머금고 매도하기로 결정하기보다 차라리 더 보유하는 쪽을 선택할 가능성이 크다. 그러니 매도할까 말까 의사결정을 내리려면 먼저 보유 효과를 감안해야 한다. "더 가지고 있을까?"라는 생각이 든다면, 그건 십중팔구 그 주식이 좋아서가 아니라 보유 효과 때문이라는 것을 잊지 말자. 보유 효과의 영향을 차단하고 생각해야 비로소 합리적이고 객관적인 판단이 가능하다.

시인 김춘수는 〈꽃〉이라는 시에서 '내가 그의 이름을 불러주기 전에 그는 다만 하나의 몸짓에 지나지 않았으나, 내가 그의 이름을 불러주었을 때 그는 나에게로 와서 꽃이 되었다'라고 노래한다. 시에 빗댄다면 '내가 그 주식을 사기 전까지 그것은 다만 주식시장의 수많은 주식 중 하나에 불과했으나, 내가 그 주식을 사들였을 때 그것은 나에게로 와서 꽃이 된' 셈이다. 하지만 주식은 나만의 꽃이 되어서는 안 된다. 그 주식을 매수하기 이전이나 이후나 주식 자체는 바뀐 것이 없다.

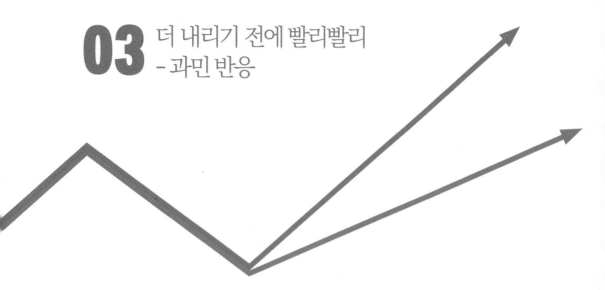

03 더 내리기 전에 빨리빨리 - 과민 반응

투자자 중에는 자신이 주식의 추세를 남들 보다 빨리 알아내는 데 천부적인 재능이 있다고 믿는 사람들이 많다. 실제로 이들은 과거에 주식을 팔고 나서 주가가 곧장 하락하는 경험을 했거나 주식을 사자마자 주가가 곧장 급등하는 것을 경험했던 사람들이다. 그래서 이 사람들은 자신이 주식을 사들이면 그때가 바로 바닥이요, 자신이 주식을 팔기만 하면 그때가 바로 꼭지가 될 것이라고 믿어 의심치 않는다. 터무니없는 '과신'이 아니라 '실제 경험'에서 우러나온 것이기에 확신의 정도는 상상을 초월한다.

그러나 실상을 들여다보면 안타깝게도 그것은 실력이기보다는 우연이 대부분이다. 즉 몇 개의 우연한 사실이 절묘하게 결합하였다. 어쩌다 보니 재수가 좋아서 우연히 바닥에서 매수하고 꼭지에서 매도한 결과가 되어 버린 것이지, 사실은 그의 능력과는 전혀 무관한 일이었다. 하지만 사람들은 이미 자신이 경험한 바가 있으니 좀처럼 생각을 바꾸지 않는다. 우연한 일이라고 생각하기는커녕 이들은 아무도 모르는 시장의 추세를 알아냈다고 생각한다.

조금 다르게 생각하면, 주식 투자자들은 실제로 겪었던 경험이 아닐지라도 자신이 취득한 최신 정보에 집착하는 경향이 있으며, 거기에서 여러 정보를 추측하기도 한다. 예를 들어, 자신만이 가장 최근에 입수된 기업의 실적 전망, 신제품 개발에 대한 정보, 혹은 기업 인수합병M&A에 대한 정보를 가장 빨리 알고 있다고 확신하며, 그러기에 자신의 판단이 가장 정확하다고 믿는다. 정보를 입수하였으니 얼른 행동에 옮기지 않으면 손해 볼 것 같다. 결국, 이들은 자신만의 정보를 바탕으로 피상적으로 생각하고는 재빨리 행동에 나선다. '나만은 다른 사람들과 달라.'라는 생각으로 섣불리 행동에 옮겨 버린다.

결국, 여기서도 투자자의 과신이 문제이다. 투자자들은 '나만은 다른 사람들에 비해 정보를 정확하게 이해한다'라고 믿는다. 그리고 '나만은 정보를 남들보다 더 뛰어나게 해석할 수 있다'라고 확신한다. 그러나 그게 사실이 아니라는 것은 우리가 앞서 살펴본 바와 같다. 신데렐라와 백설 공주도 제대로 분간하지 못하면서 자신의 정답이 옳다고 확신한 나머지, 거금을 거는 것이 바로 투자자들이다.

과신은 자기가 취한 결정에 대하여 지나치게 자신감을 갖는 것이지만, 이건 좀 다르다. 인간의 심리는 묘해서 그처럼 자신만만하였던 것이 일순간에 사라지는 경우도 대단히 많다. 자신감은 졸지에 사라지고, 온통 불안감이 가득한 상태로 바뀌는 것이다. 속된 말로 '세 사람이 한 사람 바보 만들기는 쉽다'라고 하듯, 세 사람이 엉터리 사실을 연신 우겨대면 나머지 한 사람은 처음에는 그 의견에 반발하다가 점점 자신감을 잃어가게 된다. 주식 투자에서도 마찬가지로 어느 순간 문득 되돌아보았을 때, 갑자기 자신감이 사라지는 경우도 많다. 내가 정말 올바른 결정을 하였는지, 주식이라면 전망이 좋은 종목을 골랐는지, 매수 타이밍은 옳았는지, 분석은 올바르게 했는지 갑자기 자신감이 사라지고 만다. 물론, 이처럼 자신감이 사라지는 일이 시도 때도 없이 갑자기 나타나지는 않는다. 대부분 전혀 예상하지 못했던 일이 들이닥칠 때 사람들은 불현듯 자신감을 잃어버린다. 예를 들어, 그 종목을 매수할 때만 해도 생각하지 못했던 악재가 갑자기 터지면 투자자들은 당황하기 마련이다. 과신은 사라지고 불안감만이 남는다.

특히, 이렇게 과신이 사라질 때 그것이 종종 과잉 반응으로 이어지는데 그때 더 큰 문제가 발생한다. 심리학자들의 연구에 의하면 인간은 좋은 뉴스에는 천천히 반응하지만, 나쁜 뉴스에는 재빨리 반응하는 경향이 있다고 한다. 이를 전문적인 용어로 표현하면 '사람들은 편견적 과잉 반응Overreaction Bias에 빠지는 경향이 높다.'라고 한다. 편견에 사로잡힌 나머지 과잉 반응을 보인다는 뜻인데, 이는 과신에서 비롯된 행동이지만 주식 투자자들이 가진 또다른 심리의 한 부분이다.

세계를 혼란에 빠뜨렸던 '9·11 테러'를 생각해보자. 2001년 9월 11일, 뉴욕의 무역센터 쌍둥이 빌딩이 테러로 인하여 파괴되었을 때 그 충격은 세계를 깜짝 놀라게 만들기에 충분했다. 바로 그다음 날, 전 세계 주식시장 중

처음으로 열린 우리나라와 일본 등 아시아의 주식시장은 초토화되었다. 그나마 우리나라의 증권거래소는 주가 폭락을 막기 위하여 오전에는 주식시장을 열지 않고, 12시에 개장하여 오후 3시까지만 거래하도록 조치하였으나 그 단 3시간 동안에도 주가는 폭락할 대로 폭락하였다. 개장한 지 2분 만에 코스피지수가 65포인트 이상 급락하여 주식 거래가 일시 중단되는 서킷브레이커Circuit breakers가 발동되었고, 이후 거래가 재개되었으나 주가의 하락은 그치지 않았다. 결국 9월 12일, 코스피지수는 전날보다 64.07포인트(12.02%)나 추락한 475.06으로 마감되어 500선마저 무너졌다. 코스닥 시장역시 마찬가지로 하락해 코스닥지수는 7.16포인트(11.58%) 떨어진 54.64로 마감했다. 이날 기록한 서울 주식시장의 주가 하락률은 사상 최대치이다. 그뿐이 아니었다. 이웃 일본의 도쿄증시 역시 쏟아지는 매물을 견디지 못하고 폭락세를 나타내고 말았다. 급기야 심리적 지지선인 닛케이 1만 선이 17년 만에 붕괴하면서 닛케이지수는 전날보다 682.85엔(6.63%) 하락한 9610.10으로 마감했다. 홍콩증시에서 항셍지수도 전날보다 8.87% 폭락하며 1만 선이 깨어졌다. 온통 난리도 아니었다.

물론 '9·11 테러'는 세계를 놀라게 할 정도로 큰 사건이었다. 미국을 대표하는 무역센터 빌딩이 완전히 파괴되었으니 미국 경제에 미칠 악영향이 막심하리라는 것은 누구나 짐작할 수 있는 일이었다. 그리고 미국 경제가 테러의 영향으로 인하여 하락의 구렁텅이로 빠져든다면 우리나라의 경제도 온전할 리 없기에 우리나라의 주식시장이 즉각적인 반응을 보인 것은 당연한 일이다. 하지만 그 하락의 정도가 문제이다. 과연 미국에서 벌어진 테러로 인하여 우리나라의 주식시장이 일시적으로 거래가 중단될 만한 충격을 받았어야 했을까? 지나간 이야기이지만, 이제 와서 차분히 생각해보면 당시 우리 나라에서 벌어진 테러도 아니고, 우리가 그 테러의 직접적인 피해자도 아닌데 하루에 코스피지수가 무려 64.07포인트(12.02%)나 추락한 것은 역시 과잉 반응이었다. 그 충격이 홍콩이나 일본을 피해갈 수는 없는 노릇이니 같은 날 일본이나 홍콩 증시 역시 하락하기는 매한가지였지만, 그래도 우리나라 증시보다는 사정이 나은 편이었다.

실제로 코스피지수는 '9·11 테러'로 인한 충격을 뒤로하고 금세 급등세를 보였던 것을 우리는 똑똑히 기억하고 있다. 괜히 9월 12일에 앞뒤 생각하지도 않고 주식을 무작정 헐값에 팔아버린 투자자들만 바보가 되어 버렸다. 그러니 매도 타이밍 잡는 일이 얼마나 어려운 일인가? 빨리 팔아도 걱정이요, 팔지 않고 쥐고 있자니 손해가 더 커지는 것 같아서 또 걱정이다.

투자자들의 과잉 반응은 테러 같은 돌발 악재에 그치지 않는다. 1년에 4번씩 꼬박꼬박 발표되는 기업의 분기 실적에도 투자자들은 과잉 반응을 나타낸다. 예를 들어, 어떤 기업의 실적이 예상치를 밑돌아 실망스럽다고 하자. 이럴 때 투자자들의 전형적인 반응은 즉각 주식을 내다 팔려고 할 것이다. 그리고 이런 매도 물량이 몰리면 걷잡을 수 없다. 매물이 매물을 부르는 양상이 되면서 주가는 급격하게 하락 폭을 늘린다. 실적이 나쁘다는 소식을 접하면 투자자들은 깊이 생각해보지도 않은 채 일단 팔고 보자는 식의 반응을 보인다. 그로 인해 주가는 추락하는 것이 보통이다. 과잉 반응이든 뭐든 매물이 쏠리면 즉각적으로 주가에 악영향을 미친다는 것은 더 말할 나위도 없다.

그러나 사실 이처럼 악재에 즉각 과잉 반응하는 것이야말로 근시안적인 태도이다. 물론 '재빨리' 대응하는 것이 무조건 나쁘다는 뜻은 아니다. 그러나 생각해보면 '남들보다 빨리' 매도한 것이 실제로 별 도움이 되지 않았던 경우가 훨씬 더 많다. 아울러 이처럼 단기적인 전망에 토대하여 재빨리 의사결정을 내리는 일이 어리석은 행동이라는 것은 학자들의 여러 연구에서도 지적된 바 있다. 앞서 소개한 시카고 대학의 리처드 탈러 교수는 뉴욕 증권거래소에 상장된 주식들을 과거 5년간 주가 움직임에 따라 순위를 매겼다. 그중에서 그동안 상승률이 가장 높았던 35개의 종목과 가장 하락률이 컸던 35개의 종목을 선택하였다. 그는 이 70개 종목으로 가상의 포트폴리오를 구성하여, 5년 동안 주가의 움직임이 어떻게 되었는지 관찰하였다.

그 결과, 그동안 상승률이 높았던 종목의 성적이 좋고, 반대로 그동안 부진하였던 종목은 여전히 수익률이 신통치 못했을 거라는 일반적인 예상을 뒤집었다. 오히려 정반대로 그동안 하락률이 가장 높았던 35개 종목이, 상승률이 가장 높았던 35개 종목보다 평균적으로 40%나 상승 폭이 컸다는 사실을 발견하였다.

이 연구를 통해 단기적으로는 실적이 나쁘고, 그로 인해 주가가 하락하는 듯해도 장기적으로 본다면 만회할 기회가 많다는 것을 알 수 있다. 그러나 대부분 투자자는 주가가 하락하기 시작할 때 과잉 반응하는 경우가 많다. 딴에는 재빨리 행동한다고 서둘러 팔아버렸으나 오히려 너무 서두른 셈이 되었고, 그러다 보니 서둘러 팔아 버린 주식들의 주가가 그 이후에 다시 상승하여도 재빨리 반응할 수 없게 된다. 마치 '닭 쫓던 개 지붕 쳐다보듯' 날아가는 주가를 멀거니 쳐다볼 수밖에 없는 것이다. 이러한 과잉 반응에 의한 근시안적인 생각은 어리석은 의사결정으로 이어지는 결과를 낳는다.

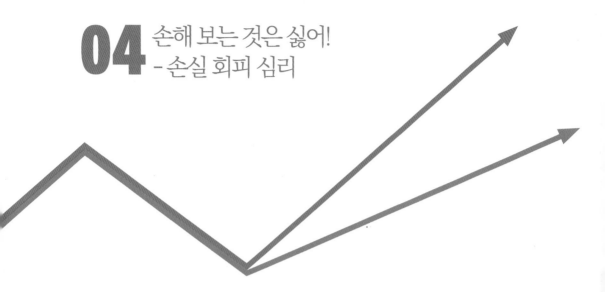

04 손해 보는 것은 싫어!
- 손실 회피 심리

Stock investment 야바위꾼은 똑같은 밥주발을 세 개 엎어 놓은 뒤, 하나의 주발 안에 주사위를 넣은 다음 주발들을 재빨리 빙빙 돌려 주사위가 들어 있는 주발을 맞힌 사람에게 건 돈의 2배를 주는 식으로 게임을 한다. 주사위가 들어 있는 주발을 맞히지 못하면 걸었던 돈을 죄다 날리게 된다.

혹시 건 돈의 두 배를 준다는 유혹에 빠져서 야바위꾼의 손동작을 뚫어지게 쳐다본 적이 있는가? 쓸데없는 일이다. 애당초 승산 없는 게임이니 아예 시작도 하지 않는 편이 낫다. 이는 간단한 계산으로도 증명된다.

주발이 세 개이니 그중 하나를 맞힐 확률은 1/3이다. 그리고 맞힐 경우 상금은 건 돈의 2배이니 결국 이 게임에서 얻을 수 있는 기대 수익은 건 돈의

2/3(1/3×2=2/3)에 불과하다. 오래 하면 할수록 돈을 잃을 수밖에 없는 구조이다. 아울러 야바위꾼의 현란한 눈속임 동작이 전혀 없을 경우라도 2/3의 기대 수익을 얻을 수 있다는 말이고, 그야말로 '야바위'가 되어 눈속임까지 곁들인다면 도무지 게임에서 이길 확률은 1%도 안 된다. 그러므로 이런 게임은 시작하지도 않는 편이 낫다.

그렇다면 이제 다른 경우이다. 빙빙 돌아가는 주발이 아니라 다른 게임을 제안받았다고 하자. 앞의 야바위 내기보다는 훨씬 간단한 게임이다. 속임수도 통하지 않는다. 그저 단순한 동전을 던지는 게임이다. 게임의 법칙은 쉽다. 10만 원을 걸고 동전을 던져서 앞면이 나오면 10만 원을 따고, 뒷면이 나오면 베팅한 돈 10만 원을 잃는 것이다. 당신이라면 이 게임에 흥미를 느끼고 10만 원을 걸어 50 대 50의 확률에 도전해 보겠는가?

아마도 대부분 사람은 게임을 하지 않는 편을 택할 것이다. 동전의 앞면이 나왔을 때 따게 될 10만 원은 매력적이지만, 자칫 뒷면이 나오는 바람에 잃게 될 10만 원이 더 아깝기 때문이다. 똑같은 10만 원이지만 사람들에게는 마치 '따게 될' 10만 원의 가치와 '잃게 될' 10만 원의 가치가 서로 다른 것처럼 보인다. 따게 될 10만 원의 가치보다는 잃을지도 모를 10만 원의 가치가 훨씬 더 큰 것처럼 느껴진다. 10만 원을 잃는다면 정말 아까울 것이다. 이처럼 '잃을지도 모를' 10만 원의 가치가 훨씬 크게 느껴지기 때문에 사람들은 선뜻 내기할 생각을 하지 못한다.

인간은 수익을 얻었을 때의 기쁨보다도 손실을 보았을 때의 고통을 훨씬 강력하게 느낀다고 한다. 여러 학자의 실험 결과, 사람들은 수익을 얻었을 때의 기쁨에 비해 손해를 보았을 때의 고통을 2배 정도 더 강력하게 받아들인다고 한다. 그러기에 만일 확률이 50 대 50으로 정해진 내기라면 사람들은 차라리 아무것도 하지 않으려고 한다. 손해를 보았을 때의 고통이 훨씬 강력하므로 같은 정도의 기대 수익으로는 도저히 만족할 수 없기 때문이다. 기대되는 수익이 기대되는 손실에 비하여 최소한 2배 이상은 되어야 사람들은 비로소 모험을 걸어볼 생각을 한다. 예컨대 동전의 앞면이 나왔을 때 10만 원을 딴다면, 동전의 뒷면이 나왔을 때 5만 원을 잃는 식의 게임이어야 비로소 흥미를 느낀다.

이런 현상은 위험에 대한 회피 심리가 비대칭적임을 보여 주고 있다. 같은 돈이지만 그 가치가 다른 것이다. 손실을 보는 것이 이익을 얻는 것에 비하여 사람들에게 미치는 영향력이 훨씬 더 강력하며, 그것이 일반적인 사람의 심리이다.

만약 당신이 주식투자로 100만 원을 땄다고 한다면 당연히 기분이 좋을 것이다. 그 돈으로 친구를 만나 흥청망청 술을 마셨을 수도 있고, 혹은 평소에 눈여겨보았던 물건을 재빨리 샀을 수도 있다. 혹은 아내에게 한껏 폼을 잡으며 가족들과 근사한 외식을 했을 수도 있겠다. 하여간 하루 정도 기분 좋은 시간을 보낼 수 있다. 그러나 이처럼 좋았던 기억은 그다지 오래가지 않는다. 하지만 거꾸로 주식투자에서 100만 원을 손해 보았다고 하면 어떤 기분일까? 당연히 참담한 기분이 될 수밖에 없다. '그게 어떤 돈인데, 100만 원을 모으려면 내가 얼마나 뼈 빠지게 노력해야 하는데, 100만 원이면 자장면이 몇 그릇인데, 100만 원이면 평소에 눈여겨보았던 블루투스 스피커를 10개나 살 수 있는 돈인데, 100만 원이면 가족들과 근사한 외식을 몇 차례나 할 수 있는 돈인데…….' 생각이 거기에까지 이르면 정말 참담하다. 울

화통이 터져서 견딜 수가 없다. 100만 원을 벌었을 때의 기쁨이 오래가지 못했던 것과는 반대로 100만 원을 잃었을 때의 고통, 슬픔, 괴로움은 두고두고 가슴속에 남아 당신을 괴롭힐 것이다. 더구나 우리는 그런 사실을 잘 알고 있다. 주식투자를 해본 사람이라면 이미 여러 차례 주식에 투자하였다가 손해 본 적이 있고, 그때마다 잠을 이루지 못할 정도로 오랫동안 고통을 받았던 경험이 있을 것이다. 그래서 두 번 다시 주식에서 손해 보고 싶지 않은 마음을 갖는 게 당연하다.

손해 보기 위해 주식에 투자하는 사람은 아무도 없다. 누구나 다 이익을 바라고 주식시장에 뛰어들지만, 항상 이익을 볼 수는 없으며 손해 보는 경우도 허다하다. 주식투자의 위험은 익히 알고 있으므로 처음에 주식에 투자할 때는 누구나 합리적이고 이성적이다. 그래서 조심스럽고 모든 의사결정에 신중하다. 혹시 일이 잘못되어 주가가 하락하기라도 한다면 낭패이니 말이다. 하지만 그건 어차피 '책'에 나와 있는 이야기일 따름이다. 주식투자와 관련된 책에서는 주식투자의 위험성을 설파하고 있고 위험을 관리하는 법을 말하고 있다. 그러나 책에서 아무리 손절매를 강조하고 투자에 따르는 원칙을 설명해도, 또 그런 사실을 투자자들이 잘 알고 있다고 해도 실전은 다르다. 막상 눈앞에 일이 닥쳤을 때, 손해 보는 상황이 정작 자신의 일이 되면 사정은 확 달라진다. 전혀 다른 세상이 되어 버리는 것이다.

매수한 가격보다 현재의 주가가 낮을 때, 그래서 지금 팔면 손해를 보게 될 때, 사람들은 당초의 생각과는 전혀 다른 행동을 하기 마련이다. 주식을 매수할 때는 이리저리 따져 보고 주도면밀하게 생각했던 사람들이 막상 주식을 매도하는 일에는 지극히 비합리적이고 비이성적인 태도를 보인다. 이유는 간단하다. 손해가 싫기 때문이다. 더구나 손해 보았을 때, 우리 마음에 미치는 충격이 훨씬 더 크지 않는가!

다행스럽게도 주식은 보유하고 있는 한, 손해가 확정되지 않는다. 자신이 매수한 단가와 현재 주식시장에서 형성되는 시장 가격과의 차이는 그저 단순한 '평가 손실'일 따름이다. 평가 손실이 났다고 하여 당장 현금으로 지급해야 하는 것도 아니다. 주식을 팔지 않는 한, 손해는 아직 계산상의 것일 뿐이다. 지금이야 계산상으로 손해이지만 조금 있으면 주식시장 상황이 호전되어 주가가 오를지 그 누가 알겠는가! 그러니 당장은 비록 평가 손실이든 뭐든 손해를 보고 있지만, 그게 내 지갑에서 즉각 빠져나가는 돈이 아닌 만큼 사람들은 되도록 오래 그리고 길게 버티는 쪽을 택한다.

오래전부터 데이콤의 주식을 보유하는 친구가 있다. 뉴 밀레니엄의 공포가 세상을 뒤덮던 1999년 말, 당시만 하더라도 데이콤은 우리나라 정보 통신주의 총아였다. '한국의 AOL^America Online이 될 것'이라는 칭송을 받았고, 유수의 증권사들은 데이콤의 목표 주가가 100만 원은 충분히 될 것이라는 애널리스트들의 분석 보고서를 앞다투어 발간했다. 굳이 밝히기를 꺼리지만, 이 친구는 60만 원 정도에 500주 정도를 매수하였다고 한다. 그가 데이콤을 매수하자 당장은 좋았다. 주가가 68만 원 수준까지 오르면서 정말 100만 원 고지를 향하여 날아갈 것처럼 보였기 때문이다. 하지만 그때뿐이었다. 68만 원을 꼭지로 데이콤의 주가는 고꾸라지기 시작하였고, 내리 하락하기만 하였다. 100만 원은 언감생심 바라지도 못할 수준으로 주가가 처박혔던 것이다. 추세로 말한다면 완벽한 하락세로 들어선 셈이었다. 필자는 그 친구에게 "이제는 팔아라." 하며 여러 차례 조언하였으나 그는 말을 듣지 않았다. "언젠가는 오르겠지. 안 되면 아들에게 물려주지 뭐."라는 것이 그의 대답이었다.

지금도 그 친구를 가끔 만나지만 우리는 애써 주식 이야기는 하지 않는다. 데이콤은 물론이고 주식시장 이야기는 하지 않으려고 한다. 아픈 상처는 서로 건드리지 않는 것이 예의이다. 그렇다면 지금은 데이콤의 주가가 얼마쯤 되었을까? 정확히 말하자면 이 글을 쓰고 있는 현재 데이콤이라는 주식은 더 이상 시장에 존재하지 않는다. 2006년에 한국인터넷데이터센터를 합병한 후 사명을 'LG데이콤'으로 변경하였다가 2010년에는 LG데이콤이 LG파워콤, LG텔레콤의 3개 회사와 합병되어 현재는 LG유플러스라는 회사로 남아 있다. 데이콤 주주들은 합병 비율에 따라 LG유플러스의 주식을 받았으며, 그 친구도 데이콤에서 LG유플러스로 갈아탔다.

데이콤이 한창 잘 나가던 1999년에는 14조 원을 웃돌았던 시가총액은 이후 주가가 하락하면서 빠른 속도로 줄어들었다. 2010년 LG파워콤, LG텔레콤과의 3자 합병 직전 데이콤의 시가총액은 1조 5,000억 원 수준에 불과했다. 시가총액이 1/10로 감소하였으니 의당 그 친구의 주식도 그만큼 줄어든 결과가 되고 말았다. 3억 원이었던 투자 원금이 3,000만 원 남짓으로 오그라들었다. 물론 합병 이후 LG유플러스의 주가가 대략 3배 정도 올랐으니 만일 그 친구가 데이콤 대신에 LG유플러스를 지금도 보유하고 있다면, 손해는 어느 정도 만회하였을 터다. 하지만 냉정하게 판단해 볼 때 그가 본전을 되찾으려면 여전히 갈 길이 멀다. 차라리 그 주식을 진작 팔고, 그 돈으로 다른 주식을 샀더라면 오히려 결과가 더 좋지 않았을까?

대체 그 친구는 왜 떨어지는 주식을 팔지 않았을까? 이유는 명백하다. 바로 손해를 보기 싫었기 때문이다. 60만 원에 산 주식이 55만 원이 되었을 때, 주당 5만 원의 손실이 났다. 그는 그 손실을 감당하기 싫었을 거다. 조금만 기다리면 오를 것 같았기에, 당장 팔지 않는 한 손실이 확정되는 것도 아니므로 조금만 버티면 되리라 생각하였을 것이다. 그러던 차에 주가는 55만 원에서 50만 원이 되더니 40만 원으로 하락하고, 30만 원으로 내려가고, 20만 원으로 밀리고, 10만 원, 5만 원……. 그러다 급기야 팔고 싶어도 이제는 팔 수도 없는 형편이 되었다. 애당초 손실을 확정지으려 하지 않았고 손실을 회피하고 싶었기에 이런 상황에 내몰린 것이다.

손실을 확정 지으려 하지 않는 심리, 결국 손실을 회피하려는 심리로 말미암아 투자자들은 매우 보수적인 성향을 띤다. 팔지 않고 일단 버티는 쪽을 택하도록 유도한다. 하지만 그와 같은 보수적인 결정으로 인하여 투자자들은 값비싼 대가를 치른다.

우리는 의사결정을 잘했다고 스스로 믿고 싶다. 그래서 설사 결과가 잘못되었더라도 그건 일시적인 현상일 뿐이라고 간주한다. 지금이야 나쁘지만 조금만 있으면 상황이 나아질 것이라고 막연하게 희망하면서 잘못된 의사결정을 오랜 기간 고수하는 것이다. 하락하고 있는 주식을 팔기 전까지는 실패를 인정하지 않아도 된다. 하지만 실수를 인정하고 팔지 않는 한, 그 자금으로 다른 주식에 투자하여 얻을 수 있는 수익의 기회를 놓치는 것이다. 물론 손해 볼 때의 고통은 수익을 보았을 때의 고통에 비하여 2배나 크다. 하지만 그 고통을 외면하면 자칫 더 큰 고통을 겪어야 할지 모른다.

05 나는 올바른 선택을 한 거야
- 인지 부조화

Stock investment   한때 우리나라에서도 세상을 떠들썩하게 만든 사이비 종교 집단이 있었다. 종말론을 믿는 광신적 종교집단이 바로 그들이었다. 이들은 몇 년, 몇 월, 며칠, 몇 시라는 구체적인 시간을 정해 놓고, 바로 그날이면 신을 믿는 자신들은 하늘로 들려 올라갈 것, 즉 휴거할 것이지만 남겨진 세상 사람들은 멸망하는 지구와 함께 지옥에 떨어질 것이라고 주장하였다. 이들은 지구 멸망의 시간을 앞두고 산에 올라가서 집단으로 기도를 드렸다. 그리고 마침내 이들이 주장하는 지구 멸망의 날이 도래하였다. 하지만 세상의 종말은 당연히 오지 않았고, 지구 종말과 자신들의 휴거를 믿는 사이비 종교의 신자들만 머쓱해진 채 산에서 내려올 수밖에 없었다.

그런데 이처럼 어리석은 일이 자주 있었던 모양이다. 한두 번도 아니었다.

전에도 비슷한 사이비 종교집단이 있었다. 이들 역시 지구 멸망의 바로 그날에 우주인이 우주선을 타고 와서 자신들을 구원해 줄 것이라고 믿었다. 사이비 종교집단의 신도들은 지구가 멸망할 것이라는 교주의 예언에 집도 팔고, 직장도 그만두고, 돈도 다 써버린 채 그날만을 기다렸다. 하지만 멸망의 날이라고 예언된 날, 아무런 일도 벌어지지 않았다. 지구는 평온하였고, 우주선도 나타나지 않았다. 신도들은 실망할 수밖에 없었다. 이때 사이비 종교집단의 교주가 신도들에게 말했다. "여러분의 믿음이 지구를 구원하였습니다." 그런데 재미있는 일은 지구가 멸망하지도 않았지만, 신도들의 행동이 이전과는 달라졌다는 사실이다. 오히려 사이비 종교에 대한 믿음이 더욱 강해져서 다른 사람을 사이비 종교에 끌어들이려는 등 선교 활동에 더욱 열심을 내더라는 것이다.

신도들은 사이비 종교에 들어오기 전에는 나름대로 사회적·재정적으로 자리를 잡은 상태였다. 그러나 지구가 멸망한다는 말에 모든 것을 버리고 왔으니 이제 와서 되돌아갈 수는 없었다. 자신들의 실수를 인정하기에는 너무나 큰 고통이 따라야 한다. 신도들은 실수를 인정하기보다는 오히려 믿음을 더 돈독히 하는 쪽을 선택할 수밖에 없었다.

굳이 심리학자들의 연구를 들먹이지 않더라도 인간은 누구나 자신의 행위에 대해서는 관대하지만 다른 사람에게는 엄격하다. 똑같은 사안에 대해서도 자신의 일이냐 아니냐에 따라 판단의 기준이 다른 이중적인 잣대를 가지고 있다. 누구나 자신은 다른 사람에 비하여 우월하고 똑똑하다고 생각하고 싶어 한다. 그리고 실제로 그렇게 생각한다. 이 글을 쓰고 있는 나도 그러하고, 아마 이 글을 읽고 있는 여러분도 마찬가지일 것이다. 주식투자에서도 그렇다. 투자자들은 누구나 자신은 다른 사람들보다 뛰어난 투자자라고 생각하고 싶어 한다. 세상 모든 사람이 손해를 보더라도 '그들이 바보 같은 사람들이니까 그렇지, 나같이 똑똑한 사람은 결코 손해를 보지 않을 것이다'라고 믿는다.

그런데 과거의 투자에서 손해를 본 기억이 분명히 있다면 어떨까? 자신은 현명하고 뛰어난 투자자라고 생각하고 싶은데, 과거에 주식투자에서 손해를 보았다면 그건 뛰어난 투자자가 아닐 수도 있다는 증거가 된다. 이럴 때 사람들은 심리적으로 불편해진다. 자기가 생각하고 있는 이미지와 상반되는 생각을 가지고 있을 때를 심리학적인 용어로 '인지 부조화cognitive dissonance'라고 한다. 인지 부조화는 양립 불가능한 인지 요소들이 동시에 존재하여 서로 대립을 일으키는 상황을 일컫는데, 대부분 사람은 인지 부조화로 인한 심적 불편을 느끼므로 이런 부조화를 해소하기 위해 노력하게 된다. 그런데 이 과정에서 자신의 믿음이나 신념에 의하여 행동을 바꾸는 것이 아니라, 행동에 따라 믿음을 변화시키며 인지 부조화를 증폭시킬 수 있는 정보는 의도적으로 회피하거나 무시하려고 한다. 자신의 '믿음'을 바꾸는 것이다.

인지 부조화는 1950년대, 지구 종말을 믿는 사이비 집단의 신도들의 심리를 연구하던 사회 심리학자 레온 페스팅거Leon Festinger에 의하여 제기된 이론이다. 실제로 레온 페스팅거를 비롯한 그의 연구원들은 1950년대 우주인에 의한 지구 종말을 믿는 사이비 종교집단에 신도로 가장하고 들어가서 '종말'의 시간까지 신도들과 함께 있으며 이들이 어떤 생각을 하는지, 어떤 반응을 나타내는지 연구하였고, 이를 이론으로 정리, 발표하여 학계의 큰 반향을 얻은 바 있다.

자신이 믿고자 하는 것과 다른 증거가 있어서 심리적으로 불편해지는 이런 심리 상태는 누구나 경험한 적이 있을 것이다. 이때 자신이 생각하는 이미지와 모순되는 증거가 있으면, 사람들은 일반적으로 모순된 증거를 무시하고 싶어 한다. 자신에 대하여 부정적인 증거는 남기고 싶지 않은 것이다. 부정적인 증거가 또렷하면 그것을 최소화하도록 노력하고, 부정적인 증거가 조금이라도 희미하면 아예 무시한다. 기억이 희미하다는 이유로, 즉 기억이 잘 나지 않는다는 그럴듯한 이유를 대면서 예전에 주식으로 손해를 보았던 경험을 애써 없애려고 한다.

인지 부조화를 줄이고 싶어 하는 것은 인간의 본능이다. 무의식적으로 정보에 선택적으로 접근하고, 선택적으로 기억하는 현상도 나타난다. 하지만 그렇게 노력해도(물론 의식적으로 노력하는 경우도 있지만, 대부분은 무의식적으로 그렇게 행동한다.) 인지 부조화가 줄어들지 않으면 어떻게 하는가? 아무리 노력해도 과거의 쓰라린 경험이 잊히지 않는다면 어떻게 할까? 이럴 경우 사람들은 스스로 합리화를 하면서 자신의 생각이나 행위를 정당화할 그럴듯한 이유나 변명거리를 찾아내는 쪽으로 탈출구를 찾는다.

다시 주식투자로 돌아가서 생각해보자. 누구나 자신이 잘못 행동했다는 것은 절대로 인정하고 싶지 않다. 누구나 자신은 뛰어난 투자자이고 다른 사람은 손해를 볼지 몰라도 자신만은 절대로 손해를 보지 않을 것이라고 철석같이 믿고 있다. 자신에 대해서는 긍정적인 이미지로 기억하고 싶은 것이 인지상정이다. 그런데 지금 보유하고 있는 종목에서 손해를 보고 있다. 일단 그런 기억은 지우고 싶을 것이다. 과거의 일이라면 희미한 기억을 핑계 삼아 잊어버리면(혹은 잊어버렸다고 생각하면) 그만이다. 하지만 손해 보고 있는 주식은 다르다. 그걸 애물단지처럼 아직도 보유하고 있으니 잊으려야 잊을 수도 없다. 이럴 때 인지 부조화 현상을 해소하기 위하여 사람들은 자기합리화라는 편리한 방법을 택한다. 지금이야 손해를 보고 있지만 조금만 기다리면 금세 주가가 오를 것이라는 믿음으로 빠져든다. 생각을 바꾸는 것이다. 잊어버릴 수 없으니, 아예 신념을 바꾸어 버리는 것이 바로 인지 부조화를 회피하려는 인간의 본능적인 심리이다.

사람들은 시장에 돌아다니는 종목에 관한 정보를 끊임없이 살피고, 그중에서도 특히 자신이 보유하고 있는 종목에 유리한 정보는 더 열심히 살핀다. 그리고 그런 정보를 발견하면 오로지 거기에만 정신이 팔린다. 부정적인 정보는 아예 무시한다. 아예 처음부터 자신이 잘못된 판단으로 주가가 하락할 종목을 매수하였다는 생각에서 벗어나고 싶은 것이다. 그 결과, 틀림없이 주가가 오를 것으로 믿음을 바꾼다.

마치 사이비 교단의 신도들이 지구가 멸망하지 않았음에도 더 광신도가 되는 것과 같다. 너무 멀리 와버렸기에 이제는 도저히 사회로 돌아갈 수 없는 상황이므로 오히려 자신의 믿음을 더 강하게 만드는 쪽으로 생각을 바꾼다. 마찬가지로 주식을 보유하고 있는데 손해가 커져 더 이상 팔 수 없는 지경에 이른 투자자일수록 오히려 그 종목에 더욱더 긍정적으로 되어 버린다. 이게 바로 사람들이 손해 보고 있는 주식을 악착같이, 애물단지처럼 가져가는 이유이다. 그래서 인지 부조화 이론을 내놓은 레온 페스팅거는 이렇게 말했다.

"인간은 합리적인 존재가 아니라 합리화하는 존재이다."

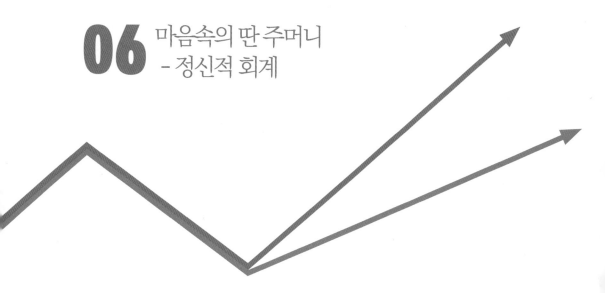

06 마음속의 딴 주머니
- 정신적 회계

Stock investment 겨울이 되어 날씨가 추워져서 옷장 깊숙한 곳에 보관해 두었던 오버코트를 꺼내 입었다. 오버코트를 입고 집을 나서려는 순간, 무심코 손을 집어넣은 호주머니 속에서 무언가 잡히는 것이 있다. 꺼내어 보니 5만 원짜리 지폐 한 장이 발견되었다. 이런 경우에 대부분 사람은 매우 기뻐할 것이다. 오버코트의 호주머니에서 찾아낸 돈은 이를테면 '공돈'처럼 느껴지기 때문이다. 공짜라면 양잿물도 마신다는 속담처럼 공돈이 생겼을 때 기쁘지 않은 사람은 없다.

그러나 엄밀히 생각하면 사실 그 돈은 공돈이 아니다. 비록 '되찾은' 것처럼 보일지 몰라도 그 돈은 지갑 속에 고이 모셔져 있는 5만 원과 똑같이 당신의 돈이다. 모두 같은 계좌에서 나온 돈이며, 그 돈을 벌려고 똑같이 노력했을 거다. 그리고 그 5만 원으로 햄버거를 산다면 햄버거 가게의 점원은 그 돈이 지갑 속의 돈인지 오버코트에서 찾은 돈인지 물어보지도 않을 것이다. 오버코트 속의 5만 원이건 지갑 속의 5만 원이건 다 똑같은 가치의 돈이다.

하지만 되찾은 5만 원은 '잊어버린 줄 알았던' 공돈으로 느껴진다. 그래서 그 돈을 쓰면서도 전혀 아깝다는 생각이 안 든다. 결국 같은 돈이지만 이미 마음속에는 지갑 속에 있는 5만 원과 오버코트 호주머니 속에서 발견한 5만 원을 서로 '다른 계좌'에 옮겨 놓고 생각하는 셈이다. 이를 학문적인 용어로 '정신적 회계Mental Accounting'라고 하며, 똑같은 가치의 돈임에도 그것을 마음속에서 따로따로 계산하는 것을 말한다. 어떻게 그게 가능할까 싶지만, 우리는 일상생활에서 정신적 회계를 흔히 경험하고 있다. 오버코트에서 발견한 5만 원을 공돈으로 간주하는 것도 하나의 사례인데, 심리학자들은 사람들이 같은 돈인데도 서로 다르게 생각하는 정신적 회계 개념을 증명하기 위하여 다음과 같은 재미있는 실험을 하였다.

일단 사람들을 두 그룹으로 나눈다. 그리고 첫 번째 그룹 사람들에게는 10만 원씩을 나누어 준다. 그리고 추가로 ① 그냥 5만 원을 더 받거나, ② 동전을 던져 앞면인지 뒷면인지를 맞히면 10만 원을 더 받지만 만일 틀리면 하나도 받지 못하는 내기 중 하나를 택하도록 하였다. 그랬더니 70%의 사람들은 ①을 택하였다.

두 번째 그룹에는 다른 선택을 주었다. 그들에게는 일단 20만 원씩이 지급됐다. 그러고는 ① 5만 원을 도로 내놓고 가거나, ② 동전을 던져 맞히면 돈을 하나도 잃지 않아도 되지만, 만일 틀리면 10만 원을 잃는 것 중에 하나를 선택하도록 했다. 그랬더니 이번에는 놀랍게도 과반수가 넘는 사람들이

②를 택하였다.

사실 두 그룹 사람들은 같은 내기를 한 것이다. 어떤 경우이건 확률은 50 대 50으로 같고, 또한 기대되는 돈의 액수가 15만 원인 것도 같다. 하지만 상황에 따라 사람들이 이를 받아들이는 태도는 엄청나게 달랐다. 이 실험의 핵심은 같은 돈이지만, 사람들은 이를 달리 생각한다는 것이다. 즉, 첫 번째 그룹 사람들은 이미 10만 원을 확보한 상태에서 추가로 확실한 5만 원을 받는 편을 택하는 반면, 두 번째 그룹은 이미 20만 원을 손에 넣은 상태이므로 그걸 지키기 위하여 '만약 틀리면 10만 원을 손해 볼 수도 있는' 내기를 감행한다는 점이 다르다.

앞선 실험에서 시사하는 것은 사람들은 확실한 이익을 얻을 기회가 있으면 대단히 신중해지지만, 손실을 피하고자 할 때는 무모할 정도로 위험을 무릅쓴다는 점이다. 첫 번째 그룹이 10만 원을 손에 쥔 상태에서 추가로 5만 원의 확실한 수익을 택하는 것이나, 두 번째 그룹에서 20만 원을 손에 쥔 상태에서 5만 원의 확실한 손해를 택하는 것이나 그 결과가 15만 원이 되는 것은 마찬가지이다. 그런데도 사람들은 '확실한 수익'은 흔쾌히 선택하지만, '확실한 손해'는 선택을 주저한다. 마음속에서 따로따로 계산하고 있기 때문이다. 이미 손에 주어진 10만 원에서 5만 원을 더 받으면 충분히 만족스럽다. 그러니 굳이 동전을 던져 돈을 추가로 받아야 할 필요성을 느끼지 않는다. 그러나 손에 주어진 돈이 20만 원일 경우, 거기에서 덜컥 5만 원을 떼어내는 것은 선뜻 선택할 수 있는 일이 아니다. 이미 20만 원을 확보했으니 그걸 유지하고 싶은 것이다. 그래서 사람들은 오히려 일이 잘못되어 10만 원을 잃을지라도 내기를 하는 쪽을 선택한다.

이러한 사람들의 심리는 주식투자에서도 고스란히 드러난다. 현재 주식을 보유하고 있는데 수익이 나고 있다고 하자. 현재의 주가 수준에서 그 주식을 팔아 버리면 확실한 수익을 얻는다. 물론 조금만 있으면 주가가 더 올라서 수익 규모가 더 늘어날 가능성도 있다. 하지만 대부분 사람은 이럴 때 흔쾌히 그 주식을 팔아서 '확실한 수익'을 챙기는 쪽을 택한다.

심리적으로 따져, 제로(0)와 10만 원의 차이는 10만 원과 20만 원의 차이보다도 크다. 그렇기 때문에 사람들은 현재 10만 원을 번 상태에서 추가로 10만 원의 수익을 더 기대하기 위하여 수익을 내는 주식을 계속 보유하기보다는 차라리 매도하여 확실한 10만 원의 수익을 챙기는 쪽을 택한다. 초보 투자자는 물론이고 조금 경험이 있는 투자자일지라도 한참 잘 오르고 있는 주식을 재빨리 팔아치워 버리고, 그 바람에 수익을 더 낼 수 있는 기회를 스스로 차버리는지 이유가 바로 여기에 있다.

반대의 경우를 생각해보자. 현재 주식을 가지고 있는데, 손실이 나고 있다. 현재의 주가 수준에서 그 주식을 팔아 버리면 확실한 손해를 본다. 아무리 손실 규모가 미미하다고 할지라도 인간의 보편적인 심리로는 확실한 손해를 선택할 수는 없다. 조금만 기다리면 수익으로 돌아설 가능성이 약간이라도 있다면, 사람들은 무모하게도 불확실한 위험을 선택한다. 결국, 손해가 나고 있는 주식을 팔지 못하고 계속 보유하며, 그러다 보니 손해는 더욱더 늘어나 눈덩이처럼 불어난다. 손해가 불어나고 있고 그 사실을 투자자들 스스로 잘 알고 있으나, 여전히 투자자는 확실한 손해를 선택하지 못한다. 같은 돈인데도 마음속에서는 다르게 생각하는 정신적 회계 때문이다.

PART 2

자신이 만든
함정에서
벗어나기

지금까지는 왜 일반적인 투자자들이 매도하는 일에 어려움을 겪는지를 심리학적인 관점에서 따져 보았다. 사람들은 자신이 선택한 종목의 주가가 반드시 오를 것이라고 믿어 의심치 않기 때문에(과신) 좀처럼 손해가 나더라도 매도하지 않으려 한다. 혹은 사람들은 그 주식을 사들이기 전에는 별 의미가 없었지만, 막상 주식을 사들인 이후에는 세상 어떤 주식보다 그 주식이 뛰어나 보이기 때문에(보유 효과) 주식을 선뜻 매도하지 못한다. 하지만 정반대의 경우도 존재한다. 사람들은 정작 팔지 말아야 할 때인데도 성급하게 팔아치우는 경향이 있다. 자신의 믿음에 타격을 주는 나쁜 뉴스가 터졌을 때, 오히려 평상시보다 더 예민하게 반응하여 앞뒤 가리지 않고 일단 팔고 보는 선택을 한다(과잉 반응).

그런데 악재에 놀라 후다닥 팔고 나니 그 행동은 성급한 것이었고, 주가는 금세 안정을 되찾아 재상승하는 경우가 비일비재하다. 이런 경험이 쌓이면 다시금 그런 악재가 나타났을 때, 이번에는 오히려 둔감해질 수도 있다.

아울러 투자자들은 손실을 피하고자 보유하고 있는 주식을 팔지 못한다(손실 회피). 손해를 보았을 때 느끼는 마음의 고통이 수익을 내었을 때 느끼는 기쁨보다 2배 이상으로 더 강력한 법이니, 정작 손해를 보고 있을 때는 이런 고통을 피하기 위하여 일부러 외면한다. 또한, 팔고 나서 나중에 후회하게 될까 봐 팔지 못하는 투자자들도 많다. 우리가 책의 첫머리에서 살폈듯 어떤 행동을 하지 않았을 때 사후에 느끼는 후회인 부작위 후회에 비하여 어떤 행동을 주도적으로 하였을 때 사후에 느끼는 후회인 작위 후회의 정도가 큰 법이다. 주식을 적극적으로 팔았다가 나중에 그 주가가 매도한 가격보다 더 올라선다면 사람들이 느끼는 후회의 고통은 심각해질 수밖에 없다. 그걸 잘 알고 있는 우리는 쉽게 매도 결정을 내리지 못한다. 인간은 자신의 생각과 행동을 일관되게 유지하려는 습성을 갖고 있는데, 예전에 품었던 생각을 바꾸어야 한다면 사람들은 그 생각을 바꾸지 않고, 오히려 행동을 바꾸려는 특성을 가진다(인지 부조화). 당초 그 주식을 매수할 때의 생각이 옳았다는 것을 주장하기 위해서라도 우리는 이제 와서 그 주식을 팔려고 하지는 않는다.

심리학 혹은 행동경제학이 시사하는 바는 명백하다. 주식시장에서 성공하기 위해서는 무엇보다도 우리 자신이 왜 비합리적인 행동을 저지르는지 이해해야 한다는 것이다. 그래야 대책을 세울 수 있다. 엉뚱한 판단을 하는 사람들의 심리를 이해하는 것은 기업의 대차대조표나 손익계산서를 분석하는 작업 이상으로 투자자에게 유용하다. 아마도 당신은 기업의 가치를 평가하거나 혹은 기술적 분석 차트를 읽는 데 능숙할지 모른다. 그러나 사람의 심리 특히, 도대체 왜 팔지 못하는지를 이해하지 못한다면 투자 성과는 절대 좋아지지 않을 것이다.

사람들의 심리적인 약점을 1장에서 살펴보았다. 그것을 잘 이해하였다면, 다음 단계에서는 자신의 심리를 다스리는 방법을 살펴보자. 매도할 수 있는 마음가짐을 만드는 법이 2장의 주제이다. 2장의 메시지를 한마디로 요약한다면 '평정심을 가져라.' 하는 것이다. 평정심은 쉽게 얻어지는 것이 아니지만, 일부러라도 평정심을 갖도록 노력해야 한다. 그러기 위해서는 원칙을 만들고, 그 원칙을 준수해야 한다.

원칙은 되도록 간단할수록 좋고, 기계적으로 따르기 쉬울수록 좋다. 원칙이 잘 되었느냐 잘못되었느냐보다는 일단 수립된 원칙을 철저하게 준수하느냐가 더 중요하다. 기계적 혹은 강제적으로라도 원칙을 따르다 보면 감정적 대응에서 벗어나고, 심리적 불안감도 사라진다. 오히려 억지로라도 원칙을 준수하면 비록 손해를 보는 경우에도 인지 부조화의 불편함에서 탈피할 수 있다. 일관되게 원칙을 준수하면 후회의 정도도 낮아진다. 결국, 이것이 주식에서 성공할 수 있는 지름길이 된다.

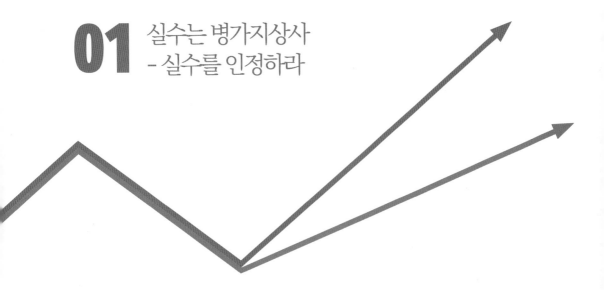

01 실수는 병가지상사 – 실수를 인정하라

Stock investment 모든 거래에서 완벽한 투자자는 없다. 아무리 뛰어난 투자자라고 해도 잘못을 저지르고, 투자에서 실패할 때가 있다. 예컨대 주식투자만으로 세계 2위의 거부가 된 오마하의 현인, 워런 버핏Warren Buffett조차도 투자 판단의 실수로 종종 거액의 손실을 보았다. 그는 2005년에 달러화의 약세를 예상하고 달러 매도 포지션을 취했는데, 예상과는 달리 달러화의 가치가 줄곧 오르자 결국 손을 든 것이 대표적인 투자 실패 사례이다. 또, 2012년에 그는 유통기업으로 잘 알려진 테스코의 주식을 4억 1,500만 주 사들였는데 매입 가격은 23억 달러였다. 기대와 달리 테스코의 주가가 부진해지자 워런 버핏은 2013년 말 테스코 주식 1억 1,400만 주를 처분했지만, 여전히 3억 100만 주가량이 남았다. 2014년에도 테스코의 주가는 약 50% 추락하였고, 결국 그는 4억 5,000만 달러의 손실을 떠안아야 했다. 그 외에도 전기 및 가스 공급업체인 에너지퓨처홀딩스의 채권을 매입하였다가 그 업체가 파산하면서 8억 7,000만 달러의 손실을 본 일이나 가장 최근에는 식품업계의 공룡인 크래프트 하인즈에 대규모 투자(지분 26.7%를 보유한 최대 주주)를 했다가 이 회사의 수익성 악화로 30억 달러를 손실로 처리한 사례도 있다.

워런 버핏의 실패담을 언급한 것은 결국 그와 같은 투자의 현인조차 이처럼 실패를 거듭하는데, 하물며 우리 같은 평범한 투자자들이 주식투자에서 실패하고 손해 보는 것이야 지극히 당연한 일이라는 것을 말하고 싶어서이다.

그런데도 사람들은 여전히 자신은 '신과 같은 존재'로 간주하려는 경향이 있다. 어리석게도 자신만은 절대로 실수를 하지 않으며, 모든 주식거래에서 반드시 수익을 낼 것이라고 믿어 의심치 않는다. 당연한 말이지만 이러한 태도는 올바른 것이 아니다. 오히려 절대로 손해를 보지 않을 것이라고 과신하는 데에서 불행의 싹이 튼다. 손해가 나는 주식을 끝까지 보유하다 보면 그게 반 토막이 되고, 1/3토막이 되어 버린다. 그래서 잘 매도하기 위한 첫 번째 덕목은 '실수를 인정하라' 하는 것이다.

실수를 인정하고 그러한 실수에 요령 있게 잘 대처할 수 있으면 결과는 좋아진다. 그렇게만 된다면, 설령 실수를 자주 저지르고 심지어 치명적인 실수를 범하더라도 궁극적으로는 주식투자에서 성공할 수 있다. 자신의 실수를 인정하면 실수가 거듭될수록 점점 대처하는 요령도 늘고, 결과적으로 실패할 확률도 크게 줄어든다. 그러나 주식투자에서 실패하는 대부분 사람은 그렇지 않다. 이들은 도무지 자신의 실수를 인정하지 않으려 하며, 거기서 문제가 발생한다. 앞 장에서 예를 들었듯 데이콤의 주식을 60만 원대에서 매수한 친구는 데이콤의 주가가 향후 100만 원 이상 오를 것이라는 자신의 주장을 굽히지 않았고, 실수를 인정하지 않았다. 그러기에 큰 손실을 볼 수밖에 없었다.

사실 주식투자라는 게임의 법칙은 항상 성공하는 데 있지 않다. 주식투자에서 때때로 성공할 수도 있으나 유감스럽게도 필연적인 실패도 동반하기 마련이다. 그러니 실패의 횟수를 줄이고 성공의 횟수를 늘리는 것이 주식투자에서 수익을 내는 비결이다. 또한, 실패할 때는 약간의 손해를 입는 정도로 그치고, 성공할 때는 큰 이익을 얻도록 해야 한다. 그래야 전체적으로 수익을 얻을 수 있다. 이것이 바로 게임의 법칙이다.

실패의 횟수가 성공의 횟수보다 적으려면, 그리고 실패하였을 때 약간의 손해로 그치기 위해서는 무엇보다도 앞으로 저지를 수밖에 없는 실수를 잘 통제할 수 있어야 한다. 실수를 통제한다는 것이 말처럼 쉬운 일은 아니지만, 우선은 무엇보다 자아ᵉᵍᵒ에서 벗어나는 것이 중요하다. 앞서 살펴보았던 인간의 나약한 심리인 자아의식, 다시 말하여 과신, 인지 부조화, 과잉 반응, 후회, 손실 회피 등의 심리에서 탈피할 수 있어야 앞으로 좋은 결과를 기대할 수 있다.

따지고 보면 주식투자에서 투자자들이 극복해야 하는 대상은 주식시장도 아니고, 증권회사도 아니며, 객장 옆자리에 앉아 있는 다른 투자자도 아니다. 기관 투자자들이나 외국인 투자자들은 더더구나 아니다. 싸움에서 이겨내고 극복해야 할 대상은 바로 자기 자신이다. 자신과의 심리 싸움에서 이길 때, 비로소 주식투자의 성공은 보장된다.

세상에는 머리가 원래 똑똑해서 혹은 열심히 노력하고 부지런히 일해서, 그로 인하여 직장에서 성공하거나 사업이나 자신이 몸담은 분야에서 성공을 거듭한 사람들이 있다. 그런데 이런 사람일수록 주식투자에서는 실패하기 쉽다. 이들은 무엇보다도 주식시장이라는 황량한 세계에 들어서면 당황하기 십상이다. 똑똑하거나 부지런하고, 열심히 일한다고 하여 주식투자에서 성공한다는 보장은 전혀 없다. 물론 머리가 좋거나 부지런하다면 그것이 주식투자에서 성공하는 데 약간의 도움이 되기는 한다. 그러나 거듭 강조하지만 그게 전부는 아니다.

만약 똑똑하거나 부지런하고 열심히 노력한 사람이 주식투자에서도 반드시 성공한다면, 노벨상을 받은 학자나 뛰어난 능력을 갖췄다고 소문난 의사 혹은 학교에서 올 A학점을 받은 학생이 주식투자에서 죄다 성공해야 한다. 그러나 실상은 그렇지 않다. 만유인력을 발견했고, 수학에서 미적분을 개발하는 등 똑똑한 것이라면 둘째가면 서러웠을 천재 과학자 뉴턴Issac Newton이 주식투자로 대실패를 맛보았다는 것은 유명한 이야기이다. 혹은 만사에 엄격하고 세밀하며 법규를 잘 따른다고 하여 반드시 주식투자에서 성공하는 것도 아니다. 기술자나 혹은 공무원들이 의당 주식투자를 잘하는 것도 아니지 않는가?

오히려 인생에 있어 단맛과 쓴맛을 주기적으로 느껴본 사람일수록 주식투자에서 성공할 확률이 높다. 이들은 주식투자에서 성공할 때의 기쁨도 기대하지만, 실패하였을 때의 고통 역시 예상하기 때문이다. 예컨대 세일즈맨이라면 영업이 잘되는 날이 있는가 하면 영업이 도무지 잘 안 되는 날도 있다는 사실을 잘 알고 있다. 그러기에 이들은 본능적으로 주식투자에서의 성공과 실패를 체득하고 있다. 그들에게 성공이란 100퍼센트 완전한 것이 아니다. 그저 '보통보다 조금 더 나은 것'을 의미할 따름이다. 그렇다면 세일즈맨이 아니라면 주식투자에서 성공할 가망이 없는 것일까? 당연히 그렇지 않다. 세일즈맨의 경력보다는 주식시장의 특성을 이해하는 것이 무엇보다 중요하다.

투자 결정에 있어서 실수할 수도 있다. 세상에 완벽한 사람은 없다. 잘 될 때도 있고, 잘 안 될 때도 있다. 그러니 실수를 저지를 때, 이를 겸허하게 받아들인다면 그만큼 한 단계 발전할 수 있다. 똑같은 실수를 되풀이하지 않는 것이 중요하다. 그러려면 지금 행하는 모든 투자 결정과 거래(그것이 나중에 실수로 판명될 수 있으므로)를 자세히 기록해야 한다. 그래야 나중에 똑같은 실수를 되풀이하지 않는다.

우리의 인생도 마찬가지겠지만, 결국 우리는 주식투자에서도 스스로 저지른 실수를 용서해야 한다. 만일 그렇지 않고, 과거의 실수에 연연하면 도무지 앞으로 나아갈 수 없다. 주식투자에 있어 실수의 횟수를 줄이는 일이 우리의 목표이다. 하지만 불가피하게 실수를 했을 때는 손실을 최소한으로 만드는 것도 우리의 궁극적인 목표라는 것을 잊지 말자. 거듭 강조하지만, 실수를 인정해라. 사람들은 종종 실수를 저지르고도 억지로 이를 무시하거나 혹은 다른 이유 때문이라고 변명하기도 한다. 그래서는 안 된다. 실수는 실수다.

주식투자에서 실수와 관련된 다음 세 가지 가이드라인을 숙지한다면 큰 도움이 될 것이다.

첫째, 모든 투자자는 실수를 저지른다. 그러므로 앞으로도 실수를 피하기보다는 실수를 또 저지를 수 있다는 사실을 받아들여라. 실수는 불가피한 것이다.

둘째, 실수를 잘 대처한다면 장기적인 관점에서는 별일 아닐 수도 있다. 결과적으로 미미한 손실로 그칠 수 있는 것이다. 하지만 실수를 저지르고 잘못 대처한다면, 장기적으로 오히려 더 큰 손실로 이어지는 불씨가 된다.

셋째, 실수가 불가피하다면 실수를 피하기보다는 실수를 통해서 경험을 쌓으려고 노력한다. 그러니 모든 거래를 처음부터 끝까지 꼼꼼하게 기록하여 실수의 원인이 무엇이고, 어떻게 대처하는 것이 옳은지 파악한다. 이것은 아주 귀중한 경험으로 축적될 것이다.

02 심리적 공황에서 벗어나라

Stock investment   다음 페이지의 그림은 SK하이닉스의 주가 차트이다. 그리고 어떤 투자자가 이 차트의 움직임에 따라 투자했다면 차트에 표시된 각각의 시간에 어떤 거래와 생각을 하는지 가상으로 한번 따져보았다. 투자자가 SK하이닉스의 주식을 언제 매수하고, 어떻게 보유하고, 언제 매도하기로 결정할 것인지, 그리고 그때마다 이 투자자는 어떤 생각을 품었을지 상상해 보았다. 물론 가상으로 만든 상황이지만, 이런 일은 현실에서 언제라도 벌어질 수 있다. 혹은 지금 당신의 마음속에서 전개되고 있는 기쁨, 슬픔, 고통, 번민, 희열일 수도 있다. 다음 글을 차트에 표시된 번호를 찾아 함께 보면서 읽어 보자. 당시의 상황을 확인한다면 그때그때 투자자들이 겪는 마음속의 갈등, 고뇌, 번민 등을 고스란히 공유할 수 있을 것이다.

67

| SK하이닉스 주가 차트 |

1. 우와! 이 종목 잘 오르네. 아깝다. 예전에 4만 5,000원 하던 때부터 관심 종목에 넣어 두었던 것인데 진작 살 걸. 대체 얼마나 오른 거야? 저걸 미리 샀더라면 벌써 10퍼센트는 먹고 들어가는 건데 아쉽다. 그런데 이제 5만 원도 넘었으니 이 정도의 추세라면 분명히 상승 추세에 접어든 것이 확실해. 바닥에서 사지 못한 것이 억울하지만, 더 늦으면 나만 손해야. 일단 사고 보자. (매수 5만 8,000원)

2. 약간의 조정이겠지. 증권회사 애널리스트 분석으로는 실적도 좋을 전망이고 PER도 현재 낮은 수준이므로 금세 회복될 수 있을 거야. 10퍼센트 정도의 조정이야 버틸 수 있어!

3. 역시! 내 예상이 적중했어. 조정 기간이 길어질 수는 없을 테니. 현재의 주가는 내가 매수한 단가 이상으로 상승하였는데, 이제 남은 것은 줄곧 상승하는 일뿐 아니겠어? 기다리기만 하면 된다!

4. 아무래도 수상하네. 전고점을 돌파하지 못하고 있잖아. 일단 팔고 보자. 손실을 최소화하는 것도 좋은 투자 전략이라고 하였지? 2보 전진을 위한 1보 후퇴다. (매도 5만 5,000원)

5. 어느새 6만 원까지 올라왔네? 하지만 이거 너무 급등하는 것 아냐? 전에도 단기에 후다닥 오르더니 금세 밀리곤 하였지. 이번에도 또 그럴 공산이 높으니 지난번처럼 섣불리 덤볐다가 낭패 보는 일은 하지 말자.

다시 내릴 거야. 지금보다 더 낮은 수준이면 몰라도 여기서 매수하는 것은 어리석은 일이지. 내가 매도한 가격이 5만 5,000원인데 그 이하는 되어야 사는 맛도 있지.

6. 이런, 더 오르잖아! 이젠 7만 원 저항선도 돌파했네. 주가가 조정을 더 보일 터이니 사지 말라고 한 전문가들 말을 믿은 내가 잘못이지. 안 되겠다. 지금이라도 사지 않으면 자칫 10만 원도 넘길지 몰라. 역시 반도체 주식은 흐름이야. 일단 흐름을 타니 무섭군. 전체적인 시장 분위기도 좋은데 여기서 더 머뭇거리다가는 확실한 주식 하나를 놓치는 결과가 될 것이 분명해. (매수 7만 1,000원)

7. 믿을 수가 없네. 역시 서둘렀군. 내가 똑같은 실수를 또 반복하다니, 정말 괴롭다. 그래도 뭐 실적도 좋고 흐름도 나쁘지 않으니 기다리면 오르겠지. 역시 버텨 보자!

8. 난리 났네, 난리 났어! 조금 오르는 것 같더니 금세 되밀리는군. 세계적인 경기침체가 반도체 주식에 직격탄이라는 신문보도가 영 거슬리네. 6만 원마저 밀린다면 진짜로 큰일이다. 손해나도 팔자. 서두른데 따른 수업료라고 생각하자. 그래도 손해 보고 팔려니 정말 슬프다. (매도 6만 2,000원)

9. 난 왜 이럴까? 어째 내가 사기만 하면 내리고, 팔기만 하면 오르는 거야. 개미들이 거꾸로 매매한다더니 바로 내 짝이네. 혹시 내가 주식 매매 하는 것을 누가 보고 있는 것은 아닐까? 잘못은 잊어버리는 것이 상책! 짜증나는데 지금이라도 다시 사자! (매수 6만 7,000원)

10. 역시! 용감한 자가 미인을 얻는 법이야. 만날 실패하라는 법은 없지. 비싸더라도 과감하게 매수한 것이 성공했네! 신난다! 수익도 짭짤한데 일단 현금으로 챙겨 놓고 다시 생각하는 것이 좋겠지? 아무래도 시장이 과열 분위기인데 현재 주가 수준으로 또 올라가는 건 무리일 거야. (매도 7만 6,000원)

11. 내가 왜 이러지? 왜 자꾸 서두르는 걸까? 조금만 기다렸으면 되는 건데 괜히 일찍 팔아 버렸네. 좀 진득할 수는 없었을까? 다음부터는 세상없어

도 '장기 투자'야. 암, 장기 투자가 제일 확실한 거라고! 지금 매수하면 10만 원 이상 될 때까지는 죽어도 안 팔 거야! (매수 8만 3,000원)

12. 이제는 안 속는다. 조정이 있겠지만 다시 올라갈 거야. 틀림없어. 반도체 주식이 올라가는 것 말고는 할 게 뭐 있겠어? 장기 투자하면 분명 수익이 난다고 하잖아! 기다리자.

13. 그러면 그렇지. 내 이럴 줄 알았지. 역시 경험이 중요한 거야. 조정에 흔들리지 않고 굳세게 보유한 내가 스스로 생각해도 정말 자랑스럽네. 시장의 바보들은 조정에 겁먹고 쪼르르 팔아 버렸겠지? 우와, 신난다. 이제 확실한 상승 추세이니 추가로 더 사야지. (매수 8만 5,000원)

14. 안 속는다, 안 속아! 전에도 이런 일이 종종 있었잖아? 이번에도 조정이야. 파동이론으로 보아 이번의 조정 4번 파동이 끝나면 분명히 상승 5번 파동이 찾아올 것이니 걱정할 필요는 없겠지.

15. 거봐. 내 생각이 맞았지! 7만 5,000원에서 강력한 지지선이 나타났다고. 이제 확실히 상승 5번 파동이 시작된 거야.

16. 또 밀리네. 도대체 정책 당국은 뭐하고 있는지 모르겠네. 이처럼 주식 시장이 흔들리면 증시안정대책을 마련해야 되는 것 아닌가? 순매도만 일삼는 외국인 투자자들은 아예 시장에 발붙이지 못하게 해야 하고, 게다가 주가

하락 부추기는 공매도 세력은 몽땅 다 감옥에 넣어야 해! 그나저나 손해가 너무 크다. 이제는 더 견딜 수가 없다. 주식투자한 내가 바보지. 아이고! 있는 주식 몽땅 다 털고 시장에서 빠져 나가자. 이제 다시는 주식에 투자하나 봐라. (매도 7만 2,000원)

17. 바보! 그걸 못 참나! 조금만 기다리면 지금처럼 반등하는 것을 왜 새 가슴이 되어 쪼르르 팔아 버렸을까! 장기 투자한다고 얼마나 다짐했건만, 아쉽다! 지금이라도 사야 하나? 또 밀리면 어쩌지? 이젠 주식 투자할 돈도 별로 안 남았는데…….

혹시 비슷한 고민을 당신도 하고 있지 않은가? 위의 사람은 주가가 조금 오르기만 하면 쪼르르 달려들어 매수하고, 그러다가 내내 후회한다. 결국, 주가가 하락하면 더 견디지 못하고 팔아 버려 손해 보고, 그러다가 다시 주가가 오르면 금세 팔았던 행위를 또 자책하며 후다닥 매수하고, 주가가 하락하면 겁에 질려 또 매도하여 손해를 보는 일을 되풀이한다. 주식투자에서 수익을 내기 위해서는 이런 행동은 하지 않아야 한다. 그러기 위해서는 무엇보다도 마음의 흔들림에서 벗어나는 것이 포인트이다.

주식을 매수한 이후 주가가 하락할 때 불안하지 않은 사람은 없다. 인간이라면 누구나 수익을 내면 기쁘고, 반대로 손해를 보면 슬프고 고통스럽다. 초보이건 경험이 많은 사람이건 똑같다. 누구에게나 수익과 손해가 미치는 영향은 마찬가지이다. 또한, 아무리 경험이 많은 사람이라도 주가의 등락에 따라 마음이 하루에도 수백 번 왔다 갔다 한다. 겉으로 보기에는 태연한 척

하지만 이미 마음속은 주가가 움직일 때마다 수십 번, 혹은 수백 번씩 주판알을 튕기고 있다.

이처럼 수익이 나면 좋아하고, 손해가 나면 슬퍼하기로는 모두 다 똑같은데, 어찌된 셈인지 어떤 사람은 주식투자에서 수익을 내고, 또 어떤 사람은 주식투자에서 연신 손해만 보고 있다. 그 이유는 무엇일까? 단순히 어떤 사람은 재수가 있어서 수익을 내었고, 다른 사람은 재수가 없어서 연방 손해만 보았을까? 재수 덕택에 돈을 번다면, 우리는 모두 주식 분석이나 예측 따위의 일을 즉시 집어 치우고 지금이라도 주사위나 점술, 타로 카드 혹은 무언가 다른 신비스런 방법으로 주식에 베팅하는 것이 더 나을 것이다.

재수 혹은 운이 아닌 무언가 다른 이유가 있다. 혹시 능력일까? 앞서 살펴보았듯 똑똑하거나 부지런해서 다른 분야에서 성공했다고 주식투자에서도 성공한다는 보장은 없다. 개인 투자자들의 능력은 거의 엇비슷하다. 분석 능력의 우열은 그저 종이 한 장 정도 차이일 뿐이다. 주식투자의 성패를 좌우하는 것은 바로 마음가짐이다. 주식투자는 결국 자신과의 싸움이다. 심리적인 갈등이 벌어질 때, 이를 어떻게 극복하고 자신과의 싸움에서 자기를 이길 수 있느냐에 따라 주식투자의 성패가 좌우된다.

위의 사례에서 보듯 감정이 행동에 개입될 때, 일반적인 투자자들은 다음과 같은 특징을 보인다.

첫째, 근본적 분석과 기술적 분석 사이에서 오락가락한다. 어떤 때는 차트를 참조하였다가 또 어떤 때는 실적이나 기업 재무제표를 파고든다.

둘째, 최근의 추세가 계속될 것이라고 마음속으로 믿고 싶어 한다.

셋째, 주가 움직임에 대해 감정적이고 극단적으로 대응하기 일쑤이다.

넷째, 주식시장은 불평등하여 개인 투자자들은 기관이나 외국인 투자자 혹은 큰손들의 음모에 항상 당할 수밖에 없다고 생각한다.

다섯째, 과거 주식투자에서 손해를 본 경험이 내내 투자자에게 악영향을 끼친다.

주식에서 손해를 보지 않기 위한 가장 중요한 일은 싸게 사서 비싸게 파는 것이다. 하지만 알다시피 싸게 사서 비싸게 파는 것은 어렵기 짝이 없는 일이다. 주식에 투자하는 사람들이 결국은 '싸게 사서 비싸게 파는 일'을 하지 못하여 손해를 본다. 매수할 때야 누구나 다 싸다고 생각하면서 주식을 산다. 하지만 나중에 보니 오히려 비싸게 산 결과가 될 때가 비일비재하다.

그러나 비싸게 샀다고 할지라도 반드시 손해 본다는 법은 없다. 설령 비싸게 매수하였더라도, 더 비싸게 매도할 수 있으면 된다. 중요한 것은 마음의 문제이다. 시작부터 마음이 흔들리면 죽도 밥도 안 된다. 주식을 매수하면서부터 매일의 주가 움직임에 마음이 두근 반, 세근 반 하고, 주가가 조금이라도 오르면 좋아했다가 주가가 조금이라도 하락하면 금세 시무룩한다면 좋은 결과를 기대할 수 없다. 마음의 평정심을 갖는 것이 무엇보다도 중요하다.

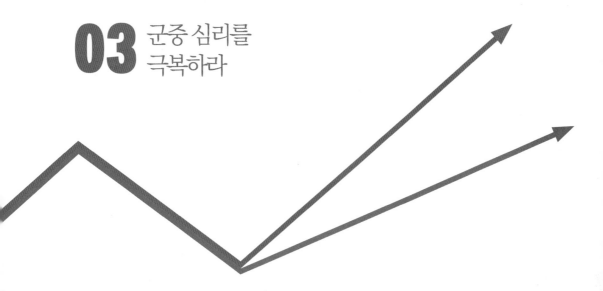

03 군중 심리를 극복하라

Stock investment 지금은 컴퓨터의 사양이 워낙 좋아져 컴퓨터 게임 프로그램의 용량이 몇 기가급인 것은 물론이고, 그래픽의 화려함이 현란할 정도이다. 게임 프로그램의 그래픽이 너무나 사실적이어서 마치 사진처럼 느껴지기도 한다. 하지만 90년대 초반만 하더라도 컴퓨터의 운용체계는 DOS였고, 컴퓨터 전체의 메모리 용량이 기껏해야 10메가바이트^{MB}에 불과하였다. 그러니 컴퓨터 게임의 세밀함이나 현란함, 화려함 등은 지금과는 비교할 수 없을 정도로 낮은 수준이었다. 그러나 나름대로 인기 있는 게임 프로그램이 있었고, 그 게임에 빠져 밤을 새기 일쑤였다. 당시 유행하던 게임 프로그램 중에 '레밍스^{lemmings}'라는 것이 있었다.

게임의 시작 버튼을 클릭하면 수많은 조그마한 쥐들이 끊임없이 나타나

줄지어 일정한 방향으로 움직인다. 그러나 이들은 장애물을 만나면 이를 넘어가지 못하고 그 자리에서 계속 다람쥐 쳇바퀴 돌기를 반복하거나 아니면 경로를 다른 방향으로 바꾸는데, 그 다른 경로라는 것이 게임 개발자가 만들어 놓은 함정이다. 레밍들은 후퇴를 모른다. 이들은 그저 앞으로만 나아갈 뿐이며, 우르르 줄지어 다른 길로 가지만 결국 함정에 빠져죽는다. 그래서 게임을 하는 사람들은 어떻게 하면 정해진 시간 안에 레밍 무리가 물에 빠져 죽지 않고 무사히 장애물을 건널 수 있을지 궁리하여 이들을 안전한 지역으로 인도해야 한다. 레밍을 하나라도 죽이지 않고 다른 곳으로 대피시킬수록 게임의 점수가 올라간다.

사실 레밍은 실제로 지구상에 존재하는 동물이다. 레밍은 북극 가까이에 위치한 추운 툰드라 지역에 사는 쥐의 일종으로 게임에서처럼 바다로 줄지어 뛰어드는 것으로 유명하다. 정상적인 상태의 레밍은 봄이 되면 먹을 것이나 새로운 서식처를 찾아서 이동한다. 하지만 3~4년에 한 번씩 이상한 일이 벌어지는데 활발한 번식으로 레밍의 숫자가 불어나면, 이들은 밤중에 미친 듯한 행동을 하기 시작하고 급기야는 대낮에 줄지어 어디론가 이동한다. 이동하는 도중에 장애물을 만나고 장애물을 넘지 못하는 레밍의 숫자가 늘어나면, 레밍은 광기 어린 행동으로 장애물에 무작정 돌진하며, 급기야 평소라면 도망쳤을 법한 큰 동물에게 덤벼들기도 한다. 그 와중에 많은 레밍이 굶어 죽거나 사고를 당하며 숫자가 줄어들지만, 상당수의 레밍들은 마침내 바다에 도착한다. 그런데 이들 레밍 무리가 바다에 도착하면 즉시 바다에 뛰어들어 헤엄치다가 결국은 지쳐서 모두 물에 빠져 죽는다.

레밍이 왜 이런 행동을 하는지 그 이유에 대해서는 정확히 규명된 바가 없다. 레밍의 숫자가 늘어나 먹이가 부족하면 스스로 집단행동을 취하고 광란에 빠져 집단 자살을 택하는 것이 아닌지 막연하게 추측할 따름이다. 컴퓨터 게임에서는 레밍들을 안전한 곳으로 인도할 수 있지만, 현실에서는 레밍의 행동을 제어할 방법이 없다.

그런데 사실상 인간들도 종종 레밍과 비슷한 행동을 보이곤 한다. 군중심리가 바로 그것이다. 주가가 급등하거나 혹은 급락할 때, 인간은 극도의 흥분상태에 빠져 우량한 종목이건 불량한 종목이건 혹은 주가가 높건 낮건 앞뒤 가리지 않고 덤벼드는 것이 정확히 레밍스와 닮았다. 주가가 급등할 때는 무조건 사고 보자는 군중심리에 빠져들고, 반대로 주가가 하락할 때는 무조건 팔고 보자는 군중심리에 빠져들곤 한다.

제2차 세계대전을 일으킨 히틀러가 자기 마음대로 조종하려 노력했던 것이 군중심리였듯이 일단 군중심리에 편승하기만 하면 인간은 이성을 잃고 앞뒤 가리지 않는다. 물론 인간은 레밍이 아니다. 그러나 이솝 이후 많은 현자가 가르쳐 왔듯이 동물의 행동에는 사람의 행동과 비슷한 점이 많다. 특히, 레밍의 행동을 통해 주식시장의 움직임에 결정적인 영향을 미치는 군중심리를 엿볼 수 있다. 금융시장도 군중 심리에 의하여 드라마틱하게 움직인다.

워런 버핏이 버크셔헤더웨이사의 영업 보고서에 기록한 다음 이야기는 군중 심리를 잘 보여 주고 있다.

어떤 석유 탐사가가 죽어서 천당에 가게 되었다. 천당으로 가는 도중이 석유 탐사가는 천당 문을 지키고 있는 베드로를 만났다. 베드로가 이 사람에게 "당신은 평소에 착한 일을 많이 하였으니 천당에 들어갈 자격은 있습니다. 하지만 유감스럽게도 지금 석유 탐사가들이 거주하는 구역이 만원이어서 당신이 들어갈 자리가 없군요." 하고 말했다. 이 사나이는 잠시 생각하더니, 그렇다면 천당에 먼저 들어가 있는 선배 석유 탐사가들에게 한 마디만 할 수 있도록 해 달라고 베드로에게 부탁했다. 별 문제가 없을 것 같아서 베드로는 그러라고 허락하였다. 그러자 이 사나이는 "지옥에서 석유가 발견되었다!"라고 크게 외쳤다. 그런데 사나이가 고함을 치자마자 즉시 천국 문이 열리더니 천당에 있던 석유 탐사가들이 죄다 지옥을 향하여 줄달음치는 것이 아닌가! 베드로는 이 사나이의 기지에 감탄하면서 그 사나이더러 석유 탐사가들이 뛰쳐나가 텅 비어 버린 천당에 들어가서 이제 편히 살라고 말했다. 그러자 이 사나이는 고개를 저으며 대답했다.

"아니요. 저도 저 사람들을 따라 지옥으로 가야 할 것 같군요. 혹시 저 루머가 사실일지도 모르지 않습니까?"

이 이야기가 말하고자 하는 것이 무언지는 금세 알아챌 것이다. 이 사나이는 멋진 루머를 만들어내서 선배 석유 탐사가들로 만원인 천당을 텅텅 비게 하는 데 성공하였다. 하지만 정작 자신이 만들어낸 루머인데도 석유 탐사가들이 죄다 지옥으로 향하자 그만 마음이 바뀌었던 것이다. '다른 사람들이 죄다 지옥으로 가니까 무언가 있지 않을까'라는 생각이 그를 지옥으로 향하게 했다. 말도 안 되는 이야기, 그저 웃기는 이야기라고 생각할 수도 있지만 현실에서 이런 일은 비일비재하다. 많은 투자자가 그저 다른 사람들이 매수한다는 이유로, 혹은 다른 사람들이 시장을 밝게 본다는 이유로, 아니면 다른 사람들이 주가가 더 오를 것으로 기대한다는 이유로 주식을 매수한다. 이들은 군중심리에 빠져서 앞뒤 가리지도 않는다. 회사의 재무구조 수준은 어느 정도인지, 앞으로의 실적 전망은 어떤지, 주당 순이익은 얼마인지, 적정한 주가는 얼마가 되어야 하는지 등을 전혀 따져보지도 않고, 덜컥 매수하고 만다.

반대의 경우도 마찬가지이다. 주가가 하락하기 시작하면 여기저기에서 비관론이 터져 나오기 시작한다. 투자자들은 다소 불안해지지만 그래도 일단은 참는다. 하지만 시간이 흘러도 주가가 회복될 기미가 보이지 않는다고 느끼면 어느 순간부터는 군중심리가 발동하기 시작한다. 레밍들이 장애물 앞에서 미친 듯이 행동하듯이, 사람들도 하락하는 주가 앞에서 앞뒤 가리지 않고 감성적으로 대응하게 된다. 일단 팔고 보자는 심리가 발동하면 너도 나도 매도 물량을 내던지고, 그 결과 주가는 더 하락한다. 하락하는 주가가 매물을 더 유도하는 악순환으로 이어지고 주가는 마치 끝없이 추락하는 것처럼 보인다. 그러나 되돌아보자. 군중 심리에 휩쓸려 일단 팔고 보았을 때, 그때가 오히려 바닥이 아니었던가?

앞이 보이지 않을 정도로 온통 주식시장의 환경이 암담해 보여 도무지 팔지 않으면 안 될 정도로 어려웠을 때, 주위 사람들이 모두 파는 일에만 몰두하고 있는 것처럼 생각되어 자신도 그런 흐름에 동참해야 할 것만 같을 때 당신은 '어쩔 수 없이' 매도하는 쪽을 선택했을 것이다. 그러나 그 선택이 과연 옳았던가? 지금 생각해보니 오히려 그럴 때는 매도할 시점이 아니라 매수할 시점이었다.

군중 심리에 휩쓸리는 것은 어리석은 일이다. 군중 속에 뒤섞이면 그만큼 발을 밟힐 위험만 높아진다. 매도 기회를 잘 포착하기 위해서는 무엇보다도 군중심리에서 벗어나야 한다. 군중심리에서 벗어나려면 대중의 의견과 맞설 수 있는 용기를 가져야 한다. 레밍의 무리에 뒤섞여서는 안 된다.

04 억지로 잊으려고 하지 마라

Stock investment 매도하기로 결정하는 것은 결코 쉬운 일이 아니다. 자신만의 투자 원칙을 정하고, 그 원칙을 철저하게 따른다면 모르겠지만, 그렇지 않다면 항시 무언가 걸리는 것이 있다. 막상 매도하겠다고 결정하려면 누구나 마음속에서 갈등을 겪는다. '조금만 있으면 더 오르지 않을까?', '아니야, 지금이라도 팔자.', '혹시 모르니 조금만 팔아볼까?', '기왕 팔기로 하였으면 전부 다 팔아야 하는 것 아닐까?', '차트는 어떤가?', '추세는 상승세가 아닐까?', '실적은 좋아지려나?' 등이다. 그리고 판다면 언제, 얼마에 팔아야 할 것인지 따져보고 생각해야 할 일이 참 많다. 지금 당장 눈 딱 감고 팔아버릴 것인지, 시장에 조금 높은 가격으로 팔 것인지, 시장 가격으로 내던질 것인지, 마감 동시호가까지 꾹 참을 것인지 고민을 한다.

이처럼 매도하는 것은 간단한 일이 아니다. 온갖 조건을 따져보아야 하므로 골치가 아프다. 게다가 손해를 본 상태라면 더더구나 매도하기가 어렵다. 수익을 보고 있을 때라면 까짓것 눈 딱 감고 시장가격으로 내던져 버릴 수 있다. 그러나 지금 손해를 보고 있는 상황이라면 문제는 아주 어려워진다. 손해를 보고 팔아 버리면 고통이 따르기 때문이다. 하지만 지금 당장 팔지 않는다면 장부상의 평가손실일 뿐 손해가 확정되는 것이 아니다. 그러므로 일단 팔지 않는다면 손해도 확정되지 않고, 손해를 보는 데 따르는 고통을 피할 수 있다.

인간은 본능적으로 고통에서 벗어나고자 한다. 논리적으로 인간이 손실의 고통에서 벗어나는 가장 쉬운 길은 굳이 주식을 팔지 않는 것이다. 팔지 않으면 손해도 없고, 손해에 따르는 고통도 없다. 하지만 설령 팔지 않았다고 해서 고통이 완전히 없어지는 것은 아니다. 그것은 마치 수익을 본 상태에서 주식을 팔지 않았다고 하여 기쁨이 없어지지 않는 것과 같은 이치이다. 비록 손실이 확정되지는 않았지만 매수 단가보다 현재의 주가 수준이 낮은 상태라면 분명 손해를 보고 있는 것이고, 그러기에 약간의 차이는 있을지 모르나 고통스럽기는 마찬가지이다. 그래서 사람들은 고통에서 벗어나기 위하여 더 적극적인 방법을 택한다. 바로 '잊는 것'이다.

사람들은 일부러라도 잊으려 노력함으로써 고통에서 벗어나고자 한다. 실연의 아픔을 술 마시면서 잊어버리려고 노력하듯, 손실의 고통도 잊으려고 노력한다. 더구나 손실을 보았다는 것은 경제적으로도 고통스럽지만, 자존심이 상하는 일이기도 하니 사람들은 되도록 잊으려 한다. 그렇게라도 억지로 잊히지 않는다면 손실을 일부러 작게 간주하는 쪽으로 생각을 정리하기도 한다. 그렇게 하는 편이 고통을 줄이는 방편이기 때문이다.

예를 들어, 10% 정도의 수익을 기대하고 가볍게 단기 투자 목적으로 어떤 종목을 매수했는데 그 종목의 주가가 계속 하락하여 매수 단가를 크게 밑돌고 있다고 하자. 이럴 경우, 투자자는 돌연 장기 투자자로 바뀐다. 애당초 그가 기업의 가치와 재무구조를 따져서 장기 투자를 계획한 것은 분명히 아니었다. 하지만 단지 주가가 하락하고 현재의 주가로는 팔 수 없다는 이유만으로 그는 장기 투자자 혹은 가치 투자자로 변모한다. 하지만 냉정하게 말하여 그는 장기 투자자가 아니다. 그는 단순히 '주권 수집가'에 불과할지도 모른다. 그저 현재 벌어지고 있는 손실의 고통에서 벗어나고 싶은 일념뿐이다. 그래서 스스로 장기 투자자라고 자신을 위로할 뿐이다.

유감스럽게도 투자자들이 거래하는 증권사 직원들 역시 어려움에 빠진 투자자들에게는 별 도움이 되지 못한다. 물론 모든 증권사 직원이 다 그렇다는 말은 단연코 아니다. 하지만 대부분 그런 경우가 많다. 증권사 직원이라고 해도 고객이 손해를 보고 있는데 굳이 상처를 건드리려고 하지 않을 것이다. 고객이 팔지 않고 그냥 '묻어두겠다'고 하는데, 그것을 두고 '반드시 팔아야 한다'라고 강권할 수 있는 증권사 직원은 많지 않다. 고객이 잊고 싶어 한다면 증권사 직원도 고객의 아픈 기억을 일깨우지 않으려 하는 것이다. 아울러 증권사 직원들이 체질적으로 '매수'에만 정신이 팔린 것도 이들이 문제 해결에 도움이 되지 못하는 이유다. 증권사 직원들은 신입사원 시절부터 고객이 매수할 종목을 추천하고, 고객이 매수하도록 설득하는 요령만 교육받았지 정작 고객이 매수한 종목을 어떻게 매도해야 하는지에 대해서는 깊이 훈련받은 적이 없다.

하지만 뛰어난 증권회사 직원이 되려면 고객과 진심으로 그리고 건설적인 관계를 유지하여야 한다. 그러기 위해서는 고객이 하는 말을 진지하게 듣고, 성실하게 대응해야 한다. 만일 고객이 손실을 망각하려는 태도를 보이거나 손해가 났을 때 팔지 못하고 주저한다면 진심으로 어떻게 하는 것이 고객의 입장에서 더 나은 결과가 되는지를 충고할 수 있어야 제대로 된 브로커라고 할 수 있다. 일시적으로 고객의 마음속에 있는 상처를 건드리는 한이 있더라도 그것이 옳은 일이라면 과감하게 권할 수 있어야 한다. 그러나 현실은 그렇지 못하다. 오히려 고객과 증권사 직원 사이에는 '내가 손해에 대하여 더 이상 생각하지 않을 터이니, 당신 또한 거기에 대해서 입 다물고 있어라.' 하는 식의 묵계가 성립하고 있다. 이래서는 상황을 더욱 악화시킬 따름이다.

주식을 팔지 않으면 손해가 확정되지 않는다는 생각은 얼핏 그럴듯해 보인다. 똑똑한 투자자들은 주식을 팔지 않는 한 손실을 보았다고 할지라도 그건 장부상의 평가손실에 불과하다고 주장한다. 매수 단가보다 현재의 시장 가격이 낮아서 평가손실이건 뭐건 손해를 보고 있는 상황이라도 그걸 팔지 않고 마냥 보유하고 있다면, 이후에 잘하면 주가가 반등하여 본전을 회복할 기회도 있을 법하다.

하지만 그건 진실이 아니다. 어차피 경제활동에서 재산이라는 것은 자산에서 부채를 뺀 상태로 계산한다. 그리고 보유하고 있는 주식의 가치는 현재의 시장 가격에 주식 수량을 곱한 것이다. 우리의 기억과는 상관없이 주식의 가치가 결정되는 것이지, 그걸 잊는다고 주식의 가치가 변하는 것은 아니다. 주식이란 순전히 현재의 시장 가격으로 그 가치가 정해질 따름이지, 주식의 취득 가격으로 가치가 정해지는 것은 아니다. 하물며 그 주식을 보유한 투자자가 매도하기를 희망하는 가격으로 가치가 매겨지는 것도 아니며, 주식을 보유한 투자자가 그 주식이 마땅히 도달해야 한다고 여기는 목표 가격으로 가치가 매겨지는 것은 더더구나 아니다. 주식은 현재가가 중요하다. 만일 그 주식의 현재 가격이 매수한 가격보다 낮다면 손해가 발생한 것이다. 그걸 평가손실이라느니 혹은 나중에 오를지 모른다느니 하는 식의 생각으로 덮을 수는 없다. 그건 손바닥으로 해를 가리는 행위와 다를 바 없다.

잊고 싶다는 생각은 결국 손해에 대한 자기합리화이거나 자기기만에 불과하다. 아울러 손해가 나고 있는 것은 현실이지만, 그걸 잊으려 함으로써 현실에서 도피하는 것이다. 하지만 냉정하게 생각해보자. 현실에서 투자자들은 손실을 보고 있음을 잊고 싶어 한다. 그저 현실에서 도망가고 싶어 하지만 잘 잊히지 않는다. 손해를 보고 있는데 그걸 어찌 잊을 수가 있겠는가? 그냥 '잊고 싶을 뿐'이지, '잊히지는 않는'다. 그래서 더욱더 투자자들은 고통을 받는다. 일반적으로 투자자들은 현재의 주가 수준과 매수 단가를 서로 비교한다. 마치 나이가 들어 뚱뚱해진 아주머니가 이제는 더 이상 몸에 맞지 않아 옷장 속 깊숙이 숨겨 놓은 처녀 시절 옷을 가끔 꺼내어 몸에 대어 보는 것처럼, 투자자들은 기억의 저편 구석에 숨겨둔 매수 단가를 끄집어내어 현재의 주가 수준과 비교하며 한숨을 짓는다.

그런데 매수 단가와 현재의 주가를 비교하는 것이 일반적이긴 하지만 가끔 사람에 따라서는 그 종목의 주가가 최고로 상승하였을 때와 현재의 주가를 비교하기도 한다. 그 가격은 과거의 한때 기록되었던 주가이다. 그리기에 투자자는 자칫 이번에도 또 한 번 기록될 수도 있는 주가로 간주하는 경향이 있다. 이런 생각이 쌓이면 투자자의 마음속에서 과거 최고치 기록은 '한때 기록되었고' 또한 '혹시 가능할지 모르는' 주가가 아니라 점점 '반드시 달성해야' 하고 '그렇게 되어야만 하는' 주가로 자리매김한다. 그럴수록 투자자가 그 종목을 팔지 못하는 것은 당연하다.

투자자는 꿈을 꾸고 있다. 그가 꿈꾸는 가격이 되려면 현재의 주가에서 몇 백 퍼센트나 뛰어올라야 하는지, 도대체 얼마나 오랜 기간을 기다려야 하는지 아무래도 상관없다. 이미 현실을 망각하고 꿈을 꾸고 있는 투자자는 기다릴 따름이다.

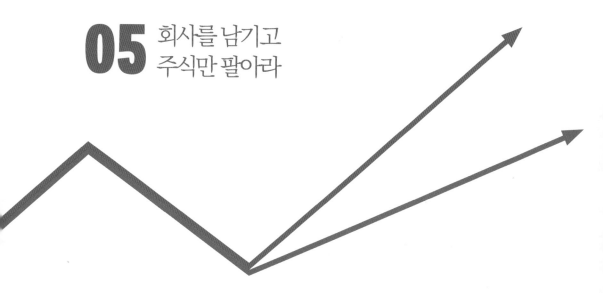

05 회사를 남기고 주식만 팔아라

Stock investment 어떤 종목에 투자를 결심하고 그 종목을 사들였다면, 이후의 주가 움직임에 신경이 쓰이는 것은 당연한 일이다. 그런데 일반적인 투자자라면 나름대로 '믿는 구석'을 미리 만들어둘 때가 많다. 이는 기본적 분석인 펀더멘털Fundamental 분석과는 다르다. 예를 들면, 자신만 알고 있는 그 기업에 대한 정보일 수도 있고, 혹은 다른 사람이 그 종목을 강력히 추천했다는 사실이 바로 핑곗거리가 되어 그 주식을 길게 보유하는 이유가 될 수 있다. 아니면 나름의 차트 분석, 혹은 전체 우리나라 경기에 대한 신념, 또는 자신만이 알고 있는 비장의 파동 이론 등 무엇이든 될 수 있다. 그러나 이런 자신만의 믿는 구석이 있을수록 오히려 위험은 높아진다는 사실에 주의해야 한다.

투자자 자신이 그 회사에 대해 믿는 구석이 확고할수록 그것과 반대되는 상황이 벌어지면 위험하다. 예컨대 어떤 회사가 반드시 오를 것이라고 확신하는데, 주가는 자신이 예상한 방향과 반대로 하락하고 있을 때, 믿는 구석이 단단한 투자자들은 무언가 잘못되어가고 있지만 곧 상황이 올바르게 바뀔 것이라고 믿어 의심치 않는다. 그러기에 팔지 않고 버티고, 결국 악순환을 반복한다.

더구나 시장 가격이 불규칙하게 움직일 때, 투자자들은 종종 기술적 분석법을 버리고 기본적 분석법으로 건너오는 경향이 많다. 주가가 하락하면서 믿었던 지지선들이 줄줄이 붕괴되고, 이동평균선이 데드크로스를 만들었으며 스토캐스틱stochastic이 매도 신호를 나타내고 있다고 하자. 이럴 때라면 정통적인 기술적 분석에 따라 의당 매도해야 한다. 하지만 사람들은 이럴 때 그간 의지하던 기술적 분석을 배신하고 기본적 분석으로 넘어온다. 기본적 분석에 따른다면 '당장 매도하라'는 식의 신호는 나타나지 않기 때문이다. 그리고는 이런 생각을 한다. '이 회사는 정말로 좋은 회사인데, 지금은 일시적으로 주가가 약간 흔들릴 뿐이야.'

사람들이 자신이 투자하고 있는 회사에 대하여 잘 안다고 생각하면 생각할수록 위험은 커진다. 그 회사에 대하여 잘 안다고 생각할수록 주가가 하락하면 얼른 매도하기보다는 장기적으로 보유하는 쪽을 선택하기 쉽기 때문이다. 물론 처음부터 기본적 분석에 의하여 기업의 내용을 면밀하게 분석하고 파악해서 현재의 주가 수준, 재무 구조, 영업 실적, 전망 등을 자세하게 따진 연후에 매수하여 장기 투자의 길로 접어들었다면 장기 보유하는 것은 지극히 당연하다. 하지만 처음부터 그럴 생각도 가지지 않은 채 단기 매매의 목적으로 매수하였다가 단순히 주가가 하락하고 있다는 이유로 장기 보유 전략으로 바꾸는 것은 지극히 위험하다는 말이다.

주가가 하락하여 매수 단가를 하회할 때, 사람들은 종종 단기 매매의 목적에서 장기 보유로 옮겨간다. 이때 투자자들은 그 회사의 장점과 그 주식의 특징을 동일시하려는 경향이 있다. 이는 대단히 잘못된 생각이다. 비록 주식이 그 회사를 대표하고는 있으나 주가의 움직임과 회사의 성장세가 반드시 일치하는 것은 아니기 때문이다.

어떤 주식이건 영원히 상승하는 것은 없다. 아무리 그 회사가 건실하고, 매년 꼬박꼬박 수익을 내고, 수익률 증가세가 하늘을 찌를지라도 주가가 한없이 오르지는 않는다. 반드시 한계가 있다. 그리고 전체적인 장세가 아무리 엄청난 강세 국면이라고 해도 모든 주식이 다 오르지는 않는다. 또한, 꾸준한 상승세를 나타내는 국면에서도 주가가 도중에 단기적인 조정 한 차례 거치지도 않고 변함없는 상승률로 꼬박꼬박 오르지도 않는다. 소위 '성장주'로 알려진 주식도 상승세의 도중에 반드시 조정 기간을 거치기 마련이다. 물론 해당 기업의 순익이나 매출액은 줄어들거나 조정 양상을 나타내지 않고 꾸준히 증가할지 모른다. 그러나 주식은 그렇지 않다.

단기적 혹은 중기적으로 본다면 주가와 해당 기업은 독립적으로 움직일 때가 많다. 그 이유는 기업의 펀더멘털과는 관계없이 주식시장이 전반적으로 침체하거나, 해당 업종의 주도주가 하락하면서 같은 업종의 다른 종목 주가에도 덩달아 악영향을 미치는 경우도 있기 때문이다. 혹은 그 주식이 그동안 단기에 너무 급등하여 이에 따르는 후유증을 겪기도 한다. 여하간 주식과 그 기업은 똑같이 동일선상에서 움직이는 것이 아니다. 예를 들어, 회사의 실적은 전혀 나빠지지도 않았는데, 유독 주가만 하락하는 경우도 많다는 것을 우리는 익히 알고 있다.

주식을 매수하고 그 주식이 상승하면 별문제가 없으나, 주가가 하락하면 문제가 발생한다. 매도할 것인지 아니면 손해를 무릅쓰더라도 일단 더 보유할 것인지를 심각하게 결정해야 한다. 손해의 정도가 크면 클수록 사람들은 진지해진다. 이때 사람들은 단기 매매에서 돌연 장기 투자로 마음을 바꾼다. 그러고는 회사와 주식을 동일시한다. 장기 보유로 전략을 바꾸었기에 이제 투자자는 그럴듯한 핑곗거리를 찾아야 한다. 장기 보유로 돌아서게 된 결정에 대하여 자기합리화를 하는 것이다. 이럴 때 투자자들은 회사의 전망이 좋다느니, 기업 실적이 뛰어나다느니 재무 구조가 양호하다느니 혹은 자산가치가 우량하다느니 다양한 이유를 찾는다.

그러나 사람들은 정작 중요한 것을 망각하고 있다. 우리들이 주식에 투자하였을 때 얻고자 하는 수익은 주가의 움직임에서 비롯된다. 어떤 주식을 1만 원에 매수하여 1만 5,000원에 매도함으로써 수익을 얻는 것이지, 그 주식을 발행한 회사의 실적이 아무리 좋아진다고 한들, 혹은 그 회사가 아무리 빠른 성장세를 기록한다고 한들, 주가가 오르지 못하면 투자 수익을 거둘 수 없다.

아울러 투자자 자신과 친숙한 회사의 주식을 매수할수록 오히려 더 위험하다. 예를 들어, 자기가 다니는 회사의 주식을 매수한다거나 혹은 자신과 직간접적으로 밀접한 관련이 있는 회사의 주식을 매수하는 것은 바람직하지 않다. 회사와 투자자 간에 인간적 혹은 감정적으로 연결된 고리가 강하면 강할수록 좋지 않다. 이는 결정적인 순간에 방해물로 작용하기 때문이다. 예를 들어, 주가가 하락하여 매도하기로 결정하였다고 하자. 만일 다른 회사였다면 투자자는 쉽게 매도 결정을 내릴 수도 있었겠으나 자신과 친숙한 곳이라 쉽사리 매도 결정을 내리지 못한다. 자신과 그 회사 간에 관련이 높다는 이유로 매도하는 것을 주저한다면 그만큼 매도 타이밍을 놓칠 수밖에 없다.

길게 보면 기업과 주식을 동일시하는 것이 크게 잘못된 일은 아니다. 어차피 기업의 실적이나 전망 등이 주가에 반영될 터이므로 장기적인 관점에서는 '기업=주식'이라는 등식이 성립할 수도 있다. 하지만 단기적으로는, 기업은 기업이고 주가는 주가인 상황, 즉 기업과 주가가 제각각 따로따로 움직이는 경우가 비일비재하다. 이때 처음부터 장기 투자를 계획한 투자자라면 아무 문제가 없지만, 처음에는 단기 매매를 목적으로 주식을 매수하였다가 나중에 단순히 주가가 하락하였다는 이유로 장기 보유로 돌아선 투자자라면 자신의 선택이 옳은지 다시 한번 생각해봐야 한다.

주식은 주식이고 기업은 기업이다. 더구나 처음부터 기업 가치를 따지고 종목을 분석한 것이 아닌 다음에야 기업과 주식을 동일시하는 것은 더욱 잘못된 생각이다. 투자자는 '주가의 움직임'에서 수익을 얻으려고 그 주식을 매수한 것이지, '기업 실적 변동'으로 수익을 얻으려 하였던 것은 아니다. 그러니 처음부터 주가의 움직임에서 수익을 얻으려는 단기 매매가 목적이었다면, 설령 주가가 예상대로 오르지 않았다고 해도 당초의 목적, 즉 단기 매매를 고수하는 것이 좋다. 1미터 앞을 겨냥하여 쏜 총알이 목표물을 맞히지 못하였는데, 그 총알이 계속 날아가 1킬로미터 앞에 있는 목표물에 우연히 명중할 가능성은 아주 작다. 1킬로미터 앞의 목표물에 명중하려면 처음부터 그것을 겨냥하여, 훨씬 힘이 세고 정밀한 총을 사용했어야 한다.

06 마음의 닻을 올려라
- 앵커 효과

Stock investment
나이지리아는 단일국가로 아프리카에서 최대 인구를 자랑한다. 하지만 정확한 인구 수는 아무도 모른다. 물론 어느 나라의 인구를 정확하게 '몇 사람' 수준으로 파악할 수는 없다. 지금도 매 순간 누군가가 태어나고, 동시에 누군가가 사망하기 때문이다. 그렇지만 나이지리아의 인구는 그 정도가 심하다. 도저히 제대로 된 인구 통계라고는 말할 수 없다. 예를 들어, 나이지리아 정부가 발표한 통계에 따르면 과거 10년 동안 나이지리아의 몇몇 지역(나이지리아는 36개 연방주로 구성된다.)은 인구가 50%나 증가하였고, 심지어 몇 년 사이에 두 배로 늘어난 곳도 있다. 나이지리아의 출산율이 높아서 이런 현상이 나타났을까? 고대 원시사회가 아닌 이상 짧은 기간에 인구가 50% 혹은 그 이상으로 폭증할 가능성은 매우 낮다.

그런데도 이러한 결과가 나온 이유는 인구통계를 조작했기 때문이다. 정치인들이 단지 선거를 위해 머릿수를 필요한 대로 늘리거나 줄였다. 나이지리아에서 선거가 있을 때마다 선거권도 없는 어린아이들이 돈을 받고 누군지도 모르는 사람을 찍는 광경은 흔하다. 그래서 나이지리아의 인구 조사 자료는 나이지리아 사람들조차 믿지 않는다고 한다. 어쨌거나 어림짐작으로 나이지리아의 인구는 대략 얼마나 될까?

첫째, 723만 명보다 많을까, 적을까? 참고로 723은 필자의 생일(7월 23일)에서 따온 숫자이다.

둘째, 그렇다면 나이지리아의 인구는 얼마나 될까?

이 질문을 접한 대부분 독자는 723만 명이 터무니없이 작은 숫자라고 느낄 것이다. 서울이라는 한 도시의 인구만 하더라도 1,000만 명이 넘는데 나이지리아라는 국가의 인구가, 그것도 아프리카인데 723만 명보다 적다는 것은 말이 되지 않는다. 그러니 첫 번째 질문에 대한 답으로는 분명 '나이지리아의 인구는 723만 명보다는 많다'가 정답이다. 그러면 두 번째 질문, 그렇다면 나이지리아의 인구는 얼마나 될까? 723만 명보다 얼마나 더 많을까? 여기서 723이라는 숫자는 아무런 의미가 없다(필자의 생일과 나이지리아의 인구와 아무런 연관이 없는 것처럼). 그러나 이미 723만 명이라는 숫자를 머릿속에 넣어 버린 독자들은 나이지리아의 인구를 723만 명과 연관 지어서 생각할 것이다. 모르긴 몰라도 당신은 나이지리아의 인구로 전반적으로 작은 숫자를 마음속에 떠올렸을 것이다. 즉 723만 명에 근접한 숫자인 예를 들어

1,000만 명, 아니면 3,000만 명 혹은 더 많이 써서 7,000만 명 정도를 답으로 생각했을 것이다. 그러나 나이지리아의 인구는 대략 1억 7,000만 명에서 1억 8,000만 명 정도로 추산된다.

알다시피 723만이라는 숫자는 아무런 의미 없는 숫자이다. 그러나 첫 번째 문제를 통해 이미 우리의 머릿속에 그 숫자가 각인되어 버렸고, 결과적으로 모든 것을 723만 명이라는 숫자와 연관 지어서 생각하게 만들었다. 이와 같은 심리적인 현상을 '앵커 현상anchoring'이라고 한다. 앵커는 닻, 즉 배가 항구에 정박할 때 선체가 움직이지 않도록 물에 드리우는 무거운 물건을 말한다. 그러므로 앵커 현상이란 닻과 마찬가지로 어떤 숫자가 한 번 마음속에 각인되면, 우리의 마음이 그곳에 얽매여 마치 닻을 내린 것과 같은 상태가 되고 마는 현상을 일컫는다.

사람들은 이런 경우 자신이 나이지리아의 인구에 대해서는 전혀 모른다고 생각하고는 주어진 질문 속에서 힌트를 얻으려고 노력한다. 물론 주어진 723만 명이라는 숫자가 터무니없는 것이라고 여겨지지만 마음은 마치 닻을 내린 것처럼 내내 그곳을 떠나지 못한다. 보통 사람들이 짐작하는 나이지리아의 인구는 주어진 숫자에 따라 달라진다. 만약 내가 나이지리아의 인구가 23억 명보다 많은지 작은지를 물어본 다음, 나이지리아의 정확한 인구를 질문했다면 사람들의 추측은 되도록 많은 숫자(예를 들어 5억 명)로 쏠리는 경향을 보일 것이다.

앵커 현상은 우리들 머릿속에 닻, 즉 고정관념을 심어 버리는 현상이다. 그 고정관념이 머릿속에 각인된 다음에는 여간해서는 그것을 버리기가 쉽지 않다. 하지만 723만 명이라는 숫자(혹은 23억 명이라는 터무니없이 많은 숫자)가 아무런 연관이 없듯, 고정관념에서 탈출하는 것이 무엇보다도 중요하다.

주식투자에서도 마찬가지다. 주식투자를 하는 목적은 수익을 얻기 위해서이다. 거창하게 국가 경제에 이바지할 목적으로 주식에 투자하는 사람은 아무도 없다. 두말할 것도 없이 누구나 수익을 꿈꾸며 주식에 투자한다. 손실을 먼저 생각하는 사람은 드물다. 그런데 필연적으로 주식에 투자하여 수익을 내는 사람이 있는가 하면 반대로 손해를 보는 사람도 있게 마련이다. 수익을 내면 기쁘지만 손실을 보면 고통스러운 것은 인지상정이다. 그런데 여기서 '손해를 보았다'라고 느끼는 기준점이 어디인가가 관건이다. 일반적으로는 매수한 가격, 즉 매수 단가를 기준으로 이익인지 손해인지를 따지지만, 사람에 따라서는 매수 단가가 아닌 다른 가격을 기준으로 삼기도 한다.

예를 들어, 삼순이가 어떤 주식을 5만 원에 매수했다고 하자. 그리고 삼순이가 주식을 사들인 이후 주가는 내내 상승하여 7만 원까지 치솟았다. 그러나 7만 원까지 기록한 이후에 주가는 더 상승하지 않고 하락세로 돌아섰으며, 결국 삼순이는 참지 못하고 6만 원에 주식을 매도하였다.

그렇다면 삼순이는 5만 원에 매수하여 6만 원에 매도하여 주당 1만 원씩의 이익을 보았다. 이는 객관적인 사실이다. 하지만 과연 삼순이가 마음속으로 이익을 보았다고 생각할지는 또 다른 문제이다. 만약 당신이라면 이익을 보았다고 생각할 수 있을까?

위의 문제도 앵커 현상과 관련된다. 삼순이가 마음속으로 매수 단가인 5만 원에 닻을 내리고 있다면, 6만 원에 주식을 팔았을 때 1만 원의 수익을 얻었다고 느낄 것이다. 그러나 삼순이의 닻이 최고점인 7만 원에 내려져 있다면 6만 원에 매도하면서 수익을 보았다고 느끼지 못한다. 오히려 손해를 보았다고 느낄 것임이 틀림없다. 일반적으로 사람들은 매수 단가에 닻을 내리는 경향이 높다. 그러나 이는 단기 매매의 경우에 그렇다는 말이지 모든 주식투자자가 매수 단가를 기준으로 손익을 따진다는 의미는 아니다. 오히려 장기 투자자일수록 점점 자신이 매도하였더라면 최대 수익을 얻을 수 있었던 수준, 예를 들어 52주 최고치에 닻을 내리는 경향이 높다. 더 심하게는 증권사 애널리스트들이 제시하는 목표 주가에 닻을 내리는 경우도 있다. 이런 사람들은 '과거'에 이루었던 고가가 아니라 '미래'에 달성하려는 희망 가격에 닻을 내린다.

닻의 무게가 무거울수록 배는 조류에 떠내려가지 않는다. 마찬가지로 투자자의 머릿속에 각인된 가격이 강력하면 강력할수록 투자자들은 좀처럼 자신의 생각을 바꾸려 하지 않는다. 현재 자신이 보유하고 있는 종목이 시장에서 거래되는 가격은 자신이 닻을 내린 가격과는 한참이나 차이가 난다. 이럴 때, 투자자들은 주가가 그 닻 가격에 미치지 않는 한 '절대로 팔지 않겠다'고 버티기 십상이다. 그러나 과연 팔지 않겠다고 버티는 일이 바람직한지 고민해 보자. 배는 항구에 머물러 있으라고 만들어진 것이 아니다. 배는 넓은 바다를 항해하기 위한 목적으로 만들어졌다. 그러니 닻은 배에서 지극히 일시적으로 필요하다. 한곳에 오래 머무르는 일이 좋은 것만은 아니라는 뜻이다. 그런 의미에서라도 주식투자에 성공하려면 머릿속에 박혀 있는 고정관념 숫자, 즉 닻이 내려진 숫자에서 한시라도 빨리 벗어나는 것이 중요하다. 닻 내림 현상이야 인간의 본능이므로 이를 완벽하게 피할 수는 없다. 그러니 닻을 최대한 가볍게 만들어 언제든 재빨리 걷고, 배가 큰 바다를 향해 출항할 수 있도록 하는 것이 현명하다.

PART 3

주가가 올라
모두 기뻐할 때
이단아가 되어라

주식에 투자하는 대부분 사람은 전문가의 조언에 귀를 기울인다. 전문가들의 조언에는 무언가 돈을 벌 수 있는 '비법'이 숨어 있다고 생각하기 때문이다. 그러나 전문가들이 가르쳐 주는 대로 투자한다고 하여 반드시 성공한다는 보장은 없다. 주식에서 성공하려면 전문가들의 조언에 따르는 것 외에 다른 무언가가 더 필요하다. 예컨대 투자자 나름대로 판단할 수 있는 능력은 반드시 있어야 하고, 판단한 다음 이를 과감하게 실천할 수 있는 과단성 또한 요구된다. 그리고 스스로 성공하고자 하는 노력, 끈기와 함께 감성을 이겨낼 수 있는 차가운 이성 등도 필요하다. 그 외에도 약간의 '행운'이 추가되어야 성공할 수 있다.

성공하는 투자자가 개인적으로 가져야 할 덕목(판단력, 과단성, 노력, 끈기, 이성 등)은 이를테면 투자자로서의 '적성'이라고 할 수 있다. 주식투자는 '과학'의 성격보다는 '기술'의 성격을 더 많이 띤다. 그러므로 능력이 필요하기보다는 재능이 필요한 법이다. 뛰어난 두뇌를 보유한 사람이라면 과학자로는 성공할 수 있다. 하지만 아이큐가 높다고 주식투자에서 성공한다는 보장은 없다. 주식에서 성공하려면 아이큐보다는 판단력, 과단성, 노력, 끈기, 이성 등과 같은 자질, 즉 적성이 필요하다. 이러한 적성을 타고난 사람들이 있다. 이런 사람들이 전문가의 조언을 적절히 따를 때, 성공할 가능성이 대단히 커진다.

만약 당신이 투자자로서의 적성을 갖추었다면, 석유 재벌로 유명한 폴 게티J. Paul Getty의 다음과 같은 조언에 귀를 기울여 보자.

"모든 사람이 매도할 때 사라. 그리고 모든 사람이 매수할 때까지 보유하라." 이 말은 단순한 캐치프레이즈catchphrase가 아니다. 바로 성공 투자의 비결이다.

매도하는 법에 초점을 맞추어 본다면 폴 게티의 '모든 사람이 매수할 때까지 보유하라.'라는 말은 '모든 사람이 매수할 때 매도하라.'라고 해석할 수 있다. 그리고 이것이야말로 성공 투자의 비결이라는 데는 의심의 여지가 없다. 투자자로서 적성을 조금이라도 가진 사람이라면, 폴 게티의 이 같은 조언을 따르는 것만으로도 상당 부분 성공을 보장받을 수 있다.

실제로 폴 게티는 대중의 움직임과 반대 방향으로 거래하여 거액을 벌어들였다. 그는 개인적으로는 그리 행복한 삶을 살았다고는 말할 수 없으나 최소한 사업적인 측면에서는 대단히 뛰어난 '투자의 천재'였다. 폴 게티의 승부 근성이 발휘된 것은 1930년 대공황이 시작된 이후였다. 당시 그는 불황의 소용돌이에서 헐값으로 거래되던 대형 석유회사 주식을 저가에 매입해 큰돈을 만질 수 있었다. 특히, 그는 남의 불행을 자신의 행복으로 삼았다. 이를테면 종업원을 모두 해고한 뒤 저임금으로 재고용하거나 나치에 박해받던 유대인 재벌 로스차일드Rothschild 가문의 저택을 방문해 고가구를 헐값에 싹쓸이한 것은 유명한 이야기이다. 그가 대박을 터뜨린 곳은 사우디아라비아였다. 1948년에 확보한 유전이 1953년부터 기름을 뿜어냈고, 그것이 그에게 엄청난 부를 안겨 주었다. 그리하여 1957년 〈포춘Fortune〉지는 폴 게티를 세계 최고의 갑부로 꼽았다.

이야기가 나온 김에 폴 게티 스토리를 조금만 더 살펴보자. 그는 수십억 달러의 석유 재벌이었지만 구두쇠, 바람둥이에 악덕 기업가로 악명을 떨쳤다. 대성공을 거두었던 그의 사업과 달리 개인사는 다섯 번의 결혼과 수많은 외도 그리고 가족과의 불화로 얼룩졌다. 친지들과의 분쟁 탓으로 그는 심지어 부모의 장례식에도 참석하지 않았으며, 아들들의 결혼식에도 나타나지 않았다. 그러면서도 1976년 6월 6일 사망할 때까지 유언장을 21번이나 고쳐 쓰며 자식들을 옥죄었다. 그는 손님들이 쓰는 전화료가 아까워 저택에 공중전화를 설치한 적도 있을 만큼 구두쇠로 살았다. 그러나 구두쇠, 가정불화 등으로 어두웠던 삶과는 달리 폴 게티는 대중에게는 또 다른 이미지로 기억되고 있다. 미국 5대 미술관 중 하나인 LA 소재 '게티 박물관'에 유산 5억 달러와 소장품을 기부한 덕분이다. 또한, 그는 〈플레이보이〉 지에 '부자가 되는 법'이라는 글을 연재했는데, 그것이 큰 인기를 끌었고 연재된 글들을 모아서 엮은 책《부자가 되는 법How to Be Rich》은 지금도 꾸준히 팔리는 스테디셀러이다.

'모든 사람이 매도할 때 사고, 모든 사람이 매수할 때 파는 방법'을 기술적 분석 기법의 용어로는 '반대의견 기법contrary opinion'이라고 한다. 대중의 움직임과 반대 방향에 서는 것이 바로 반대의견 기법이다. 이를테면 '청개구리' 혹은 '외톨이', '이단아'가 되는 것이고, 좀 심하게 말하면 스스로 '왕따'가 되고자 하는 기법이다. 우리의 일상생활에서는 조직이나 집단 혹은 사회에서 스스로 왕따가 된다거나 아니면 다른 사람으로부터 집단 따돌림을 받는 것은 대단히 고통스러운 일이다. 그러나 주식투자에서는 그렇지 않다.

우리는 모두 주식투자에서 성공을 꿈꾼다. 그러나 주식투자에서 성공하여 큰돈을 버는 사람들은 극히 일부에 불과하다. 대다수 주식 투자자들은 손해를 보고 있다. 그러니 우리도 주식에서 성공하려면 '손해를 보고 있는 대다수' 투자자들을 따라갈 것이 아니라, '성공한 소수' 투자자들을 따라가야 한다. 결국, 대다수의 투자자인 대중과 반대 방향으로 거래해야 한다는 논리가 자명해진다. 이것이 바로 반대의견 기법의 기본 원리이다.

　일부에서는 현실적으로 반대의견 기법을 실전 매매에 적용하기가 쉽지 않다고 비판한다. 맞는 말이다. 왜냐하면 다른 기술적 분석 기법과는 달리 반대의견 기법은 정확한 매매 타이밍을 적시하지는 못하기 때문이다. 그러나 이런 단점이 있다는 이유로 반대의견 기법을 무시할 수는 없다. 적절한 비유가 될지 모르지만, 정확한 매매 타이밍을 잡을 수 없다는 이유로 반대의견 기법을 무시하는 것은 마치 우리가 언제 죽을지 알 수 없다는 이유로 건강에 필요한 음식을 무시하는 것과 같다. 언제까지가 될지는 모르지만, 앞으로 살아야 할 날을 위하여 건강에 필요한 음식을 섭취해야 하듯이 정확한 매매 타이밍을 잡기 어렵지만, 그래도 매매 타이밍을 포착하기 위해서 반대의견 기법을 익혀 두어야 한다. 이번 장에서는 반대의견 기법, 즉 스스로 이단아가 되는 기법에 대하여 자세히 알아본다.

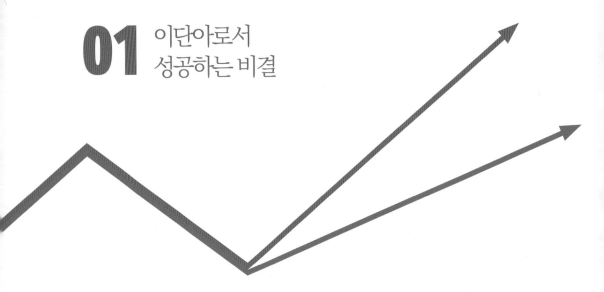

01 이단아로서 성공하는 비결

Stock investment 이단아라고 하여 항상 엇나가기만 해서는 안 된다. 대중이 움직이는 것과 반대 방향, 즉 시장의 반대 방향과 거래한다는 원리는 시장의 상황이 극단적으로 흐를 때 효과를 발휘한다. 아무 때나 시장과 반대 방향으로 거래한다고 하여 다 좋은 것은 아니라는 말이다. 폴 게티가 이야기하였듯 '모든 사람이 살 때'가 매도의 적기이며, 이단아로서의 가치가 발휘되는 순간이다. 괴팍한 성격의 폴 게티였지만 아무 때나 시장과 반대 방향으로 거래했던 것은 아니다. 그는 시장이 극단적으로 흐를 때를 투자 기회로 삼았다. 모든 사람이 쓸모없다고 내다 버린 사막을 사들여 유전을 일구어냈으며, 공황의 소용돌이에서 석유회사의 주식을 헐값에 사들인 것이지, 아무 때나 사들인 것은 절대로 아니다.

오히려 시장과 반대 방향으로 거래한답시고 주가가 이제 막 오르기 시작하였을 때 냉큼 팔아버리거나 혹은 주가가 이제 막 하락하기 시작하자마자 홀랑 사들인다면 죽도 밥도 안 된다. '시장과 반대 방향으로 거래하라'는 말의 참뜻은 시장이 극단적인 상황일 때 그것과 반대로 움직이라는 의미이다. 그러니 시장이 극단적인 상황인지 아닌지를 판별하는 것이 이단아로서 성공하는 가장 중요한 요건이다. 그러려면 주식시장을 잘 살펴보면서 아래에 열거된 증상이 나타나는지 찾아낼 수 있어야 한다. 그리고 이런 증상들이 포착된다면, 시장은 극단적으로 흐르고 있다는 것을 시사하며, 이때야말로 이단아가 성공할 수 있는 절호의 기회가 된다.

- 주가가 크게 올랐다는 기사가 경제신문이 아니라 종합일간 신문의 1면에 보인다.
- TV 드라마나 코미디 프로그램에 주식시장에서 떠도는 농담이 등장한다.
- 사람들이 점심시간에 평소보다 많이 주식에 대하여 이야기한다.
- 증권회사 직원이 '대박 종목'을 발견하였다고 전화를 걸어오는 횟수가 잦아지고 있다.
- 경기가 좋아지고 있으며 이런 추세가 이어지리라는 것이 대다수의 의견이다.
- 증권회사의 분석 보고서에서 낙관론이 비관론을 압도하고 있다.
- 주식형 펀드들이 보유하고 있는 현금의 비중이 매우 낮거나 혹은 급격히 낮아지고 있다.

이런 신호들은 사실 급격하게 나타나기보다는 서서히, 단계적으로 진행되는 경우가 더 많다. 그래서 충격적이고 강력하기보다는 점진적이고 미세한 것이 일반적이다. 어떤 사람도 어느 한순간 종을 치면서 "강세장은 끝났다!"라고 외치지는 않는다. 오히려 모든 사람이 강세장이 끝났다고는 전혀 예상하지도 않은 때가 뒤늦게 알고 보니 정작 강세장이 끝나는 시기였던 때가 많다. 그러므로 이단아로서 성공하려면 다른 사람들의 생각을 뛰어넘어 생각할 수 있어야 하며, 또한 다른 사람들의 생각을 한 단계 앞질러 갈 수 있어야 한다.

그러나 아무리 반대의견 기법이라고 해도 상승 추세의 꼭지를 정확히 잡아내는 일은 불가능하다. 그러니 아예 꼭지를 찾아낼 생각을 하지 않는 편이 좋다. 주식시장의 상승 추세가 다하고 이제 꼭지를 만들어갈 때, 주가가 더 오를 것으로 믿고 매수에 달려드는 사람들은 자신들이 꼭지에서도 흥분하여 적극적으로 매수하는 행위가 오히려 꼭지를 형성하는 데 보탬이 되고 있다는 사실을 알 턱이 없다. 이들은 정점에서 매도하는 것이 아니라 거꾸로 매수하고 있는데, 예전에 주가가 바닥에 이르렀을 때는 마찬가지로 매수할 타이밍을 놓쳤던 사람들임이 분명하다. 당연히 손해를 볼 수밖에 없다. 현명한 투자자라면 주가가 상승 추세의 막바지에 이르렀을 때 꼭지 언저리에서 보유하고 있는 주식을 팔아 이익을 챙긴다. 그러나 어리석은 다수는 추세의 막바지에도 더 욕심을 내어 끝까지 주식을 부여잡고 있거나 심지어 더 매수하기도 한다.

대중의 움직임을 거슬러 가기는 솔직히 쉽지 않다. 뒤늦게, 지나고 나서 살펴보니, 그것이 정작 꼭지를 만들고 있는데도 그것이 추세의 막바지라는 사실을 확신하기는 어렵다. 그래서 주가가 한창 오르고, 주식시장이 상승세의 열기에 휩싸이며, 모든 사람이 주가가 더 오를 것으로 믿고 있는데 스스로 이단아가 되어 보유하고 있는 주식을 팔고 떠나기에는 대단한 용기가 필요하다. 더구나 그가 주식을 다소 일찍 매도한다면, 다시 말하여 아직 추세가 꼭지를 만들지도 않았는데 꼭지 언저리에서 주식을 매도했다면(사실 이때가 가장 이상적인 매도 시기이다.), 사람들의 비아냥거림에 시달릴 위험도 높다. 실제로 매도한 다음에 주가가 더 오르는 경우도 많기 때문에 일찍 팔아버린 투자자가 후회하기도 한다. 그러다가 매도해 버린 주식을 되사들여 '마지막 한 번 더' 상승 추세에 올라타고 싶은 유혹에 빠지기에 십상이다.

유혹에서 벗어나는 것은 대단히 중요하다. 그리고 그런 달콤한 생각이 들 때가 오히려 매수할 시기가 아니라, 매도할 시기라는 것을 더욱더 일깨워 주는 확실한 신호로 간주되어야 한다. 시간이 조금만 지나면, 유혹에 빠져 마지막으로 한 방을 노리고 매수하지 않고 매도한 것이 옳았다는 것을 금세 알 수 있다.

시장의 상승 추세는 종종 과열되고, 이런 상승세가 계속 이어질 것 같지만 사실은 그렇지 않다. 끝없이 상승하는 주가는 없고, 달아오른 시장은 식을 수밖에 없다. 물론 말은 쉬우나 실천하기는 어렵다. 시장이 온통 오르고 있는데, 그런 분위기에서 초연함을 유지하는 것이 쉬운 일은 아니다. 그러나 성공의 열쇠는 '쉽지 않은 일'을 하는 데 있다.

예컨대 어떤 주식에 대하여 도저히 지금 사지 않으면 기회를 놓칠 것 같다는 생각이 든다면 사실은 이미 기회를 놓친 것이다. 주가는 이미 오를 만큼 올랐다. 오히려 가장 적절한 바닥에서의 매수 시기란 주위에서 사람들이 만

류하고, 혹은 그 주식의 장래에 대하여 끝없는 논란이 벌어지고, 심지어 증권회사 직원에게 감히 그 주식을 매수하겠노라고 말을 꺼내기조차도 힘이 들 때이다. 바로 그때가 바닥이요, 매수의 적기이다. 마찬가지로 투자자가 어떤 주식을 보유하고 있는데, 그 주식이 이제까지 줄곧 상승하여 그에게 많은 수익을 주었기에 그걸 팔기 싫다면 오히려 그때가 매도의 적절한 시기가 된다. 그 주식을 계속 보유하고 싶은 생각이 든다면 오히려 '너무 오래 보유했다'라고 생각하라.

증권시장의 격언 중에 '이미는 아직이고, 아직은 이미'라는 재미있는 말이 있다. 주식을 매수하려는데 주가가 '이미' 상당히 많이 올라 이제는 매수할 타이밍을 놓쳤다는 생각이 든다면, 그건 '아직' 주가가 덜 올랐다는 증거이다. '이미는 아직'이다. 과감하게 매수하라. 그런데 반대로 주식을 매도하려는데 주가가 좀 더 오를 듯하여 매도하기에 '아직' 좀 이르다는 생각이 든다면 그건 '이미' 늦었다는 증거이다. '아직은 이미'이다. 과감하게 매도하는 것이 정답이다.

대다수 사람이 '옳다'고 생각할 때마다 사실은 '틀렸다'는 것을 역사가 증명해 준다. 사람들이 주장하는 낙관론만이 틀린 것으로 증명된 것은 아니다. 대다수 사람이 주장하는 비관론도 틀린 것으로 증명되는 경우가 허다하다. 대중, 즉 많은 사람이 주식시장의 앞날에 대하여 비관할 때, 종종 그 의견은 틀린 것으로 나타난다. 지난 2001년 9월 11일, 뉴욕의 쌍둥이 빌딩이 테러로 붕괴되었을 때, 시장에 미치는 충격은 컸다. 그리고 그 광경을 보면서 대다수 사람들은 '이제 주식시장은 끝났다'라고 생각하였다. 테러 직후, 우리나라 주식시장을 포함한 전 세계 주가는 폭락하였고, 주식시장의 앞에는 끝이 없을 정도의 추락세만 기다리고 있는 듯하였다. 그러나 테러 이후 주가는 줄곧 추락하기만 하였던가? 그렇지 않다. 대중의 비관론은 틀렸다. 주가는 '9·11 테러'로 인한 폭락세가 금세 상승세로 돌아섰던 것을 우리는 똑똑히 기억하고 있다.

대중의 생각은 옳지 않을 때가 많다. 주식투자에 성공하려면 이런 대중의 생각과 반대로 거래하는 것이 유리하다. 물론 앞서 살펴보았듯 그리 쉬운 일은 아니다. 특히, 심리적으로 흔들리기 쉽고, 유혹에 빠지기에 십상이다. 그 유혹을 이겨내는 것이 이단아로서 성공할 수 있는 비결이다.

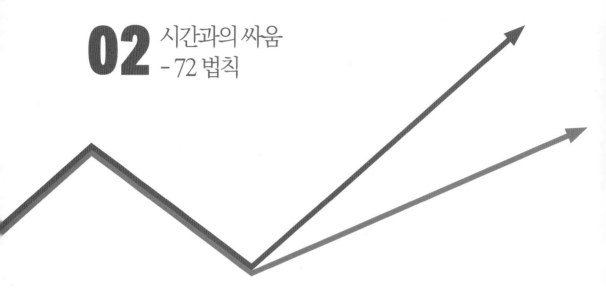

02 시간과의 싸움 - 72 법칙

Stock investment 이 책은 제목에서부터 매도하는 방법에 주안점을 두고 있다. 솔직히 말하면, 매도하지 않고 보유하기로 결정하는 편이 훨씬 쉽다. 특히, 손해를 보고 있을 때 매도 결정을 내린다는 것은 손해를 인정하고 손실 금액을 확정한다는 의미와 같아서 투자자들은 고통스러울 수밖에 없다. 그리고 앞장에서 살펴보았던 여러 가지 심리적인 이유들(가장 먼저 작위 후회와 부작위 후회의 갈등에 아울러 과신, 과잉 반응, 손해 기피 심리, 인지 부조화, 앵커 효과, 정신적 회계 등)을 고려해 보더라도 대부분 사람은 주식을(손해 보고 있는 주식은 더구나) 팔지 않고, 주가가 상승하여 이익으로 돌아설 때까지 그냥 보유하려는 달콤한 유혹에 빠져들기 쉽다. 실제로 상당수의 투자자가 그런 이유로 마음 편하게 보유하는 길을 택한다.

그런데 알다시피 주식투자에서 성공하는 사람은 많지 않다. 그 이유는 결국 많은 사람이 매도하지 않고 보유하는 손쉬운 쪽을 선택함으로써 비롯된 결과이다. 매도의 시점만 잘 선택할 수 있다면, 주식투자는 절반 이상 성공을 거둔 것과 다름이 없다. 조금만 생각해보면 손해 보고 있는 주식을 억지로 보유하는 것보다는 일찌감치 손해를 감수하고서라도 툭툭 털고 팔아버리는 편이 낫다. 이는 간단한 '수학'으로도 충분히 증명된다.

투자에 '72 법칙'이라는 것이 있다. 이것은 원금을 2배로 늘리는 데 필요한 연평균 복리 수익률과 이에 소요되는 기간을 서로 곱하면 72가 된다는 법칙을 말한다. 거꾸로 원금이 2배가 되려면 72를 연평균 수익률로 나누어 주면 된다. 예컨대 연평균 수익률 9%인 펀드에 투자할 경우, 원금이 2배가 되려면 72÷9=8, 즉 8년이 필요하다는 뜻이다. 그리고 연평균 수익률이 12%라면 원금이 2배가 되는 데는 72÷12=6, 즉 6년만 있으면 된다. 그런데 이 글을 읽는 투자자 중에는 "아이고, 원금이 2배가 되는 것은 좋지만 몇 년씩이나 어떻게 기다려?"라고 말할지도 모른다. 그런 사람들이라면 월 단위로 생각해도 무방하다. 단, 이때의 수익률은 연율^{The annual rate}이 아니라 월간 수익률이어야 한다. 예컨대 매달 꼬박꼬박 10%의 수익률을 낸다면(즉, 월초의 원금이 100만 원이었는데, 월말에는 110만 원이 되고, 다음 달에는 월초에 110만 원인 것이 월말에 121만 원이 된다면), 원금이 2배가 되는 데는 7개월이 조금 더 걸린다는 계산이 나온다. 72 법칙에 의하면 '72÷10=7.2'가 되는 것이다.

그렇다면 거꾸로 10개월간 원금이 2배가 되려면 월평균 수익률이 얼마나 되어야 할까? '72÷10=7.2'이므로 10개월간 매달 7.2%의 수익률을 얻으면

10개월 후 원금이 2배가 된다. 어림셈이 아니라 수학을 이용하여 정확히 계산해 보자. '$(1+0.072)^{10}=2.00422$'가 된다. 물론 소수점 넷째 자리까지 정확하게 2.0000이 되는 것은 아니지만, 이런 정도라면 실무적으로는 대단히 유용하다.

다음 표는 72 법칙에 따라 원금이 2배가 되기 위한 기간과 수익률을 나타낸 것이다. 그리고 이 수익률은 '운용수익률'이 아니어도 된다. 그저 주가의 상승률로도 대체할 수 있다. 예컨대 어떤 주식이 매달 꼬박꼬박 9%씩만 상승해 준다면, 그 주식의 주가는 8개월 후에는 2배로 뛰어올라 있을 것이다.

| 72 법칙 |

기간	필요 수익률(%)	기간	필요 수익률(%)
3	24	9	8
4	18	10	7.2
5	14.4	11	6.5
6	12	12	6
7	10.3	13	5.5
8	9	14	5.1

위의 표에서 알 수 있듯이 기간이 길면 길수록 수익률이 낮아도 원금이 2배가 될 수 있다. 그러나 기간이 짧으면 짧을수록 원금이 2배가 되기 위해 요구되는 수익률은 높아진다.

어떤 투자자가 한 종목을 골랐다고 가정하자. 그는 이 종목의 주가가 매달 8%씩만 상승하면 만족한다. 이 사람의 목표는 그 주식을 매수하고 보유하여

9개월 후 원금을 2배로 늘리는 것이다. 예상대로 주가가 올랐다면 문제가 없겠는데, 매수한 이후 주가가 횡보하여 매수 단가에서 별 움직임이 없다. 손해가 나지 않아서 다행이긴 하지만 과연 이 투자자는 이 주식을 계속 보유하고 있어야 할까?

결론부터 말한다면, '시간=돈'이라는 관점에서 이 투자자는 그 주식을 보유하기보다는 매도하는 편이 낫다. 이 사람의 투자 예상 기간인 9개월 후, 그는 원금의 2배가 될 것을 목표한다. 그런데 매수한 이후 2개월간 주가가 횡보하였다고 한다면, 나머지 7개월 동안 주가가 매달 10.3%씩 상승해야 한다. 이는 투자자가 기대했던 수익률인 월평균 8%보다 비율로 따져 28.75%나 높은 수익률이다. 불가능한 것은 아니지만 그렇다고 쉬운 일도 아니다. 애당초 매달 8%씩 오를 것이라고 기대하고 매수하였던 주식이었는데, 그것이 처음 두 달 동안은 거의 움직이지 않다가, 나머지 7개월 동안 예상했던 월간 상승률보다 거의 1/3을 초과하는 상승률로 폭등할 거로 기대하는 것은 현실적으로 무리이다. 게다가 횡보하는 기간이 점점 더 길어지면 길어질수록 요구되는 수익률도 더 높아진다. 예를 들어, 횡보하는 기간이 한 달 더 길어져 3개월이 되었다면, 이제 남은 6개월 동안 매달 12%씩 상승해야 원금이 두 배가 되며, 만일 4개월간 횡보하였다면 나머지 5개월간 14.4%의 꾸준한 상승률을 내야만 한다. 시간이 갈수록 필요한 수익률을 달성할 가능성은 점점 낮아지고 있다. 결국 손해를 보지 않더라도 횡보하는 주식을 그저 보유하는 것은 결코 좋은 선택이 아니라는 것을 알 수 있다.

이번에는 다른 방향으로도 생각해보자. 주가가 횡보하는 것은 그리 쉬운 일이 아니다. 앞에서 든 예와는 달리 실제는 전혀 그렇지 않다. 주가가 내내 옆으로 횡보하는 경우는 잘 없다. 오히려 주가의 움직임이란 오르거나 혹은 내리거나 둘 중 하나이다. 그러므로 앞서 살펴보았듯 매수한 초반에 주가가 횡보한다는 다소 비현실적인 가정은 잊어버리고 보다 더 현실적인 가정을 토대로 따져보자. 우리의 관심은 주가가 매수 단가보다 하락하여 손해를 보고 있는 경우이다. 손해를 보고 있는데도 계속 보유해야 할까?

그 결론을 내기 위해서라면 다음 표를 참조하자. 이 표는 투자자가 주식을 매수했는데 초기에 손해를 입은 경우, 나머지 기간 중 손해를 복구하고 원래 목표대로 원금의 2배가 되려면 남은 기간에 얼마만큼 주가가 올라야 하는지를 나타내고 있다. 주식을 샀는데 주가가 하락하여 손해를 보고 있다면, 앞으로 남은 기간 주가가 얼마나 올라야 2배의 수익을 낼 수 있을까?

| 초기 손실 시, 원금이 2배가 되기 위한 수익률(투자 기간 8개월) |

손실 기간 손실률	1개월	2개월	3개월	4개월
	나머지 기간 원금 2배가 되기 위한 수익률			
10%	12.1%	14.2%	17.3%	22.1%
20%	14.0%	16.5%	20.1%	25.7%
25%	15.0%	17.8%	21.7%	27.8%
33.33%	17.0%	20.1%	24.6%	31.7%
50%	21.9%	26.0%	32.0%	41.4%

위의 표에 의하면 주식을 매수하고 초기에 한 달 동안 10%의 손해를 보았을 경우, 나머지 투자 기간인 7개월간(8개월-1개월) 매달 12.1%의 수익률을 얻어야 한다는 것을 알 수 있다. 그리고 같은 10%의 손해라고 할지라도 두 달 동안 10%의 손해를 보아서 원금의 90%가 남았다면, 그 돈으로 나머

지 투자 기간(이번에는 6개월) 동안 원금의 2배가 되는 데 필요한 수익률은 14.2%이다.

이 표에는 두 가지 중요한 사실을 일깨워 준다.

첫째, 초기에 손실률이 크면 클수록 나머지 투자 기간 중 이를 만회하는 데 필요한 수익률은 점점 높아진다. 예컨대 초기 1개월 동안 10%의 손해를 보았다면, 나머지 기간 중 매달 12.1%의 수익률만 달성하면 원금의 2배가 되지만, 초기 1개월 동안 25%의 손해를 보았다면 나머지 기간 중 얻어야 할 수익률은 15%로 껑충 뛰어오른다. 결국, 초기에 손실률이 낮으면 낮을수록 나중에 만회하는 데 어려움이 없으나, 손실률이 커지면 나중에 목표를 달성하기 어렵다는 뜻이다. 그러니 초기에 손해를 보고 있을 때, 얼른 매도하고 새롭게 시작하는 편이 현명한 전략이라는 것을 일깨워 준다.

둘째, 똑같은 손실률이라고 해도 손해 보고 있는 기간이 길어질수록 나중에 이를 만회하는 데 필요한 수익률은 점점 높아진다. 만일 첫 1개월 만에 20%의 손해를 보았다면, 나머지 기간(7개월) 동안 매달 꼬박꼬박 14%의 수익률만 얻을 수 있으면 8개월 후 원금은 2배가 된다. 그렇게만 된다면 초기의 손실에도 불구하고 원래 목표를 달성할 수 있다. 그러나 똑같은 20%의 손해일지라도 이를 2개월에 나누어서, 즉 매달 10%씩 손해를 보았다면 문제는 달라진다. 이 투자자의 투자 기간은 앞서 살펴보았듯 8개월이므로 나머지 6개월 동안 매달 16.5%의 수익률을 얻어야 원금이 2배가 된다.

결국, 위에서 알 수 있는 사실이란 '손해 보는 것은 어쩔 수 없다고 하더라도 투자 초기에 입을 수 있는 손해를 되도록 줄이고, 손해 보는 기간도 줄여야만 처음 목표하던 수익을 얻을 수 있다'라는 말이다. 당연한 이야기 같지만, 손해를 보고 있다고 이를 질질 끌어보았자 아무 소용이 없다는 '평범한 진리'가 바로 여기에 담겨 있다.

또한, 주가가 하락하지 않고 횡보해도 마찬가지이다. 횡보한다고 좋아할 일은 아니다. 횡보하는 기간이 길어지면 길어질수록 나중에 필요한 수익률은 높아진다. 더구나 투자 초기에 손해를 보았다면 목표하는 수익률을 얻기 위해서 나머지 기간에 상당히 높은 수익률을 얻어야 한다. 그러니 수익률을 최소한으로 줄여 놓아야 '앞으로의 작업'이 편해진다.

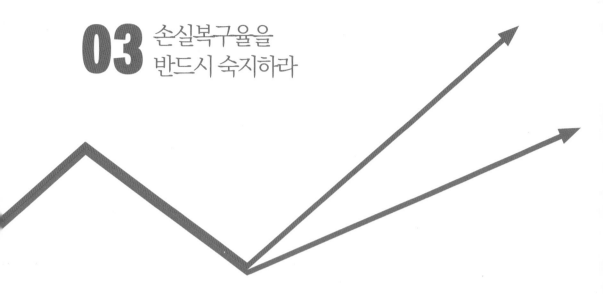

03 손실복구율을 반드시 숙지하라

앞서 72 법칙을 사용하여 원금을 2배로 늘리기 위한 수익률과 기간과의 관계를 살펴보았다. 수익률이 높으면 원금이 2배가 되는 기간은 줄어들 수밖에 없고, 수익률이 낮으면 원금이 2배가 되는 기간이 길어질 수밖에 없는 것은 당연한 이치이다. 특히, 투자 기간이 한정되어 있을수록 이러한 법칙은 대단히 유용하다. 그런데 일부 독자들은 "원금의 2배라고? 나는 그런 높은 수익률은 꿈에도 생각하지 않는다. 그저 은행 금리를 약간 넘어서는 수익률만 얻을 수 있으면 만족한다."라고 말할 수도 있고, 혹은 "8개월이니 뭐니 하는 기간을 정해 놓고 투자하는 것은 아니다. 시간은 얼마가 걸려도 상관없으니, 그저 수익만 낼 수 있으면 만족한다."라고 말하는 투자자들도 있을 것이다.

그런 투자자들을 위해서 먼저 '시간을 정해 놓고 투자하는 것은 아니지 않느냐'라는 말에 대해 생각해보자. 주식투자하는 사람들은 대체로 여유 자금으로 투자하므로 얼마간의 시간이 걸리더라도 크게 개의치 않는다. 하지만 그렇다고 해서 무한정 기다리는 것은 좋은 태도가 아니다. 더구나 손해 보고 있는 상태에서 그저 막연하게 기다리는 것처럼 어리석은 일은 없다. 앞서 수익률과 시간과의 관계로 설명했지만, 그처럼 어렵게 생각할 것도 없이 그저 '시간은 돈'이라는 격언만 떠올려 봐도 무한정 기다리는 것이 좋은 태도가 아니라는 것은 명백해진다.

자본주의 사회에서는 하루라도 시간이 흐르면, 돈은 이자를 낳는다. 그게 단 0.1%의 이자율이라고 할지라도 말이다. 그러니 똑같은 수익률이라도 짧은 기간에 달성하고, 그 자금으로 또 다른 투자처에 투자하면 수익률을 더 늘려갈 수 있다. 예를 들어, 주식형 펀드 중에 '스팟펀드'라는 것이 있다. 스팟펀드는 일정한 목표 수익률을 달성하면 펀드를 청산하여 가입자에게 원금과 수익을 나누어주는 특징이 있다. 이때 똑같이 20%의 목표 수익률을 설정하여 그것을 달성했다고 하면, 1개월 만에 수익률 목표를 달성한 펀드 매니저가 3년 만에 수익률 목표를 달성한 펀드 매니저보다 뛰어난 게 사실이다. 일반 투자자도 다르지 않다. 결국 목표에 이를 때까지 무한정 기다린다는 생각은 현명하지 못하다. 초기에 틀렸다고 생각되면 손실을 입더라도 서둘러 청산하고, 다른 기회를 노리는 것이 현명한 처사다.

둘째, '원금의 2배는 바라지도 않는다.'라는 투자자들의 처지에서 생각해보자. 이들은 모르긴 몰라도 손해를 보고 있음이 분명하다. 그러므로 원금의 2배는 바라지도 않고, 그저 본전이라도 되었으면 좋겠다는 소박한 희망을 품고 있을 터이다. 하지만 이 경우도 마찬가지로 손해를 보고 있다고 하여 무작정 길게 보유하는 것이 정답은 아니다. 그에 따른 두 가지 이유를 들 수 있다.

우선, 손해를 본 것은 매수할 당시의 결정이 잘못되었음을 뜻한다. 하락 추세에 놓여 있는 주식을 매수했기 때문에 손해를 본 것이다. 물론 손해를 보고 있는 주식을 왜 오래 보유하는지에 관한 인간 심리는 이미 살펴본 바 있다. 그 수많은 이유 중 하나를 든다면, 수익을 내는 주식은 기쁨을 안겨주 므로 기쁨을 얻기 위하여 일찍 매도하지만, 반대로 손해를 보고 있는 주식을 손해로 인한 고통에서 벗어나기 위해서라도 팔고자 하는 선택을 미룬다. 그 러나 일단 하락하고 있는 주가가 상승 추세로 돌아서는 것은 쉬운 일이 아 니다. 더구나 손해를 보고 있는 기간이 길어지면 길어질수록 추세가 상승세 로 돌아서서 본전에 이르기는 더욱더 어려워진다. 그러니 일찍감치 '틀렸다' 라고 생각될 때, 얼른 팔아버리고 손해를 최소화하는 것이 나중에 보면 잘한 선택일 경우가 훨씬 많다.

사실 이번 장에서 말하고자 하는 요점은 다음 표에 모두 담겨 있다. 결론 부터 말하자면, 초반에 손해를 많이 보면 볼수록 본전을 회복할 가능성은 대단히 낮아진다는 것이다. 시간을 정해 놓고 투자하는 것도 아니고, 2배 의 수익률을 목표로 하는 투자자가 아니라고 해도, 단순히 '초반의 손해가 크면 클수록, 나중에 본전 만회의 가능성조차 작아진다'라는 사실을 똑똑히 알아야 한다.

손실복구율(Recovery Ratio)	
손실률	손실복구율
10%	11.1%
20%	25.0%
30%	42.9%
40%	66.6%
50%	100%
60%	150%
70%	233.3%
80%	400%
90%	900%

우리가 오해하기 쉬운 것 중 하나는 주가가 하락한 만큼 다시 반등하면 본전에 이른다는 것인데, 그건 명백히 잘못된 생각이다. 주가가 50% 하락하였다고 가정해 보자. 이 주식이 이제 하락하는 것을 멈추고 바닥에서 50% 상승하면 '원위치'에 이를까? 전혀 그렇지 않다. 예를 들어, 과거에 주가가 10,000원이던 주식이 50% 하락하여 5,000원이 되었다. 그리고 이 주식은 바닥에서 상승하여 하락한 비율인 50%만큼 그대로 상승했다. 즉, 5,000원에서 주가가 다시 50% 상승하였다. 얼핏 생각하면 본전이 되는 듯하지만 그렇지 않다. 10,000원에서 50% 하락하였다가 거기서 50% 상승하였으니 주가는 고작 7,500원밖에 되지 않는다. 그러니 본전이 되기 위해서는 50%가 아니라, 100% 상승을 해야 한다.

위의 표에서 알 수 있듯 10%의 손해를 보았다면, 그 주식이 그 상태에서 이후 11.1%만 상승하면 원위치에 이를 수 있다. 그러나 20% 하락한다면 그 상태에서 이후 25% 상승하여야 원위치에 이르고, 30% 하락하면 42.9% 반등해야 비로소 원위치에 도달할 수 있다. 앞서 살펴보았던 50% 하락한 경우라면, 그 상태에서 50% 반등하는 것이 아니라 무려 100%를 반등해야 비로소 본전에 이른다. 그리고 표에서 보여 주듯이 초반의 하락 폭이 커지면 커질수록 원위치에 이르기 위한 수익률은 더욱더 높아진다. 극단적인 경우겠지만, 주가가 초기 대비 90% 하락하였다면, 그 상태에서 반등하여 원위치에 이르기까지 무려 900%나 폭등해야 한다. 사실상 불가능한 일이다.

또한, 이런 원리는 주식을 그저 보유하고 있는 경우에만 국한되지 않는다. 손해를 보고 있는 상태에서 손실을 청산하고 남은 자금으로 다시 '본전 회복'을 노릴 때도 똑같은 원리가 적용된다. 예를 들어, 초기에 손실을 보아 원금의 50%밖에 남지 않았다면, 남은 자금으로 100%의 수익률을 거두어야 비로소 본전을 되찾는다. 그러니 현재 손해를 보고 있다면, 손해가 더 커지기 전에 재빨리 팔아야 그나마 남은 돈으로 원금을 되찾을 희망이라도 가져 볼 수 있다. 보유하는 기간이 길어지고 손해가 점점 커질수록, 안타깝지만 원금을 되찾을 가능성은 점점 낮아진다.

애당초 본전이나 되찾자고 주식에 투자하는 것은 아니다. 돈을 벌려는 것이 투자의 목적이다. 그렇다면 더욱더 '잘 팔아야' 한다. 손해가 나고 있는 주식일수록 얼른 팔아 버리는 것이 최선이다.

인간의 온갖 나약한 심리 현상은 스스로 주식을 내다팔지 못하게 만든다. 그리고 그런 함정에 빠져든 나머지, 수많은 사람이 주식투자에서 실패한다. 실패를 되풀이하고 싶지 않다면, 당신은 그들과는 달라야 한다. 손해를 보고 있는 주식은 미련을 버리고 눈 딱 감은 채 초반에 얼른 팔아버리는 것, 그것이 바로 성공의 '비법'이다.

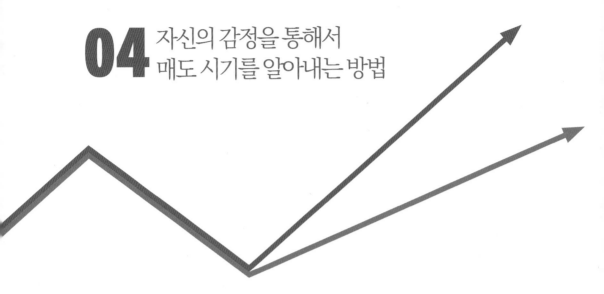

04 자신의 감정을 통해서 매도 시기를 알아내는 방법

Stock investment 투자자 중에는 자신의 판단에 따라 주식에

투자하고는 있지만 정작 올바른 의사결정을 내리지 못하는 사람도 대단히 많다. 당신이 만일 이런 경우라면 어떻게 해야 할까? 투자 규모를 적절한 수준으로 줄이는 것도 좋은 해결책이 될 수 있다. 하지만 그것보다 더 효과적인 방법은 아예 기계적으로 거래한다는 원칙을 세워 조금이라도 심리적으로 흔들리면, 즉 '걱정이 몰려올 때' 즉각 매도해 버리는 전략을 취하는 것이다.

사실 투자 결정에서 감정을 배제할수록 그만큼 합리적인 의사결정을 내릴 수 있다. 투자 금액을 줄이면 심적인 부담도 줄어드니 그만큼 마음이 편안해진다. 혹은 '기계적'으로 거래한다는 원칙을 세우고 그것을 철저하게 따르면, 감정이 개입할 여지가 없으니 그만큼 편하다. 감정, 다시 말해 인간의 나약한 심리 상태를 극복하는 일이야말로 주식투자에서 성공하는 길이라는 점은 앞서 누차 강조한 바와 같다.

감정을 배제하는 것이 합리적인 의사결정을 내리는 지름길이지만, 대부분 투자자는 여전히 자신의 감정에 얽매여서 매매 시기를 선택하는 데 어려움을 겪는다. 단적인 예로, 이들은 주식을 팔아야 할 때는 도무지 팔지 않는다. 주가가 내내 하락할 때는 도리어 악착같이 보유하는 쪽을 선택한다. 감정이 앞서기 때문이다. 하지만 중요한 것은 이와 같은 사람들의 행동에 일관성이 없다는 사실이다. 이들은 그처럼 오랫동안 기다렸다가도 정작 결정적인 순간, 다시 말해 이제는 더 하락할 곳도 없는 바닥에 이르면 도리어 냉큼 팔아버리곤 한다. 주가가 그처럼 하락했지만, 이들에게 지금까지의 하락은 아직 '전주곡'으로 느껴진다. 주가가 오랫동안 하락하자 사람들은 슬슬 지쳐가며, 급기야 주가가 아예 폭락할지도 모른다는 걱정에 사로잡히게 된다. 그렇기에 이제까지 그토록 오래 보유하면서 상승하기를 기다려왔던 주식을 최악의 시점, 바닥에서 매도해 버린다. 물론 이는 극단적인 사례일지도 모른다. 하지만 주식을 '반드시 팔아야 할' 시기에 파는 것은 대단히 중요한 일이다.

투자자들은 자신의 감정을 스스로 평가함으로써 정확한 매도 시기를 찾아낼 수 있다. 주가가 상승하여 수익률이 높아지고 있다고 가정하면, 언제 팔아야 할까? 그 시기는 자신에게 물어보자. 자신이 이루어낸 투자 성과가 기쁘고 자랑스러우며, 다른 사람들에게 뽐내고 싶을수록 매도 타이밍에 근접했다고 판단해야 한다.

이처럼 매도 타이밍이 가까워졌을 때, 투자자들이 드러내는 공통적인 특징이 있다. 평소답지 않게 허풍을 떨고, 자신에게 축하를 보내며, 아직 확정되지도 않은 수익을 미리 계산해 보는 등의 행동을 한다. 그때가 바로 매도할 때이다. 하지만 이런 상태일 때 상당수의 투자자들은 주식을 팔기보다는 오히려 주식투자에 더 많은 돈을 쏟아붓는 경향이 있다. 지금은 팔아야 할 때이지 사야 할 때가 아니다. 팔아야 할 시기에 팔지 않은 것도 나쁜 일이지만, 더구나 추가로 매수하는 결정을 내림으로써 실패의 길로 들어선다.

앞서 우리는 주식투자에서 돈을 버는 사람은 소수에 불과하다는 '진리'를 근거로 대다수의 행동과는 반대 방향으로 거래해야 돈을 벌 수 있다는 사실을 알았다. 그러기 위해서는 다른 사람들을 따라가서는 안 된다. 다른 사람들을 따라 하는 것은 결국 실패의 길로 덩달아 들어서는 꼴이 된다. 그걸 되풀이하고 싶지 않다면, 더 많은 사람이 한쪽으로 쏠리면 쏠릴수록, 더욱더 확실하게 반대 방향으로 가야 한다.

하락 추세의 바닥은 주가의 하락세가 내내 이어진 나머지 이제는 대부분 주식 투자자들 사이에는 온통 주식시장의 앞날에 대한 절망과 불안감밖에 없고, 심지어 공포 분위기까지 느껴질 때, 비로소 만들어진다. 마찬가지로 상승 추세에서의 꼭지, 즉 대세 상승의 정점은 대부분 투자자가 수익을 내어 매우 기뻐하고 즐거워할 때 만들어진다. 그때 기존의 투자자들은 이미 주식을 모두 사버려 추가로 매수할 자금이 없으며, 또한 신규 투자자들도 대부분 시장에 들어온 상태이다. 결국, 추가로 주식시장에 새로운 매수세가 나타나지 못하므로 추세의 무게 중심은 하락 쪽으로 기울어질 수밖에 없다. 바로 그때, 즉 과도한 기쁨이 나타날 때가 그야말로 꼭지이다.

그래서 이와 같은 과도한 기쁨이 느껴지면 투자자는 자신의 감정이 지시하는 것과는 정확히 반대 방향으로 거래해야 한다. 자신의 감정에만 따르면 지금 너무나도 기쁘고 즐거워서 주식에 더 많은 돈을 투자하고 싶지만, 그럴 때일수록 더욱더 주식을 매도하고 시장에서 빠져나와야 한다. '여기서 추가로 더 매수하지만 않는다면 괜찮지 않을까?'라고 자위하면서 그냥 주식을 보유한 채 아무 일도 하지 않고 머뭇거리는 것도 좋지 않다. 지금은 시장이 과도하게 흥분된 상태이고, 꼭지라는 것을 말해 주고 있다. 그러므로 이단아가 되어 성공하려면 과감하게 팔아야 한다. 투자자는 스스로 '지금 1,000원을 더 벌려다가 자칫 이제까지 벌었던 수익을 몽땅 다 날려버릴 수도 있다'는 사실을 상기하고 즉각 행동을 개시해야 한다.

꼭지가 가까워지면 모든 투자자는 저마다 자신만의 방식으로 감정적인 반응을 한다. 이러한 감정적인 반응은 주식을 팔지 말지를 판단하는 데 매우 중요한 근거가 된다. 그러니 사전에 자신만의 감정적인 반응이 어떤 것인지 미리 기록해 두는 것도 좋은 방법이다. 그래야 정작 결정을 내려야 할 때, 쉽고 정확하게 결정을 내릴 수 있다. 감정이 지시하는 바를 이겨내고 이성적으로 판단하고, 시장의 움직임과 반대로 과감하게 매도하기란 쉬운 일이 아니기 때문에 사전에 자신의 감정적인 반응을 기록하고, 그것을 의사결정의 근거로 삼는다면 훨씬 이성적으로 행동할 수 있다.

대부분 사람은 기록하기를 싫어한다. 더구나 스스로 기억력이 좋다고 여기는 사람일수록 기록하기보다는 기억력에 의존하려는 경향이 높다. 하지만 기억력에는 한계가 있는 법이다. 기억은 시간이 지나면 점점 더 사라질 수밖에 없다. 특히, 주식투자에서 수익을 남겨서 기뻐할 때, 그리고 결정적인 매도 타이밍이 가까워졌을 때 자신의 감정이 어떤 상태였는지 자세히 기록해 둔다면, 그 기록은 두고두고 당신의 주식투자 길을 밝히는 등대가 되어 줄 것이다.

일반적으로 주가가 꼭지에 가까워졌을 때, 투자자들이 감정적으로 반응하는 태도는 다음과 같다.

탐욕

주식시장에서 주가는 애널리스트들이 말하는 적정 주가보다 훨씬 높거나, 혹은 훨씬 낮은 수준에서 형성된다. 우리가 관심이 있는 것은 매도 타이밍이므로, 결국 주식시장의 주가가 적정 주가를 훨씬 지나쳐 높게 형성될 때가 문제이다. 왜 사람들은 주식을 적정 가치보다 높게 매수할까? 그건 '탐욕greed' 때문이다. 예컨대 현재의 주가가 10만 원이라면 욕심에 가득한 투자자의 눈에는 아직도 갈 길이 멀었고, 최소한 100만 원은 되어야 할 것으로 보이기 마련이다. 그런데 주가가 오르고 수익이 나면, 투자자들은 슬슬 욕심을 부리기 시작한다. 사람이기에 의당 욕심이 나겠지만, 이 욕심이 지나칠 때가 문제이다. 욕심이 지나쳐 탐욕에 이를 때가 주식을 매도할 시기가 근접했다는 경고 신호이다.

욕심과 탐욕을 어떻게 구분할까? 어려운 일이지만 전혀 방법이 없는 것도 아니다. 주가가 올라 수익이 나고 있을 때, 만약 마음속에 새로운 수익 목표가 설정된다면, 그건 탐욕일 공산이 높다. 기존의 수익 목표가 아니라 주가의 움직임에 따라 새롭게 설정된 목표라면 그것이 바로 탐욕이다.

예컨대 이제까지는 그저 100만 원만 벌었으면 만족하겠다고 생각하던 투자자가 주가가 오르자 마음을 바꾸어 100만 원에는 만족하지 못하겠고, 최소한 투자 수익이 200만 원은 되어야 만족하겠다고 생각하는 것이다. 그런 탐욕이 당신의 마음속에 들어올 때, 바로 매도의 시기도 근접하였다고 판단해야 한다.

 탐욕의 사례

필자가 아는 투자자 중 한 사람은 원금 1억 원으로 주식투자를 시작하여 무려 9억 3,000만 원까지 불린 사람이 있었다. 그는 10억 원만 채우면 주식투자를 그만두고 세계 일주나 떠나면서 즐길 것이라고 결심하였다. 하지만 그때부터 그의 투자 성과는 내리막길을 걸었고, 마지막 7,000만 원을 벌어 10억 원을 채우기는 커녕 원금마저 다 날리는 결과를 맞고 말았다. 결과론이지만 사실 9억 3,000만 원이라는 돈만으로도 그는 주식투자에서 어마어마한 대성공을 거둔 셈이다. 거기서 그만두어도 아무도 탓하지 않았을 것이다. 9억 3,000만 원에서 추가로 7,000만 원을 더 벌어들여 10억 원을 채우는 것이 무슨 의미가 있다는 말인가? 하지만 그는 7,000만 원에 눈이 어두워져 무리했고, 결국은 이제까지 힘들여 일구어 놓았던 투자 수익, 심지어 원금마저 몽땅 날려버리고 말았다. 탐욕에 눈이 멀면 아무것도 보이지 않는다. 평상시 그렇게 조심스럽고 신중하던 투자자라도 탐욕에 눈에 뒤집히면 자기답지 못한 행동을 하기 마련이다.

또 다른 경우도 있다. 이건 외환 딜러의 이야기로, 우리나라가 IMF 금융위기를 겪기 한참 전인 꽤 오래전의 일이다. 어떤 은행의 외환 딜러가 1월에서 11월까지 혼자서 900만 달러의 수익을 얻었다. 1초에 수십, 수백억 달러의 돈이 왔다 갔다 하고, 하루 24시간 거의 휴식 없이 지구상 어디선가 거래가 이루어지고 온갖 정보와 루머, 분석, 예측이 번득이며 숨 가쁘게 돌아가는 외환 시장에서 한국의 일개 외환 딜러가 무려 900만 달러를 벌어들였다는 것은 대단히 경이적인 일이다.

더구나 지금도 900만 달러라면 엄청나게 큰돈인데 훨씬 이전이었으니 어마어마한 돈이었다. 은행의 행장도 그 사실을 알게 되었고, 대단히 기뻐하여 격려하였다. 11월의 어느 날, 행장이 그를 불러 말했다. "연말까지 1,000만 달러만 채우게. 그러면 내년에 한 달 동안 부부 동반으로 세계 일주 특별 포상 휴가를 주지." 하지만 그게 끝이었다. 그 외환 딜러는 이후 거래하기만 하면 모조리 손해만 보았다. 결국, 12월까지 한 달 동안 그는 그때까지 벌었던 900만 달러의 수익을 고스란히 손해 보았고, 급기야 다음 해 외환 딜러 자리에서 쫓겨나 지방 지점으로 전출되고 말았다. 그 역시 탐욕에 판단력이 흐려진 사례이다.

지금의 수익에 만족하는가? 조금만 더 벌고 싶어지는가? '조금만 더'라는 것이 바로 탐욕이다. 그런 생각이 들수록 이제 주식시장에서 빠져나와야 할 때이다. 주식시장이 이제까지 한참이나 상승했으니 곧 꼭지에 이를 것이기 때문이다.

뻐김

투자자의 포트폴리오가 환상적인 수익을 내고 있거나 혹은 지금까지 여러 차례 짭짤한 수익을 챙겼다면, 투자자는 남들에게 뻐기고 싶을 것이다. 자신의 혁혁한 투자 성과를 자랑스럽게 이야기하고 싶어서 입이 근질근질할 수밖에 없다. 자신의 성공담을 자랑하고 싶은 것이야 다 똑같지만, 그것이 자신의 능력으로 일구어낸 것은 아니라는 점에 유의해야 한다.

잘 알고 있듯이 주식투자의 성공은 능력이라기보다는 적성에 가깝다. 자신의 적성을 뻐기는 사람은 그리 흔하지 않다. 적성이 뛰어나 주식에서 성공하는 사람은 뻐기지도 않고, 남들 눈에 뜨이지 않으면서도 대성공을 거두지만, 그렇지도 못한 사람들이 한두 번의 성공에 도취되어 온 동네에 자랑하고 다니는 법이다. 거꾸로 말하여 자신의 성공담을 뻐기는 사람일수록 이제는 실패할 확률이 높다. 그러니 이제 매도할 시기가 다가온 것으로 보아야 한다. 특히, 지금까지의 성공에 도취되어 '절대로 실패하지 않는 주식투자 비법을 깨달았다'라고 생각할 수도 있는데, 만일 그렇다면 지금이야말로 주식을 몽땅 매도할 시기이다. 절대로 실패하지 않는 비법이란 없다. 그런 것을 깨달았다고 생각하는 것 자체가 스스로 흥분되어 있다는 증거이다.

자신감

침착하고 자제력이 강한 성격의 투자자라도 '요즘 들어 주식투자가 정말 잘 되고 있어.'라고 느낀다면 평정심을 잃고 감정에 흔들릴 위험이 커진다. 그는 남들 모르게 비밀스럽게 자신의 성공을 기뻐할 것이다. 그런데 자제력이 강한 투자자는 이런 감정이 매도 신호라는 것을 알아채기 어렵다. 감정적인 다른 투자자들과는 달리 그래도 그는 이성적이기에 기쁨의 정도가 그리 강렬하지는 않기 때문이다. 하지만 미묘한 감정의 변화라도 평소와는 다른 느낌이라면 매도 신호일 수도 있다고 진지하게 생각해보자.

물론 대부분 평범한 투자자들에게는 이 항목이 적용되지 않는다. 대다수 사람은 주가가 조금이라도 올라 수익을 얻으면 금세 기뻐하고, 그러다가 주가가 하락하기라도 할 참이면 금세 시무룩해지는 등 감정의 기복이 심하다. 그런 사람들이기에 주식투자에서 자신감이란 꿈도 꾸지 못한다.

오랜 경험으로 주식투자에서 자제력을 가질 법한 투자자들조차도 종종 평정심을 잃는다. 그러니 자신의 행동이 평소와 다르다고 느껴지면 조심하라. 그게 바로 매도의 신호이다. 매도의 신호를 '몸으로 느껴라'.

탐욕, 뻐김 혹은 자신감 등과 같은 감정은 대단히 위험한 신호이다. 이런 감정의 결과, 극단적인 선택을 하는 경우가 많기 때문이다. 극단적인 선택이란 주식투자에 대한 자신감에 가득 찬 나머지 신용 거래를 왕창 한다거나, 은행의 예금을 몽땅 빼내어서 주식에 '올인'하는 행위를 말한다. 특히, 이럴 때일수록 투자자는 평소보다 더 위험한 종목을 고르는 경향이 크다. 소위 '하이 리스크, 하이 리턴High Risk, High Return'을 노리게 된다. 그리고 겉으로는 하이 리스크라고 생각하지만, 사실상 리스크에는 별 관심이 없다. 오로지 하이 리턴에만 관심을 집중한다. 이미 자신감이 턱까지 차올랐고, 온몸이 흥분으로 불타오르고 있으므로 앞뒤 가리지 않는다. 그런데 생각해보면, 이처럼 예금을 몽땅 찾아서 주식에 털어 넣고, 신용거래까지 동원하는 투자자가 한 사람이 아니라 수천 명, 수만 명이라면 그때가 바로 주식시장이 꼭지에 이른 시기이다.

이러한 공격적인 투자 태도는 오로지 주식투자에 대한 과도한 자신감에서 비롯된 것이다. 이제까지 주식투자에서 수익을 거두었으니 자신감이 솟구칠 수밖에 없고, 그 결과 투자자들은 공격적으로 주식투자 비중을 늘리고, 증권 계좌를 다른 증권사에도 개설하며, 거래를 자주 하고, 혹은 평소보다 더 위험한 종목에 투자하는 공격적인 태도를 취하기 때문이다. 투자자들은 지금까지의 성공에 너무나 행복하고 만족하므로 주식에 투자하기만 하면 무조건 미래는 밝다고 믿어 의심치 않는다. 하지만 투자자는 정반대의 길로 가고 있다. 주식을 팔아야 할 시기에 오히려 주식을 매수하고 있거나 아니면 주식을 보유하고 있다. 그러니 탐욕, 뻐김 혹은 자신감 등과 같은 감정이 느껴진다면 이를 강력한 매도 신호로 받아들여라.

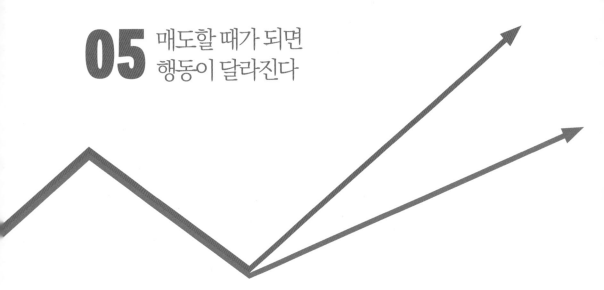

05 매도할 때가 되면 행동이 달라진다

Stock investment 매도 시기를 파악하기 위해서는 자신의 감정을 냉철하고 객관적으로 판단해야 한다. 누구나 다 주가가 오르고 수익을 얻어서 신나고 기쁜 상황이 오래 이어지기를 원한다. 그러나 자신의 감정을 객관적으로 냉철하게 판단하여, 지금이 매도 시기라고 알아채기는 쉽지 않다. 자신의 감정을 파악하는 일에는 결국 느낌 혹은 직감이 필요한데, 그게 간단치가 않다. 느낌만으로 자신의 감정을 파악하고, 그 결과로 매도 시기를 선택하기는 대단히 어려운 일이다.

더구나 설령 자신의 감정을 객관적으로 판단하기 위해 노력한다고 해도 그것 역시 그리 만만한 일이 아니다. 자신의 감정을 파악하는 사람이 바로 '자신'이므로 제삼자의 입장에서 객관적으로 판단하기가 쉽지 않다. 아울러 사람들은 그 과정에서 자신의 감정을 판단하기보다는 오히려 자신의 감정을 스스로 속이는 일이 허다하다. 대부분 사람은 주가가 상승하면 너무 기쁜 나머지, 매도하는 결정을 내려 그 순간을 깨트리기 싫어한다. 그러니 자신이 평범한 투자자라고 여겨진다면, 잘 파악하기도 어려운 감정을 판단하려 하기보다는 다른 방법을 쓰는 편이 안전하다. 즉, 감정을 파악하기보다는 차라리 그 감정의 소산물로 인해 나타나는 결과인 행동을 살피는 것이 오히려 쉬울 것이다. 감정은 드러나지 않지만, 행동은 겉으로 드러나기 마련이다. 그 행동으로 판단의 근거로 삼아라.

스스로 판단할 때, 지금 자신이 평소와는 다른 행동, 혹은 지나친 행동을 하고 있다면 그것으로 매도 시기를 저울질해야 한다. 자신의 감정을 살펴 매도 시기를 선택하려는 투자자라면 지금의 감정이 어떤지 살피기보다는 겉으로 나타나고 있는 자신의 행동이 어떤지를 살피는 편이 더 쉽고 정확하다. 특히, 지금 벌어지고 있는 주식시장의 상황과 관련해 자신의 행동이 과거와 어떻게 다른지는 스스로 쉽게 차이를 알 수 있다. 그것이 바로 매도 시기를 선택하는 데 좋은 시금석이 된다.

매도 시기가 임박하였음을 알리는 경고 혹은 위험 신호로 작용하는 대표적인 행동으로 다음 다섯 가지가 있다.

1. 다른 사람들에게 자신의 주식투자 성공 비밀을 은밀하게 털어놓는다.
2. 주식시장을 연구하는 데 더 많은 시간을 투자한다.
3. 재미를 크게 보았던 종목이나 혹은 단기 급등 주식을 공개적으로 떠벌린다.

4. 평소와는 다른 방식으로 주식투자의 성공을 자축한다.

5. 현금을 더 동원하여 주식을 추가로 매수한다.

위에서 예로 든 행동은 심각성의 정도에 따라 배열한 것이다. 순서가 더해질수록 위험하다. 즉 1번보다 2번이 더 위험하고, 3번은 더더욱 위험하다는 뜻이다. 자신의 행동이 위에서 열거한 행동과 일치하지 않는다고 하여 안심해서는 안 된다. 설령 위와 정확하게 일치하지는 않지만, 대부분 투자자는 약간씩 변형된 상태로 앞에서 설명한 것과 유사한 행동을 하기 때문이다.

매도 시기가 임박하였는지 아닌지를 판단하는 행동의 첫 번째는 바로 다른 사람들에게 자신의 주식투자 성공담을 은밀하게 털어놓는 일이다. 이건 물론 친구의 사무실에 숨이 차오르도록 헐레벌떡 뛰어가서 "내가 이런저런 주식에 투자하여 지금까지 50%의 수익을 올렸다!"라고 크게 외치는 행동을 의미하지는 않는다. 그저 조용조용하게, 자신의 성공담을 이야기하는 것에 불과하다. 그런데 자신의 성공을 다른 사람에게 말하는 것이 뭐 그리 중요할까 생각할 수 있다. 하지만 크게 말하건 조용히 말하건 상관없이 그것은 다른 사람에게 자신의 주식투자 활동이 어떻게 되고 있는지를 알려 주는 것이기 때문이다. 물론, 이런 말은 다른 사람들과 이런저런 이야기를 하다가 자연스럽게 나올 수도 있고, 혹은 다른 친구가 말하는 주식투자의 성공담이나 실패담을 듣는 와중에 무의식적으로 튀어나올 수도 있다. 그러나 만약 자신이 평상시에는 다른 사람과 돈 이야기를 잘 하지 않는 편이라면 주의해야 한다. 자신이 돈 문제와 관련된 이야기를 하고 있다는 사실 그 자체가 주식시장의 상승세가 거의 막바지라는 증거이기 때문이다. 바로 앞에서 살폈듯 자신감이 턱까지 차올랐을 때, 평소와는 달리 자신의 성공담을 떠벌리기 마련이다. 바로 이것이 매도 시기가 코앞에 닥쳤다는 강력한 신호가 된다.

두 번째 단계로 접어드는 행동은 주식시장에 대한 연구에 많은 시간을 투자하는 것이다. 매매 시스템을 개발한다거나 종목 분석 보고서를 탐독하고 혹은 주식투자 기법을 연구하는 등의 행동을 말한다. 물론 공부를 열심히 하는 것은 좋은 일이다. 하지만 과하면 항상 문제가 된다. 특히, 주식은 과도한 시간을 주식 공부와 종목 연구에 몰두하고 있다는 사실 자체만으로도 투자자가 흥분되어 있음을 증명한다. 주식투자자라면 오히려 주가가 계속 하락할 때는 별로 공부에 열중하지 않는다. 주식을 생각하기만 해도 손해 본 것이 떠올라 괴롭다. 그러기에 아예 주식시장 근처에 얼씬거리지도 않는다. 그러니 자연스럽게 주식을 연구하는 데 들이는 시간이 줄어들기 마련이다.

반면, 주식을 연구하는 데 들이는 시간이 늘어나고 있다는 것은 그만큼 지금까지 주가가 계속 상승해왔음을 뜻한다. 이럴 때면 시장 전체로 보아도 많은 사람이 같은 행동을 한다. 주식시장의 거래량이 크게 늘고, ARS 상담 전화나 혹은 인터넷 유료 사이트 같은 주식정보 유료 서비스의 가입자는 통상 주가의 정점을 전후하여 급증한다. 그리고 증권회사에서 상담사가 되고 싶다는 사람도 많아진다. 온통 주식시장으로 관심이 과다하게 쏠리는 것이다. 하지만 이런 시기가 결정적인 타이밍인 매도할 때이다. 주식시장을 연구하는 데 이전보다 훨씬 많은 시간을 들이는 투자자는 그 에너지를 오히려 주식을 매도하는 쪽으로 돌려야 한다.

세 번째 단계는 자신의 주식투자 성공담을 공공연히 떠벌리는 행위이다. 다른 사람들에게 자신의 주식투자를 자랑하고 싶어서 일부러라도 친구나 지인을 찾아가서 자신의 수익률이 얼마인지, 주식투자로 얼마를 벌어들였는지 자랑하거나 혹은 묻지도 않았는데 주식투자 성공담을 늘어놓는 행동이 바로 이것이다. 특히, 투자자가 평소와는 달리 성공담을 떠벌리기 시작했다면, 이 것이야말로 매도 신호이다. 첫 번째 단계 행동과의 차이점은 첫 번째 단계에서는 대부분 개인적인 자리에서 대화할 때 주식투자 성공담을 은밀하게 이야기하는 정도의 수준이라면, 세 번째 단계에 접어드는 행동은 공개적으로 그리고 듣는 사람이 있건 없든, 때로는 듣는 사람이 성공담 듣기를 원하지 않든 상관없이 자신의 성공담을 크게 떠벌린다.

주가가 하락하고, 그로 인해 손해를 보았을 때 자신의 투자 경험을 떠벌리고 자랑하는 사람은 없다. 당연히 주가가 크게 오르고 수익이 난 상태이기에 자랑하는 것일 터이다. 아울러 그냥 '수수한' 수익이 났다면 크게 떠벌릴 일도 아니며, 그런 성공담을 들어줄 사람도 없다. 그러니 자신의 주식투자 성공담을 떠벌리고 있다는 사실은 투자자가 기대한 것 이상의 큰 수익을 얻었다는 것을 의미한다. 일반 투자자가 기대 이상의 높은 수익률을 거두었다면 이는 강세장이 거의 정점에 이르고 있다는 신호로 보아도 크게 틀리지 않는다. 이제는 매도할 시기이다. 어떤 펀드 매니저가 구두를 닦다가 구두닦이로부터 주식투자로 돈을 벌고 있다는 이야기를 듣고는 즉각 자신의 모든 주식 포트폴리오를 팔아버렸다는 이야기는 유명하다. 구두닦이나 택시기사라고 하여 주식투자를 하지 못하라는 법은 없지만, 이들로부터 주식투자 성공담을 듣게 된다면, 상승장은 이제 끝나가는 것임이 틀림없다.

네 번째로 심각한 상황은 주식투자의 성공을 평소와는 다른 방식으로 축하하는 행위이다. 물론 대부분 사람은 일이 잘되거나 결과가 좋으면 이를 친구들 혹은 가족들과 축하하곤 한다. 승진하거나 입학시험에 합격하였을 때, 떠들썩한 축하 파티를 벌이는 것은 자연스러운 일이다. 그러니 주식투자에서 성공하였다고 축하 파티를 연다면 그건 문제 될 것이 없다. 하지만 중요한 것은 축하의 '방식'이다. 그것이 평소와는 다른 방식이라면 주의해야 하고, 특히 도가 지나치다면 매도 신호로 간주해야 한다. 예를 들어, 어느 날 자신이 근무하는 사무실의 직원들에게 아무런 이유 없이 몽땅 점심을 산다거나 혹은 술집에 가서 소위 '골든벨'을 울리는 등의 행위를 하면 대단히 위험하다. 이런 사람일수록 '주식투자로 얻은 수익에 비하면 이 정도쯤이야'라고 생각하고 그런 객기 어린 행동을 하는 법이다. 평소와는 다른 행동을 하게 되는 것은 그만큼 주식투자로 인한 성과가 뛰어났음을 의미하는데, 거꾸로 말하여 그만큼 꼭지가 가까워졌음을 뜻한다. 만일 자신이 이런 행동을 하는 것을 발견한다면, 지체 없이 보유하고 있는 주식을 팔아야 한다.

다섯 번째로 가장 위험한 신호는 바로 주식투자의 성공에 고무된 나머지 추가로 주식을 매수하는 행동이다. 더구나 주가가 상당히 오른 다음에도 앞으로 주가가 더 오를 것으로 확신하여 현금을 더 동원하거나 심지어 돈을 빌려서 주식을 더 매수한다면 무척 위험하다. 이것은 주식시장의 꼭지가 바로 눈앞에 다가왔다는 강력한 신호이다. 투자자가 주식을 추가로 더 사지 않으면 못 견딜 정도라면 앞으로 주가가 오를 것이라고 믿는다는 증거가 틀림없다. 그 사람 눈에는 과거에도 주가가 올랐고 지금도 주가가 오르고 있으니 미래에도 주가가 오를 것이 틀림없어 보인다. 이런 기회를 놓치면 두고두고 한이 될 것 같으니 지금 보유하고 있는 주식에 만족하지 않고, 빚을 내더라도 돈을 더 동원하여 주식에 아예 '올인'을 하기로 결정한다. 하지만 아무리 강세장이라도 끝없이 상승세가 이어지지는 않는다. 주식 계좌에 돈을 더 끌어넣어 주식을 추가로 매수하는 행위와 비슷한 행동으로는 가지고 있는 주식을 팔아서 그 돈으로 더 싼 가격으로 거래되고 있는 새로운 주식을 사는 행위이다. 이것은 추가로 더 끌어들일 만한 자금이 없을 때 투자자들이 자주 사용하는 방법이기도 하다.

자신이 판단하기에 분명히 매력적인 종목이 눈에 보이는데, 수중에는 돈이 없다. 하지만 그 주식을 매수하지 않고는 못 견딜 정도이다. 이럴 때, 투자자들은 보유하고 있는 주식을 팔아서 그 돈으로 새로운 주식을 매수한다. 이때 주식을 파는 것이 이익을 실현하기 위한 목적이 아니라 눈에 보이는 새로운 주식을 추가로 매수할 목적으로, 즉 단지 주식을 매수할 재원을 마련할 목적으로 기존에 보유하고 있는 주식을 팔아치우는 것이라면 재고해야 한다. 지금 자신의 행동이 지나친 것은 아닌지, 너무 흥분한 것은 아닌지 곰곰이 따져볼 필요가 있다. 그리고 십중팔구 이런 상황이라면 주식시장은 거의 꼭지에 와 있다고 생각해도 된다. 돈을 추가로 주식투자에 더 넣을 것이 아니라, 지금이야말로 주식을 팔고 주식시장에서 나와야 할 때이다.

이단아가 된다는 것은 상승세가 절정을 이루는 시점에 주식을 팔고 나온다는 것을 의미한다. 하지만 이런 외로운 결정은 반드시 보답을 받는다. 대중이란 항상 틀리기 마련이다. 대중이 주가의 상승세에 열광할 때 과감하게 이런 흥분 상태를 떨치고 나와야 한다.

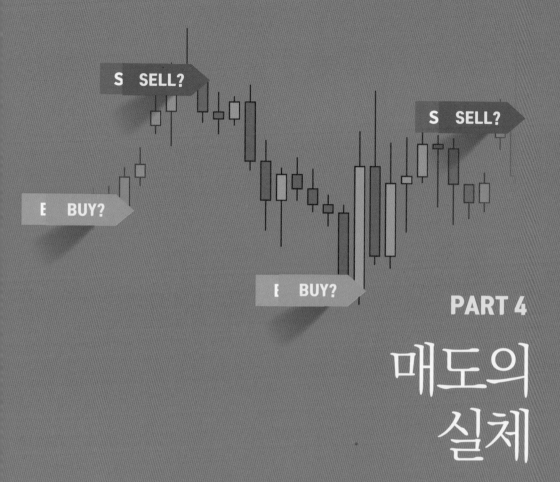

PART 4

매도의
실체

지금까지 사람들이 선뜻 매도하지 못하는 심리를 설명했다. 요약해 보면 결정적인 순간에 매도를 주저하는 것은 다른 이유 때문이 아니라 순전히 자신의 심리를 제어하지 못하기 때문이니, 이것만 이겨낸다면 쉽게 매도 주문을 낼 수 있다. 〈손자병법〉에 이르기를 '적을 알고 나를 알면 반드시 이긴다 知彼知己 百戰百勝'라고 했다. 그동안 왜 매도하는데 힘들었는지, 왜 매도 타이밍을 잘 맞추지 못하고 기회를 흘려보내는 통에 수많은 나날을 고통과 후회 속에서 지내야 했는지 이제는 알 수 있다. 그 이유는 바로 '자신의 심리'에 있었다. 심리를 극복해 자신을 이겨낼 수 있다면 성공할 수 있다.

지금부터는 구체적으로 '어떻게 매도하는지'에 대해 이야기를 하려고 한다. 우선 크게 나눈다면 매도에는 두 가지 종류가 있다. 하나는 차익 실현 profit taking 매도이고, 또 하나는 손절stop loss 매도이다. 차익 실현 매도는 매수한 이후 주가가 올라서 이익을 챙기려는 목적으로 하는 매도이고, 손절 매도는 거꾸로 매수한 이후에 주가가 되레 하락하는 통에 어느 정도 손실을 감수하더라도 더 큰 손실을 막기 위하여 하는 매도를 뜻한다. 차익 실현 매도는 상대적으로 쉽지만, 손절 매도는 심리가 작용하는 탓에 처리하기가 쉽지 않다. 지금부터 매도의 종류와 실전적으로 처리하는 방법, 매도가를 정하는 법 등을 차근차근 살펴보기로 하자.

01 고정된 목표가에 차익 실현 매도하기

Stock investment 주식을 매수한 이후 주가가 오르면 투자자
는 참으로 신이 난다. 자신의 주식투자 능력을 확인하는 순간이기 때문이다.
자신의 종목 선택이나 타이밍 등이 적절했기 때문에 주가가 올랐고, 결과적
으로 현재 평가 수익이 발생했다. 그런데 수익이 발생했지만, 아직은 장부상
의 수익에 불과한 평가 수익이다. 매수했던 주식을 시장에 팔아야, 다시 말
해 수익을 현금화해야만 그게 진짜로 자신의 지갑에 들어오는 이익이 된다.
결국, 어떻게 매도하여 수익을 실현하느냐가 관건이다. 그냥 수익이 났으니
아무렇게나 팔아치우고 이익을 챙기면 그만이라고 생각하기 쉽지만, 꼭 그
렇지도 않다. 앞에서 다루었듯 인간의 욕심은 한이 없는지라 수익을 현금화
하려는 목적으로 매도했는데, 이후 주가가 또 오르면 그만큼 후회스러운 것

도 없다. 조금만 기다렸다면 더 수익을 얻었을 터인데 괜히 일찍 팔았다는 자괴감으로 인해 수익의 기쁨이 크지 않다. 다음에 살펴볼 손절매의 고통보다는 낫겠지만, 그래도 후회를 줄이기 위해서 일관된 매도 원칙이 필요하다.

가장 손쉬운 방법은 정해진 목표가에 도달하면 자동으로 매도하는 것이다. 예를 들어, 어떤 주식을 1만 원에 매수했는데 매수하면서 목표 가격을 1만 1,000원에 설정했다고 하자. 그리고 주가가 기대했던 대로 상승하여 애당초 목표하였던 1만 1,000원에 이르렀다면 두말없이 매도하여 10%의 수익을 얻는 방법이다.

그런데 이 방법의 장점이 매우 쉽고 간편한 것이라면, 오히려 그것이 약점이 되기도 한다. 우선 목표가를 설정하는 것부터 고민이 된다. 1만 원에 매수하였다고 단순히 10%를 얹어 1만 1,000원으로 목표를 정하는 것이 합리적인가? 1만 2,000원은 안 되는 걸까? 심지어 호기 있게 처음부터 목표가를 10만 원에 둘 수도 있다. 목표가를 미리 정해 놓고, 그 목표가에 도달하면 매도하는 전략의 가장 결정적인 약점은 목표가를 설정하는 방법이 그리 만만치 않다는 것이다. 그렇다고 목표가를 정하는 방법이 전혀 없는 것은 아니다. 다음 방법을 하나씩 살펴보자.

첫째, 앞서 설명한 대로 나름의 기대수익률에 따라 목표가를 정한다. 기대수익률을 예컨대 10%로 설정할 수도 있고, 20% 혹은 그보다 더 높은 수준으로 정할 수 있다. 여기에는 뚜렷한 기준이 없다. 투자자 스스로 판단하여 자신의 투자 성향, 투자 기간 그리고 투자하려는 종목의 특성 등을 종합하여 결정해야 한다. 만약 보수적인 성향의 투자자라면 기대수익률을 낮출 것이고, 반대로 공격적인 투자자라면 기대수익률이 높아질 것이다. 단타 거래를 선호하는 투자자라면 아무래도 단기적인 수익률은 낮을 수밖에 없고, 반면 장기 투자를 위주로 하는 투자자라면 긴 안목에서 좀 더 높은 수익률을 기대할 수 있다. 혹은 대형주이거나 경기방어주의 경우라면 기대수익률은 낮아지는 것이 일반적인 반면, 경기민감주나 코스닥의 중소형 주식은 위험이 높은 만큼 기대수익률도 높게 설정해야 한다. 어떻든 모든 것은 주관적인 판단에 따를 수밖에 없다.

둘째, 주관적인 목표를 정하는 것이 너무 '뜬구름 잡는 일' 같다면 객관적인 방법을 동원한다. 나름의 기준을 세워서 목표가를 설정하는 것이다. 가장 간편하게는 저항선을 매도 목표가로 두는 방법이다. 예를 들어, 차트를 토대로 이 종목의 과거 움직임을 연구해 보았더니 최근 1년 동안 1만 3,000원 부근에서 상승세가 막히고 되밀리는 모습을 서너 차례 반복했다고 하자. 그렇다면 1만 3,000원은 강력한 저항선으로 작용하고 있던 셈이다.

셋째, '딱 떨어지는 숫자round figure'도 저항선이 되는 경우가 많다. 예를 들어 1만 원, 1만 5,000원, 2만 원, 5만 원…… 등과 같이 우수리 없는 숫자가 투자자들의 심리에 영향을 미쳐 그 수준이 저항선이 되기 쉽다. 잘 알고 있듯이 홈쇼핑에서 5만 원짜리 물건을 결코 5만 원에 팔지 않는다. 4만 9,900원이라고 하면 5만 원보다 단지 100원 적을 따름이지만, 심리적으로는 꽤 큰 차이로 느껴진다. 홈쇼핑의 가격이 5만 원을 넘지 않는 것은 주식으로 말한다면 저항선인 셈이다. 우리는 그 수준을 미리 파악했다가 그걸 매도 목표치로 설정할 수 있다.

사실 앞에서 몇 가지 방법을 따져보았으나 원칙은 동일하다. 투자자의 성향에 따라 단순하게 매수 가격에 5%, 10% 혹은 20% 등을 얹어서 매도 목표치로 삼을 수도 있고, 아니면 기술적 분석에 따라 저항선을 찾거나 혹은 딱 떨어지는 숫자와 같은 특정한 주가 수준을 확인할 수도 있다. 그러나 어떤 방법을 사용하건 절대 잊지 말아야 할 사항이 있다. 그것은 당초 목표에 도달하면 뒤도 돌아보지 말고 매도를 결행하는 것이다. 목표치에 이르렀는데 또 우물쭈물 망설이다가 기회를 놓치기라도 한다면, 후회는 이만저만이 아닐 거다. 그 이후의 의사결정은 엉망이 되고 만다. '원칙'을 세우고 그 원칙에 맞는 상황이 전개되면 가차 없이 실행하는 것이 오히려 매도 목표가를 설정하는 방법보다 더 중요하다.

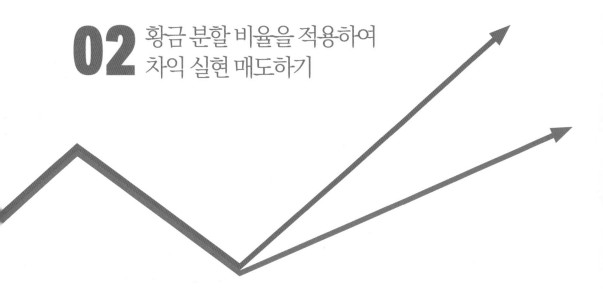

02 황금 분할 비율을 적용하여 차익 실현 매도하기

Stock investment 주가의 움직임을 살펴보면 누구나 느끼겠지만 주가란 결코 한 방향으로만 움직이지 않는다. 내내 오르는 것 같아도 상승세의 중간중간에는 내림세가 나타나기 마련이고, 거꾸로 주가가 줄곧 하락하는 것 같아도 잘 들여다보면 도중에 반등세가 나타난다. 그래서 주가의 움직임은 상승-하락이 반복되는 흐름인 파동wave을 나타낸다.

그러니 이러한 주가의 파동을 잘 감지한다면, 매도 목표치를 설정하는 데 효과적으로 활용할 수 있다. 파동에는 일정한 법칙이 존재하므로 이 법칙에 따라 매도 목표치를 설정할 수 있다. 파동을 설명하고 주가를 예측하는 방법론은 두 가지가 있는데, 하나는 서양에서 개발된 이론인 '엘리엇 파동 이론'이고, 또 다른 하나는 동양에서 개발된 이론인 '일목균형표'이다.

여기서는 먼저 엘리엇 파동 이론에 따라 파동을 계산하고, 이에 따라 매도 목표를 설정하는 방법부터 살핀다. 엘리엇 파동 이론은 20세기 초, 철도 노동자 출신이면서 주식시장 흐름을 분석하는 데 평생을 바쳤던 랠프 넬슨 엘리엇Ralph Nelson Elliott가 개발하였다. 엘리엇은 계절의 변화, 달의 움직임, 혹은 밤과 낮의 바뀜 등과 같은 우리를 둘러싼 자연 세계, 우주 혹은 더 크게 말하여 모든 삼라만상의 움직임에는 질서가 있다는 것을 발견하였다. 만일 법칙이 없다면 질서가 없다는 것이고, 그럴 경우 계절이나 밤낮 혹은 우주의 움직임이 이처럼 질서 있게 돌아갈 수 없다. 하지만 삼라만상은 질서 있게 돌아가고 있으니 이를 관장하는 법칙은 존재하기 마련이다. 그러니 우주를 관장하는 법칙이 존재한다면 주식시장을 움직이는 법칙 역시 존재할 수밖에 없다. 우리가 주식을 거래하는 주식시장도 이와 같은 삼라만상의 일부이기 때문이다.

엘리엇 파동 이론에서 말하는 '삼라만상을 지배하는 법칙'이란, 자연의 움직임은 질서 있게 일정한 파동을 이루는데, 각각의 파동은 특정한 비율로 서로 연관되어 있다고 설명한다. 여기서 말하는 '특정한 비율'이 바로 엘리엇 파동 이론의 근간이 되는 '황금 분할 비율'이다.

황금 분할 비율은 인간의 역사에서 기원전, 고대부터 이어져 오던 질서의 법칙이다. 예를 들어, 이집트의 피라미드를 건축할 때 사용된 비율이 바로 황금 분할 비율이며 혹은 그리스의 파르테논 신전을 지을 때 사용된 비율 역시 황금 분할 비율이다. 가로 대 세로의 비율이 1:0.618로 이루어질 때 건축물이 가장 안정적이고, 아울러 인간의 눈에 가장 아름답게 보인다고 한다.

사실 황금 분할 비율은 그리스나 이집트까지 찾아갈 것도 없이 우리 주위에서 흔히 찾아볼 수 있다. 예를 들어, 누구나 다 가지고 있는 신용카드는 가로 대 세로의 비율이 정확하게 1:0.618인 황금 분할 비율로 되어 있다. 그런데 황금분할 비율은 기본적으로 1:0.618이지만, 0.618×0.618=0.382의 결과로 나타나는 숫자도 황금 분할 비율에 속하며 0.381×0.382=0.146도 황금 분할 비율에 속한다. 그리고 1과 1의 절반인 0.5도 각각 황금 분할 비율로 여긴다. 그 범위를 넓힌다면 0.618의 역수, 다시 말해 1÷0.6185=1.618도 마찬가지이다. 더 범위를 넓혀 2.618, 즉 1÷0.382=2.618 역시 황금 분할 비율로 간주된다. 앞서 나열한 황금 분할 비율을 정리하면 다음과 같다.

0.146 0.382 0.5 0.618 1 1.618 2.618

그렇다면 이처럼 산출된 황금 분할 비율을 주식시장에 어떻게 활용할까? 주식시장도 자연의 일부이므로 황금 분할 비율이 적용된다. 예를 들어, 주가의 움직임에서 각 파동의 비율이 서로 1:0.618의 비율로 나타나는 경우가 많다. 그래서 지금의 파동과 그 직전의 파동과는 서로 황금 분할 비율의 상관관계가 있으므로 주가의 목표치도 그에 따라 산출할 수 있다.

예를 들어, 주가가 본격적으로 상승하기 직전, 조정을 받을 때 주가가 5만 원에서 4만 원으로 하락하여 하락 폭(혹은 조정폭)이 1만 원이라고 하자. 그렇다면 하락 파동의 폭은 1만 원이 된다. 그리고 다시 주가가 4만 원을 바닥으로 상승하기 시작했다면, 이번 상승 파동의 상승 폭은 1만 원에 각각의 황금 분할 비율을 곱한 것으로 계산된다. 위에 산출한 각각의 황금 분할 비율을 실제로 적용해 보면 다음과 같다.

황금 분할 비율 적용	상승 목표
0.146×10,000=1,460	40,000+1,460=41,460
0.382×10,000=3,820	40,000+3,820=43,820
0.5×10,000=5,000	40,000+5,000=45,000
0.618×10,000=6,180	40,000+6,180=46,180
1×10,000=10,000	40,000+10,000=50,000
1.618×10,000=16,180	40,000+16,180=56,180
2.618×10,000=26,180	40,000+26,180=66,180

엘리엇은 삼라만상의 모든 것을 파동 이론으로 설명하려고 노력했다. 그러다 보니 '모든 경우의 수'를 포함하는 이론이 되었고, 결과적으로 다소 난잡한 이론이 되고 말았다. 하지만 너무 복잡하게 생각할 필요는 없다. 각각의 황금 분할 비율을 매도 목표로 삼을 때 0.146, 0.382, 0.5, 0.618의 비율에 해당하는 것을 매도 목표로 삼으면 된다. 그것만으로도 충분하다. 단기적

으로는 급등주가 아닌 한 1.618 혹은 2.618이 목표가 되기는 어렵기 때문이다. 물론 장기적인 관점에서야 1.618이나 2.618도 매우 훌륭한 목표가 될 수 있다.

현실적으로 사용한다면 각각의 비율을 1차, 2차, 3차 목표로 삼는 것이 좋겠다. 예를 들어, 앞에서 우리가 선정한 목표 중에서 0.146이 적용된 41,460원이 1차 목표, 0.382가 적용된 43,820원이 2차 목표 그리고 45,000원이 3차 목표가 되는 식이다. 그런 연후에 투자자의 성향에 따라 각각 매도 목표치에 매도 물량을 사전에 배분한다. 아래의 표를 참조해 보자.

매도 목표	보유 물량 중에서 매도 비율			
	매우 방어적인 투자자	방어적인 투자자	공격적인 투자자	매우 공격적인 투자자
1차 41,460원	100%	50%	20%	0%
2차 43,820원	0%	30%	30%	0%
3차 45,000원	0%	20%	50%	100%

매우 방어적인 투자자는 주가가 1차 목표인 41,460원에 이르면 보유 물량 중에서 100%를 처분하고 뒤도 돌아보지 않고 차익 실현을 끝냈을 것이다. 주가가 추가로 더 오른다는 보장이 없으니 매우 방어적인 투자자는 확실한 이익에 만족한다. 반면, 매우 공격적인 투자자는 표에서 보듯 14.6%의 수익률에 만족하지 않고 더 높은 수익률을 기대하면서 매도 목표를 50%의 수익률인 45,000원으로 상향했다. 그 이전에는 팔지 않겠다는 생각이다. 물론 주가가 거기까지 오른다는 보장은 없으나 오르기만 한다면 수익은 매우 높다. 반대로 주가가 더 오르지 못한다면 수익률 목표를 달성하지 못할 위험

도 있다. 역시 투자자의 성향에 달려 있다. 그리고 표에서 나타내었듯 사실 대부분 사람은 매우 방어적인 투자자도 아니고 그렇다고 엄청나게 공격적인 투자자도 아니다. 매우 방어적인 투자자와 매우 공격적인 투자자의 가운데 어느 곳에 있다. 그러니 각자 성향에 따라 매도 목표에 따른 매도 비중을 정하면 된다.

투자자의 성향에 따라 1차, 2차, 3차 목표치의 설정은 달라질 수 있다. 예를 들어, '더욱 극단적으로 공격적인' 투자자라면 아예 1차 매도 목표부터 0.5의 비율 혹은 0.618의 비율이 적용되는 주가 수준을 목표로 올려 잡을 수도 있다. 어떻든 이는 순전히 투자자의 성향이며 스스로 결정해야 한다.

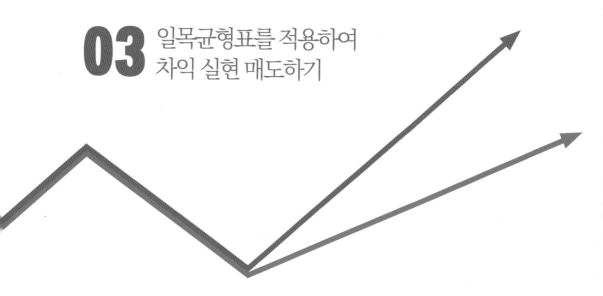

03 일목균형표를 적용하여 차익 실현 매도하기

Stock investment 동양에서 개발된 파동 이론으로는 일목균

형표가 있다. 일목균형표를 이용하여 매매하는 법에 대해서는 다음 장에서

자세하게 다루었으며, 여기서는 일목균형표의 파동을 이용한 상승 목표를

산출하는 법을 먼저 살펴보자. 엘리엇 파동 이론에서는 파동을 다소 까다롭

게 계산하는 것에 비하여 일목균형표에서는 파동을 세는 것이 상대적으로

단순하다. 그리고 상승 목표치를 계산하는 방법도 상대적으로 쉽다. 일목균

형표에서 상승 목표치는 V 목표, N 목표 그리고 E 목표의 세 종류가 있다.

엘리엇 파동 이론에서는 현재가(예로 든 4만 원의 바닥)가 만들어진 파동, 즉 5

만 원에서 4만 원으로 하락하였던 직전의 파동만 살피지 그것보다 더 앞선

옛날의 파동 움직임은 목표치 산출에 고려하지 않는다. 그러나 일목균형표

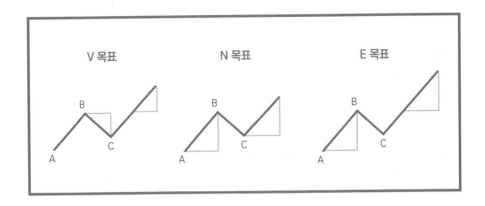

에서는 그것도 고려해야 한다. V 목표, N 목표, E 목표를 산출하는 방법은 위의 그림과 같다.

　주가가 A 지점에서 출발하여 상승하다가 B 지점에 이르러 단기 고점을 형성하고, C 지점까지 조정을 받았다고 하자. 이후 주가가 다시 오른다면 각각의 목표치를 구할 수 있다. 먼저 V 목표는 B 지점에서 주가가 조정을 받은 폭만큼 다시 오른다는 관점에서 산출된다. 그러니 B 지점에서 조정 폭이 크면 클수록 그만큼 상승 폭도 크게 나타난다. 일목균형표에서는 이를 '용수철'에 비유한다. 용수철을 세게 누를수록 세게 튀어 오르는 원리이다.

　그리고 N 목표는 A 지점에서 B 지점까지의 상승 폭이 조정이 끝난 이후 그대로 되풀이된다. 그래서 B 지점에서 C 지점까지 조정이 나타나기 이전의 상승 폭이 강력할수록 이후의 상승 폭도 더 커진다.

　마지막으로 E 목표는 조정이 끝나면 다시 기존의 상승 파동이 그대로 되풀이된다. N 목표와 다른 것은 N 목표에서는 조정의 바닥인 C 지점에서부터 A-B 간의 상승 폭을 더하는 것에 비하여 E 목표에서는 조정이 얼마나 되었든 상관없이 기존에 만들어졌던 B의 꼭짓점에 A-B 간의 상승 폭을 더하는 것이 다르다. 그래서 E 목표가 가장 공격적인 셈이다. 실제 예를 들어 계산해 보자.

앞의 사례에서처럼 주가가 3만 5,000원에서 상승하여 5만 원까지 치솟았다가 조정을 받아 4만 원까지 내려섰고, 지금은 4만 원을 바닥으로 만든 이후에 다시 상승하고 있다고 가정하자. 우리는 4만 원의 바닥을 확인하고 매수하였고, 이제 어느 정도 수준에서 매도해야 할지 그 가격 목표를 산출해내려고 한다. 이럴 때 앞의 공식에 따라서 V 목표는 B 지점 5만 원에 조정폭 1만 원을 더한 50,000+10,000=60,000원으로 산출된다. N 목표는 바닥 4만 원에 A-B 지점 간의 상승 폭 1만 5,000원을 합하여 40,000+15,000=55,000원이 된다. 마지막으로 E 목표는 B 지점 5만 원에 A-B 지점 간의 상승 폭 1만 5,000원을 합하여 50,000+15,000=65,000원으로 산출된다.

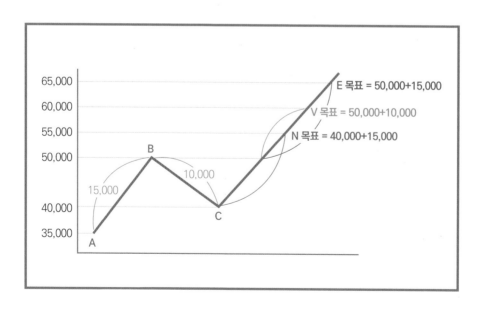

앞에서 구한 황금 분할 비율을 이용한 매도 목표와 일목균형표의 N 목표, V 목표, E 목표의 차이점을 찾아보자. 엘리엇 파동 이론에서는 바닥 4만 원에서부터 목표를 설정하였는데 0.146, 0.382, 0.5 혹은 0.618 등과 같은 비율을 이용하다 보니 직전 고점이었던 50,000원을 돌파하지 않은 상태에서 매도 목표를 계산한 결과가 되었다. 물론 직전 고점 50,000원을 넘어서는 매도 목표도 1.618 혹은 2.618의 비율을 써서 구할 수는 있다. 하지만 아무래도 우리는 0.146, 0.382, 0.5 혹은 0.618 등의 비율에 눈이 갈 수밖에 없다. 즉 엘리엇 파동의 황금 분할 비율을 이용한 매도 목표는 단기 거래에 적합한 다소 방어적인 성격이다.

반면, 일목균형표의 N 목표, V 목표, E 목표는 최소한 직전 고점 50,000원을 넘어서는 것이 보통이다. 그래서 일목균형표의 매도 목표치는 비교적 장기적이고 혹은 다소 공격적인 목표라고 할 수 있다.

그러나 엘리엇 파동 이론에서도 목표가 많아서 헷갈렸었는데 간단하다고 하는 동양식 일목균형표 역시 가격 목표가 이렇게나 많으니 과연 이처럼 허다한 가격 목표를 매도 거래에 어떻게 활용할 것인가 의문이 생긴다. 이럴 때는 각각 1차, 2차 혹은 3차 목표로 활용하면 된다. 먼저 엘리엇 파동 이론을 활용하였을 때 가격 목표는 1차 41,460원, 2차 43,820원 그리고 3차 45,000원으로 각각 설정되었다. 바닥인 4만 원 언저리에서 매수했다면, 주가가 일차적으로 41,460원에 도달했을 때 정해진 분량만큼 매도하면 된다. 그리고 주가가 더 상승한다면 2차 목표로 산출하였던 43,820원에 도달했을 때 정해진 나머지 물량을 매도하면 된다.

매우 방어적인 투자자라면 1차 목표를 달성했을 때 보유 물량의 100퍼센트를 팔아버리고 뒤도 돌아보지 않을 터이다. 반면, 지극히 공격적인 투자자라면 1차 목표를 달성했더라도 아랑곳하지 않고 주가가 더 오르기를 기다릴 거다. 혹은 너무나 방어적이거나 공격적인 두 가지 극단적인 경우를 제외하면, 대부분 투자자는 그 가운데쯤 위치한다. 방어적인 태도를 가질수록 1차 목표를 달성할 때 많은 비중(예를 들면 70~80%)을 매도할 것이고, 공격적인 태도를 가질수록 1차 목표를 달성하였을 때 적은 비중(예를 들면 20~30%)을 매도할 것이다. 이는 투자자 스스로 자신의 성향을 고려하여 결정하면 된다.

일목균형표도 마찬가지로 각각의 목표를 달성하였을 때 보유 주식을 얼마만큼의 비율로 매도하느냐는 역시 투자자의 성향에 따라 결정하면 된다.

매도 목표	보유 물량 중에서 매도 비율			
	방어적인 투자자	다소 방어적인 투자자	다소 공격적인 투자자	매우 공격적인 투자자
N 목표 55,000원	100%	50%	20%	0%
V 목표 60,000원	0%	30%	30%	0%
E 목표 65,000원	0%	20%	50%	100%

단, 여기서 중요한 것은 얼마나 팔 것인지 비율을 미리 정해야 한다는 점이다. 나중에 정작 가격 목표가 달성되는 때 가서 결정하면 안 된다. 사전에 얼마나 팔 것인지 미리 결정해 두는 것이 중요하다. 그렇지 않으면 정작 상황에 닥쳤을 때 우물쭈물하다 기회를 놓치기 쉽다.

이 책에서 내내 강조한 것은 매도하기가 생각만큼 쉽지 않다는 점이다. 비록 수익을 챙기는 즐거운 일인데도, 역시 파는 일은 어렵다. 그러므로 미리 정해 놓고 조건이 달성되면 뒤도 돌아보지 말고 계획한 대로 실천하자.

04 '트레일링 스탑'으로 차익 실현 매도하기

Stock investment 지금까지는 아예 매도 목표를 고정하는 방법을 살폈다. 물론 그것만으로도 충분하다. 매도 목표를 설정하고 주가가 거기에 도달할 때까지 굳건하게 기다리다가 목표가 달성되는 순간 매도 거래를 해치우고 뒤도 돌아보지 않고 시장을 떠나는 것은 참으로 멋진 일이다. 그것만으로도 충분하며, 솔직히 말해 그런 일조차 제대로 못 하는 투자자들이 시장에는 널렸다.

그런데도 인간의 욕심이라는 것이 한이 없어서 나중에 되돌아보면 내내 아쉽기만 한 구석도 있다. 예컨대 앞에서 든 사례에서처럼 주가가 4만 원에서 바닥을 만들 때 매수하였다가 이후 반등하여 당초 설정한 매도 목표 4만 3,820원에 전액 매도하고 만족하며 돌아섰다고 하자. 그런데 이후 주가가 더 오른다면 '배가 아픈 것'은 어쩔 수 없는 일이다. 하지만 나중에 아쉬움을 피할 작정으로 주가가 더 오른다는 보장도 없는데 마냥 욕심을 부릴 수도 없다. 욕심은 패망을 낳는다고 하지 않았던가.

그렇다면 대체 어떻게 해야 할까? 당초 고정된 매도 목표를 정하고 그 목표만 달성하면 뒤도 돌아보지 않는 것이 좋을까, 아니면 시장 상황에 맞게 소위 '융통성'을 발휘하는 것이 좋을까?

얼핏 보기에 고정된 매도 목표를 고집하기보다는 상황에 따라 융통성을 발휘하는 편이 훨씬 더 좋을 것 같다. 하지만 허울뿐이다. 말이야 그럴싸하게 '융통성'이라지만 실제로는 발휘하기 매우 어려운 것이 융통성이다. 그러므로 융통성 있게 대처한다는 것은 달리 표현한다면 '원칙이 없다'는 것을 뜻한다. 좀 더 심하게 말하면 '아무렇게나, 기분 내키는 대로' 대응하는 것이 융통성이다. 주식투자는 그래서는 안 된다. 지금부터는 시장 상황에 따라 목표가를 융통성 있게, 임기응변으로 바꾸되 일관된 원칙에 따르는 방법을 살펴보자.

이 방법은 영어로는 '트레일링 스탑^{Trailing Stop}'이라고 지칭하는데 우리말로는 적절한 번역이 아직 없는 것 같다. 굳이 문자 그대로 번역한다면 '추적 손절 매도' 정도가 되겠다. 이 기법의 특징이나 의미를 강조하여 번역한다면 '이익 보전 매도 주문' 정도로 바꿀 수 있겠다. 여기서는 굳이 번역하지 않고 그냥 트레일링 스탑이라는 용어를 그대로 사용했다. 어떤 방법인지 구체적으로 살펴보자.

'트레일^{trail}'이라는 단어를 사전에서 찾으면 명사로는 '자취, 추적' 등의 의미이며, 동사로는 '뒤따르다, 추적하다, 느릿느릿 따라가다' 등의 뜻이 있다.

그러기에 트레일링은 결국 뒤를 따라간다는 의미이다. 그래서 철길을 따라 걷는 일trailing in railroads 등으로 사용된다.

앞에서 설명하였듯 매도 가격을 정해 놓고 그 가격에 도달하면 뒤도 돌아보지 않고 매도하는 것도 좋은 방법이긴 하지만 나중에 주가가 더 오르면 후회되기 마련이다. 그렇다고 마냥 매도하지 않고 지켜볼 수도 없는 노릇이다. 트레일링 스탑은 두 방법을 절충한 기법이다. 일단 주가가 상승하면 주가의 흐름을 적당히 따라가면서trailing 섣불리 매도하지 않고 지켜보고 있다가 주가가 더는 오르지 못하고 뒤로 밀리는 기색이 들면 얼른 매도하는 것이다.

그렇다면 언제를 매도 시점으로 설정하는가가 관건이다. 통상 '고점에서 일정한 비율 이상으로 하락하면' 매도하는 것이 원칙이다. 아래 그림에서 보듯이 주가가 오를 때는 내버려 두어서 주가 상승에 따른 이익을 충분히 보고, 상승 탄력이 저하되며 급기야 고점을 형성한 이후 밀린다면 그때 팔면

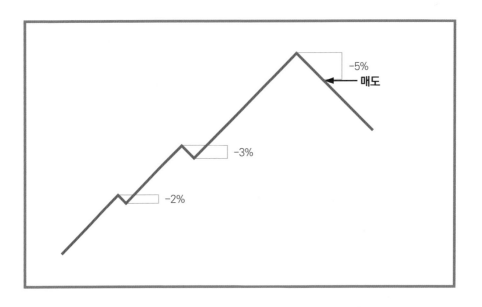

된다. 이때 고점을 만들었다고 하여 매도하는 것은 아니다. 반드시 사전에 정해진 비율(예를 들어 5% 혹은 7% 등) 이상으로 밀리면 매도하는 것이 포인트 이다. 고점을 만들고 살짝 뒤로 밀렸다가 다시 치솟아 버린다면, 고점에서 뒤로 밀린다는 이유로 매도하였다가는 섣불리 매도한 결과를 가져오기 때문 이다. 이때 비율을 정하는 것이 중요하다. 역시 투자자의 성향에 따라 비율 은 달라질 수밖에 없다. 공격적인지 방어적인지에 따라 비율이 높을 수도 있 고(공격적인 투자자) 낮을 수도(방어적인 투자자) 있지만, 물론 정답은 없다. 그러 나 일반적으로 5%에서 10% 사이에서 결정한다.

왼쪽 그림을 보면 알 수 있듯이 주가가 단기적인 고점을 만들고 밀릴 때, 그 비율이 높지 않으면 무시하고 보유하는 것이 이 기법의 포인트이다. 그림 에서 주가가 중간에 2% 하락하건 혹은 3% 하락하였건 매도하지 않고 기다 리면 다시 올라서고, 수익은 더 늘어난다. 물론 도중에 고점이 만들어지지도 않았을 때는 당연히 매도하지 말고 기다려야 한다. 그림을 잘 보면 이후 주 가가 고점을 만들고 5% 이상 추락했다. 이것은 추세가 바뀌었다는 강력한 신호이므로 재빨리 매도하여야 한다. 물론 고점에서 매도하지는 못했지만, 그 이전 무수한 시점에서 미리 팔았던 것에 비해서는 훨씬 높은 가격에 팔 수 있으니 충분히 만족할 수 있다.

이 방법의 가장 큰 장점은 주가가 상승할수록 수익은 그만큼 늘어난다는 점이다. 주가가 오르기만 하면 팔지 않고 계속 보유하고 있으면 되기에 당연 히 수익은 증가한다. 하지만 정확하게 고점에서 팔지 못한다는 것이 이 방법 의 약점인 것은 어쩔 수 없다. 고점에서 주가가 어느 정도 정해진 비율 이상 으로 하락해야만 매도 조건이 성립되므로 언제나 고점이 지난 뒤에 '뒷북'을

칠 수밖에 없다는 것이 약점이다. 또한, 일정한 비율 이상으로 밀리면 매도하는 것인데, 이 비율이 너무 낮으면 주가가 조금만 흔들려도 금세 매도해야 해서 자칫 추세의 초반에 성급하게 매도하는 결과를 초래할 수 있다. 반대로 그게 무서워서 고점에서 하락하여 매도 조건이 성립하는 비율을 너무 높게 설정하면, 추세가 이미 바뀌고 난 연후에 고점에서 한참이나 낮은 수준에서 매도해야 하므로 수익이 적을 수 있다는 약점도 있다.

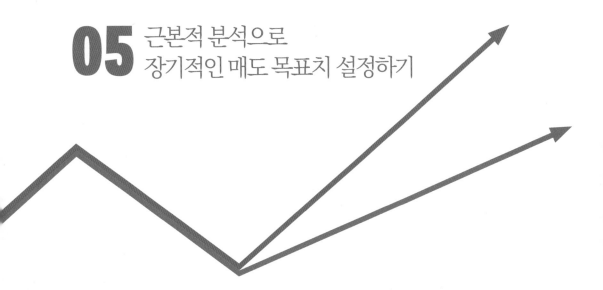

05 근본적 분석으로
장기적인 매도 목표치 설정하기

Stock investment 주식시장에서 투자한 경험이 있는 사람이라면 한 번쯤은 과연 자신이 거래하고 있는 주식시장이 공정한 게임의 틀에서 움직이고 있는지 의문을 가진다. 자신이 보기에 반드시 오를 것이라고 믿었던 종목이 끝없이 추락하기도 하며, 도무지 오를 리가 없다고 간주하던 종목이 하늘 높은 줄 모르고 치솟는 것을 종종 경험하기 때문이다.

주식시장이 공정하다면 이런 일은 벌어지지 않아야 한다. '오를 만한' 주식이 오르고, '내릴 만한' 주식이 내려야 정상이고, 그게 공정한 시장이라고 투자자들은 생각한다. 하지만 주식시장에는 기관 투자자, 외국인 투자자 등을 비롯하여 수많은 일반 투자자가 존재한다. 이처럼 많은 사람의 생각이 모두 일치한다는 보장은 없다. 똑같은 종목의 주가를 놓고서도 한쪽에서는 주가가 더 올라야 한다고 생각한다면, 그 반대편에서는 이제는 주가가 충분히 오를 만큼 올랐다고 생각할 수도 있다.

만약 투자자들의 생각이 모두 같다면, 주식시장에서 거래는 거의 성사되지 않을 것이다. 모든 투자자가 한결같이 앞으로 주가가 내린다고 믿는다면, 그 누구도 주식을 사려 하지 않을 것이고, 주식시장에는 매도 주문만이 있을 뿐 매수 주문이 없어서 거래가 체결되지 않을 것이다. 반대로 모든 사람이 주가가 오른다고 믿어도 마찬가지이다. 주가가 오를 것이 분명하다면 그것을 지금 헐값에 매도하려는 사람은 없다.

하지만 실제 주식시장에서는 매일 수없이 많은 거래가 체결된다. 결국 주식시장에 참여하고 있는 투자자들의 생각이 제각각이라는 사실이다. 앞으로 주가가 오르리라고 믿는 투자자라면 주식을 매수할 것이요, 이제는 충분히 오를 만큼 올랐다고 믿는 사람이라면 주식을 내다 팔 것이다. 어느 쪽의 의견이 맞는지는 시간이 흘러야 확인될 뿐 지금으로서는 알 수 없다.

주식시장은 얼핏 보기에 공정하지 않은 것처럼 보일지도 모르지만, 실제로 주식시장은 그 자체로 충분히 공정하다. 그런데도 종종 불공정한 것처럼 느껴지는 것은 그렇게 생각하는 투자자가 자신의 주장만을 고집하기 때문이다. '이 주식은 반드시 올라야 할 것이다'라거나 '이 주식은 무조건 하락하게 되어 있다' 하는 식의 생각은 아주 위험하다. 그렇게 생각하는 투자자에게 주식시장은 항상 불공정하게만 느껴질 것이다. 주식시장에 절대적이라는 말은 없다. 항상 상대적이다. 주가는 투자자가 좋게 생각하건 혹은 나쁘게 생각하건 상관없이 스스로 움직인다. 그것이 시장이다.

그런데 때에 따라서 투자자가 설정한 매도 목표가 잘못된 결과가 되기도 한다. 당초 설정한 매도 목표가 턱없이 높아서 주가가 도무지 그 수준에 오르지 못하는 경우가 첫 번째 이유이고, 반대로 매도 목표를 너무 낮게 설정한 탓에 목표에 닿았다고 매도하고 난 다음에도 주가가 계속 상승하여 '너무 일찍 샴페인을 터뜨린' 경우가 두 번째의 잘못된 사례이다.

혹은 매도 목표치와는 전혀 관계없이 처음부터 잘못된 매수가 거래 자체를 아예 망치는 일도 허다하다. 처음부터 '너무 비싼' 가격에 사들였으니 아무리 그 이후의 매도 목표치를 합리적으로 설정해보았자 아무 소용이 없다. 애당초 그 종목을 매수하겠다는 이유가 틀렸으니 당연히 매도 목표치도 의미 없는 결과가 되어 버리고 말았다. 그러므로 당연한 이야기이지만, 어느 종목을 매수하고 매도 목표를 설정하려면 그에 앞서서 이 종목이 과연 매수할만한 종목인지를 따져보아야 한다. 일단 그 종목을 매수한다고 가정하고 그 이후 얼마에 팔 수 있을지 매도 목표를 미리 상정한다면, 처음부터 엉뚱한 종목을 매수할 위험은 피할 수 있다.

우리는 앞에서 여러 매도 목표를 살펴보았다. 그런데 사실 그런 목표들은 주식의 '가치'보다는 겉으로 드러난 '가격'에 주력한 목표였다. 하지만 주식의 가치를 따져 매도 목표를 설정할 수 있다면 장기적으로 주가는 결국 그 가치에 수렴할 것이므로 그것이 합리적이고, 장기적인 매도 목표가 될 수 있다. 이런 방법이 주가의 가치에 주력하는 기본적 분석법이다.

기본적 분석법에 따라 매도 목표치를 설정하는 방법에는 여러 가지가 있다. 예를 들면, 그 종목의 주당 순이익^{EPS}을 예상하고, 거기에 그 종목이 속한 업종이나 혹은 시장 전체의 주가수익률^{PER}을 곱하여 매도 목표치를 설정하는 방법이 있다. 그 외에도 EV/EBITDA를 예측한 연후에 그것을 이용하여 목표치를 구하는 방법, 혹은 현금 흐름을 이용하는 방법도 있다. 그리고 장부 가격을 기준으로 매도 목표치를 설정하거나 혹은 자산가치, 청산가치 등을 이용하는 방법도 생각해볼 수 있다.

예를 들어, PER를 이용하여 매도 목표치를 산정하는 방법을 알아보자. 어떤 회사의 주당 순이익이 1,000원이라고 하자. 그리고 이 회사가 속한 산업(주식시장에는 같은 산업별로 종목군이 형성되어 있다.)의 평균적인 PER 배율이 10배이다. 그렇다면 이 회사의 적정 주가는 1,000×10=10,000원으로 산출된다. 현재 이 회사의 주가가 6,000원으로 형성되어 있다면, 주가는 아직 주당 순이익 1,000원의 6배 수준에 불과하므로 낮은 상태이다. 이처럼 낮은 주가는 평균 수준으로 회귀하는 것이 보통이고, 주가는 주당 순이익의 10배인 10,000원을 향해 상승하리라 예상할 수 있다. 따라서 이 종목을 매수했을 때 매도 목표치는 10,000원으로 설정할 수 있다.

다소 단순하게 설명했는데, 그 외에도 복잡하고 정교한 방식을 사용할 수도 있다. 하지만 매도 목표치를 매우 정교하게 계산하여 '소수점 둘째 자리까지' 정확하게 구해 보았자 큰 의미가 없다. 어디까지나 매수할 당시에 설정해 놓은 매도 가격은 문자 그대로 목표이자 희망 사항일 따름이다. 투자자가 목표를 어떻게 설정하였건 주가가 그것에 따라 움직이는 것은 아니다. 더구나 매도 목표치를 산정하는 방법에 있어서도 PER 방식이 되었건 EV/EBITDA를 이용하건 간에 현금 흐름, 장부 가격, 자산 가치, 청산 가치 등에 따라 매도 목표치가 서로 다를 수밖에 없다.

어떤 특정한 방식이 절대적으로, 반드시 옳다는 법은 없다. 종목에 따라 그리고 투자자에 따라 매도 목표치는 제각각일 수 있다. 종목에 따라서는 주식시장에서 PER나 EV/EBITDA가 중시되는 것이 있는가 하면, 그렇지 않은 경우도 많다. 은행이나 보험주와 같은 금융주는 주당 자산가치인 PBR이 적정 가격이나 매도 목표치를 구하는 데 중요한 판단 근거로 자리 잡고 있고, 보유하고 있는 부동산이 많거나 혹은 자산 재평가를 시행한 지 오래되어 자산주로 분류되는 종목은 청산가치를 대단히 중요하게 본다. 한때 주당 현금흐름 비율^{PCR, Price per Cash Flow Ratio}을 기준으로 목표 가격을 구하기도 하고, 혹은 인터넷 주식에 대한 광풍이 불어왔던 시절에는 수익은 살펴보지도 않고 그저 매출액이 많으면 주가가 오른다는 식으로 주당 매출액 비율^{PSR, Price per Sales Ratio}을 따지는 등 지금 생각하면 어처구니없는 방식이 유행하기도 했다.

어쨌건 매도 목표를 설정하였다고 하자. 그런데 기본적 분석에 의한 장기 목표치는 매수한 이후의 상황에 따라 조정하는 것이 아무 의미가 없을 때가 많다. 만약 PER을 사용하였을 경우, 주당 순이익이 1,000원인 종목의 목표가를 PER의 10배인 10,000원으로 잡았는데, 이 회사의 실적이 부진하여 주당 순이익이 800원으로 감소했다면, 당연히 매도 목표가도 변해야 한다. 이처럼 매도 목표치를 조정할 때 설정한 것에 비해 낮아질 수도 있지만, 때에 따라 설정한 수준보다 매도 목표가 더 높아질 수도 있다. 이럴 때 목표치를 조정하는 데 있어 몇 가지 주의해야 할 점은 다음과 같다.

첫째, 목표치를 하향 조정할 때보다 목표치를 상향 조정할 때에 더욱 신중해야 한다. 매수할 당시와 비교하여 완전히 새로운 일이거나 혹은 도저히 예상치 못한 일이 벌어졌을 때 한하여 매도 목표치를 상향 조정해야 한다. 앞서 우리가 살펴보았던 9억 3,000만 원까지 벌어들였다가 마지막 10억 원을 채우지 못하고 무참하게 무너져 내린 투자자의 사례가 기억나는가? 그 사람도 결국 자신이 처음 설정한 매도 목표를 그 이후 상향 조정하였던 것이 결정적인 '패인'이었다. 매도 목표를 상향 조정한다는 것은 자칫 탐욕으로 흐를 수 있다.

매도 목표를 상향 조정하려면 도무지 사전에 예상할 수 없던 재료가 나타나는 경우에만 국한해야 한다. 자신이 보유하고 있는 종목에서 호재(신제품이 개발되었다거나, 대규모의 신규 계약을 맺었다거나 혹은 EPS가 좋아졌다는 뉴스, 아니면 배당금이 늘어날 것이라는 소식 등)가 알려졌다고 하자. 만일 그것이 처음 그 주식을 매수할 때 염두에 둔 것이라면, 그 호재를 이유로 매도 목표치를 상향해서는 안 된다. 처음부터 그 주식을 매수할 때, 투자자가 그 회사의 수익 전망, 매출액, 배당 등을 예상했다면 그 예상대로 결국 들어맞은 셈이 된다. 따라서 이미 주식을 매수하고, 매도 목표를 설정할 당시에 그러한 호재가 의사결정에 반영이 되어 있었다. 그러므로 호재가 나중에 알려졌다고 하여 새삼스럽게 매도 목표를 상향 조정한다면 같은 재료를 이중으로 써먹는 결과가 된다. 애당초 예상한 일이었다면 그것을 빌미로 매도 목표를 조정해서는 안 된다.

둘째, 호재가 발표되었다면 흥분하지 않고 냉정함을 유지하는 것이 중요하다. 마찬가지로, 악재가 발표되었다고 하여 지나치게 비관하는 것도 바람직하지 않다. 우선은 냉정함을 잃지 않아야 하고, 차분하게 다음 두 가지 조건을 토대로 매도 목표치를 다시 생각해야 한다. 첫째, 매수 원가는 중요하지 않다. 둘째, 목표치를 재산정한다면 융통성은 갖추어야 하지만 동시에 반드시 합리적이어야 한다.

앞서 언급한 앵커링 현상을 통해 알 수 있듯이 매수 원가가 투자자의 마음 속에 닻을 내려 그의 의사결정에 두고두고 영향을 미치는 것은 피할 수 없는 일이다. 하지만 얼마에 그 주식을 매수하였건 그것이 주식시장의 가격을 좌우하지는 않는다. 우리가 주식을 싸게 매수하였건 비싸게 매수하였건 상관없이 주식시장의 주가는 제 나름대로 움직인다. 그러니 매수 원가는 그 이후의 의사결정에서는 되도록 잊어버리는 편이 낫다.

그러나 여기까지는 좋은데 그다음이 문제이다. 목표치를 재산정할 때 합리적이 되라고 말하지만 사실, 엄밀하게 말하여 '합리적'이라는 것을 검증할 수 있는 기준은 없다. 이럴 때 실전에서 유용하게 사용할 수 있는 기준이 있다. 바로 '지금 이 가격이라면 추가로 매수할만한가?'를 생각해 보면 된다. 그 질문에 자신 있게 'Yes'라고 대답할 수 있다면, 무슨 악재가 발표되더라도 당황하거나 서둘러 매도 목표치를 낮출 필요가 없다. 거꾸로 호재가 발표되고 주가가 오르고 있을 때 역시 '지금 이 가격이라면 추가로 매수할만한가?'를 생각해 보면 된다. 그 질문에 자신 있게 'Yes'라고 대답할 수 있다면, 호재가 발표되었을 때 매도 목표치를 상향 조정해도 된다. 물론, 그 호재란 사전에 전혀 예상하지 않았던 것이어야 한다는 원칙에는 변함이 없다.

06 과감하게 손절 매도하기

Stock investment 지금까지는 모두 차익을 실현하는 매도에

대해서만 살펴보았다. 여러 기법을 말했지만, 솔직히 이야기한다면 굳이 기

법을 자세하게 몰라도 상관없다. 그냥 내키는 시점에 매도하면 그뿐이다. 수

익을 얼마나 내는지가 관건이긴 하지만 어쨌거나 돈을 벌었으니 즐겁다. 수

익이 많으면 좋고, 수익이 많지 않더라도 손실이 아닌지라 엄청나게 괴롭다

거나 힘든 상황은 아니다. 하지만 주식을 샀는데 주가가 오르기는커녕 슬슬

밀린다면 정말 힘들어진다. 손실이 점점 늘어날수록 온갖 후회와 회한이 몰

려든다. 내가 왜 그 주식을 샀는지 한탄스럽다.

  그렇다고 내내 후회와 탄식을 하고 있을 수는 없는 노릇이니 무언가 대책

을 세워야 한다. 손실이 더 커지기 전에 재빨리 손절Stop loss 매도를 해치워

야 하는 것이 정답이다. 다른 길은 없다. 현실을 직시하고, 투자의 실패를 받아들이는 것이다. 손실은 아프지만, 빨리 팔아서 손실을 줄이는 것이 훗날을 위해서도 좋은 일이다. 그런데 손절 매도를 해치우기란 말이 쉽지 실제로는 엄청나게 어렵다. 머리에서는 손절매가 좋고, 그러므로 지금 당장 팔라고 명령하지만, 선뜻 행동으로 옮기기 어려운 것이 손절 매도이다. 이 책을 쓰고 있는 저자 역시 손절 매도를 할 때마다 속이 쓰리고 아파서 선뜻 팔지 못하고 우물쭈물했던 경우가 너무나도 많다. 하지만 그럴수록 마음을 독하게 먹고 매도를 '해치워야' 한다.

사실을 말한다면 손절 매도에는 뚜렷한 '왕도'가 없다. 그저 손실이 났을 때, 더 큰 손실을 피하기 위해서 얼른 팔아버리는 것 외에는 다른 방법이 없다. 문제는 '기법'에 있는 것이 아니라 지금까지 강조하였듯 '마음, 심리'에 있다. 인간의 마음이란 워낙 간사하여 손실이 나는 것을 선뜻 받아들이지 못한다. 우리가 앞에서 배웠듯 작위 후회의 두려움, 손실 회피 심리, 정신적 회계, 혹은 앵커링 등 온갖 심리 현상이 우리의 마음을 지배하여 선뜻 매도 결정을 내리지 못하게 만들었다. 하지만 거듭 강조하지만, 손절 매도는 일찍 해치울수록 이익이다.

손절 매도하는 방법은 앞서 우리가 배웠던 차익을 실현할 때의 기법과 다를 바 없다. 사전에 가격을 정해 놓고, 그 가격에 도달하면 뒤도 돌아보지 않고 팔아버리는 단순하고 쉬운 방법이다. 이것저것 생각할 필요 없이 매도를 해치울 수 있으니 '결단'을 내리기는 이 방법이 최고이다. 예를 들어, 매수한 가격보다 5% 혹은 10% 이상 하락하였을 때를 매도하는 시점으로 설정한다. 나는 일반적으로 7% 정도를 손절 수준으로 정해 놓고 있다. 손절 비율이 너무 낮으면 괜히 서둘러 매도한 결과가 되기 쉽고, 반대로 손절 비율이 너무 높으면 손실 규모가 커져서 피해가 막심해지기 때문이다. 역시 정답은 없지만 내가 7%를 손절 비율로 정한 것은 경험상 주가가 7% 이상 밀릴 때 본전을 되찾을 확률이 매우 낮았기 때문이다.

혹은 앞에서 배웠듯이 과거 주가의 움직임을 살펴서 중요한 지지선을 판단하고, 그 지지선이 무너질 때를 손절 타이밍으로 택할 수 있다. 아니면 1만 원, 2만 원 등과 같이 우수리 없는 매끈한 숫자round figure를 지지선으로 설정하고, 그 수준이 무너질 때를 손절 매도의 시점으로 잡는 것도 방법이다. 어떤 방법을 택하건 상관없다. 중요한 것은 '실행'이다.

여기서 현실적인 문제 세 가지를 강조한다.

첫째, 손절 매도 수준을 정하는 방법을 잘 알아두어야 한다. 보통은 손절 매도 시점을 지지선이 무너졌을 때로 잡는데, 투자자들은 지지선보다 한 단계 아래쪽을 매도 타이밍으로 삼는다. 예를 들어, 1만 원을 지지선으로 설정하였을 때 주가가 1만 원보다 한 틱 낮은 9,990원으로 하락하면 그때 손절 매도를 하는 방식이다. 혹은 직전 저점이었던 44,000원을 지지선으로 설정하였다가 주가가 그보다 한 틱 낮은 43,950원까지 하락하면 그때 손절 매도를 하는 방식을 택하기도 한다. 이 방식은 거꾸로 말하여 주가가 1만 원까지는 하락했는데 더 밀리지 않는다면 손절하지 않고, 주가가 직전 저점 44,000원까지는 밀렸지만 더 하락하지만 않는다면 다행스럽게도 손절하지 않고 버틴다는 뜻이다. 하지만 유감스럽게도 현실적으로 그렇게 되는 경우는 거의 없다. 경험에 따르면 중요한 지지선이건 혹은 직전 저점이건 그 수준까지만 주가가 딱 하락하고 더는 밀리지 않고 반등하는 일은 없었다. 오히려 중요한 지지선 혹은 직전 저점까지 밀렸다면 거의 99% 이상의 확률로 주가가 더 밀린다는 것을 의미한다. 그러므로 단 한 틱이라도 아끼고 추세의 흐름을 더 빨리 파악하려면, 그래서 손실을 조금이라도 줄이려면 '지지선보다 한 단계 낮은' 수준이 아니라 '중요한 지지선에 닿았을 때'를 손절 매도 시점으로 선택해야 한다.

둘째, 일단 손절 매도 주문을 내기로 결정했다면, 그 이후 시장의 상황이 바뀌었다고 하여 손절 매도 주문을 취소하거나 혹은 매도 단가를 낮추어서는 안 된다. 손절 매도 주문을 취소하거나 혹은 매도 단가를 낮추는 것은 결국 손절 매도 주문이 체결되는 것이 두려워서 나타나는 행위다. 일단 한 번 설정된 손절 목표치를 낮추거나 혹은 손절매 주문을 취소해 버리면 차라리 처음부터 손절 주문을 내지 않는 것보다 못하다. 그런 일이 한두 차례 반복되다 보면 결정적인 순간에 정작 필요한 손절 매도 주문조차 내지 못하는 결과를 낳기 때문이다. 손실을 보는 일이야 가슴 아프지만, 독하게 마음먹고 손절 주문을 내고 기꺼이 손실을 입는 경험을 쌓는다면 나중에 큰 손실을 막을 수 있고 결국 주식투자에서 성공할 수 있다.

마지막으로, 투자자들은 종종 "손절하였더니 주가가 그 이후에 되레 올라서 차라리 손절하지 않는 편이 더 나았다." 하는 말을 자주 한다. 그래서 손절해야 할 시점에도 손절하지 않고 버티기도 한다. 그러나 이는 정말 잘못된 생각이다. 물론 과거에 어떤 주식을 손절 매도 처리하였더니 이후 주가가 후딱 반등해 버려 괜히 서둘러 처리한 것을 후회한 적도 있을 것이다. 하지만 실제로는 손절 매도 하고 나서 주가가 더 하락하여 만일 그때라도 손절 매도 하지 않았다면 더 크게 손실을 입을 경우가 대부분이다. 그런데도 사람들은 손절 매도한 결과가 잘된 경우는 기억하지 못하고, 되레 손절 매도하였더니 결과가 나빴던 경우만 기억한다.

그것은 인간 기억의 특성 때문이다. 인간의 뇌는 몸무게의 2%밖에 차지하지 않지만, 에너지의 20%를 소비하고 있다. 그래서 뇌는 에너지의 소비를 줄이기 위하여 모든 일을 전부, 세세하게 기억하지 않는다. 대신에 큰 줄기만을 잡아서 띄엄띄엄 기억의 창고로 집어넣는다. 예를 들어, '나는 어제 아침 7시에 버스를 타고, 지하철을 갈아타서 회사에 출근했다.'라면 모든 일을 기억하기보다 버스, 지하철, 회사 정도의 중요한 단락만을 떼어서 기억한다. 그러다가 나중에 필요하면 이 기억의 파편들을 조합하여 하나의 사실로 만들어낸다. 이런 과정에서 필연적으로 기억의 왜곡이 발생한다. 모든 것을 다 기억할 수는 없고, 나중에 기억의 조각을 모아야 해서 완벽한 기억이 되살아나지 않을 수도 있다. 더구나 인간은 '기억해야 할 것'을 기억하는 것이 아니라 '기억하고 싶은 것'만 기억하는 경향이 있다. 그래서 손절 매도하고 그 결과가 좋았기에 그 결정이 옳았던 것은 기억하지 않는다. 오히려 손절 매도하였더니 나중에 주가가 올라 후회했던 경우만 기억하기 마련이다. 그게 자신에게 유리하고, 그걸 '기억하고 싶기' 때문이다.

거듭 강조하지만, 손절 매도는 항상 옳다. 자신의 기억을 믿지 말자. 그건 '선택적 기억'으로 믿고 싶은 것만 믿는 기억일 따름이지 진짜가 아니다. 그러니 차라리 모든 손절 매도 거래를 머릿속이 아니라 노트 등에 기록해 두자. 그리고 나중에 살펴보면 무엇이 옳은지 판별할 수 있다. 기억이 아니라 노트의 기록이 더 정확하다. 손절 매도한 결정은 항상 옳았다!

SELL?

SELL?

BUY?

BUY?

PART 5

매도 시기를 잡는 기술적 기법

사람들은 자신의 앞날에 무슨 일이 벌어질지 알고 싶어 한다. '10년 후 나는 성공한 사람이 되어 있을까?', '5년 후 나의 아내는 누가 되어 있을까?' 등 앞날에 일어날 일을 조금이라도 알고 싶어 때로는 점술가를 찾기도 한다. 매일 일간신문에는 '오늘의 운세'가 나오고, 신문을 받아들면 꼭 운세부터 보는 사람들도 적지 않다.

　주식투자도 마찬가지다. 주가의 앞날을 정확히 알 수 있다면 얼마나 근사할까? 하지만 유감스럽게도 미래는 알 수 없다. 그러나 인간은 끊임없이 미래를 예측하기 위해 노력하고 있다. 주식투자에서도 미래를 예측하는 두 가지 방법이 있는데, 바로 기술적 분석과 근본적 분석이다. 기술적 분석Technical analysis이 주식시장의 가격 변동 그 자체를 연구하는 기법이라고 한다면, 근본적 분석Fundamental analysis은 주식시장에서 거래되는 주식의 내재적 가치intrinsic value를 평가하는 방법이다.

　기술적 분석가들이 주식시장에서 현재 전개되는 '결과'를 중시한다면, 근본적 분석가들은 어떤 현상의 '원인'을 밝히는 데 역점을 둔다.

　기술적 분석은 주식의 수급에 영향을 미치는 외부 요인을 연구하기보다는 그 외부 요인의 영향으로 나타나는 주가 자체를 연구함으로써, 앞으로의 가격 변화를 알아내려는 예측 기법이다. 기술적 분석 기법의 기본적인 가정은 현재까지의 가격 움직임을 연구하면, 앞으로의 가격 움직임을 알 수 있다는 데 있다. 즉 어제까지의 가격 움직임을 보면, 내일의 가격 움직임을 알 수 있다는 것이다.

반면, 근본적 분석 기법은 주가 변동에 영향을 미칠 만한 중요한 요인들(기업의 자산 가치, 수익, 배당금, 시장 금리, 국내 경기, 물가, 통화량 등)을 따로따로 독립시켜서 어떤 주식의 내재적 가치를 규명하고자 애쓰며, 이렇게 얻어진 내재적 가치와 현재 주가를 비교하여 향후의 움직임을 예측한다. 즉, 현재의 주가가 그 주식의 내재적 가치보다 낮으면 해당 주가는 필연적으로 상승한다고 믿으며, 반대로 현재의 주가보다 내재적 가치가 낮으면 당연히 그 주식의 주가는 하락한다고 믿는다.

01 기술적 기법을 사용하는 요령

기술적 분석과 근본적 분석의 차이점에 대하여 알아보았지만, 아직도 기술적 분석 기법이 더 좋은지, 근본적 분석 기법이 더 좋은지 명백히 밝혀지지 않았다. 아니 앞으로도 영원히 두 기법 간의 우열은 가려지지 않을 것이다. 저마다 나름의 장단점을 가지고 있기 때문이다.

기술적 분석 기법은 근본적 분석 기법에서 다루지 않는 시장의 심리를 꿰뚫어 분석할 수 있다는 장점이 있다. 그러나 분석가에 따라 자의적인 해석이 가능하고, 정확하게 주가와 기술적 지표 간의 관계에 대해서도 일관된 분석법이 없다. 그래서 기술적 분석 기법은 이를테면 '과학'이라기보다는 '기능'에 가깝다. 반면, 근본적 분석 기법은 그 기업의 주가를 장기적이고 합리적인 기준을 이용해 도출해낼 수 있다는 장점이 있다. 아울러 기술적 분석 기법보다 객관적이라고 할 수 있다. 그러나 근본적 분석 기법을 본격적으로 사용하려면, 광범위한 데이터를 수집하고 이를 분석, 처리하는 데 많은 시간과 노력이 필요하다.

근본적 분석 기법과 기술적 분석 기법은 각각의 장단점이 있어서 어느 쪽이 반드시 우월하다고 단언할 수는 없다. 다만 일반 투자자들이 사용하기에는 근본적 분석 기법보다 기술적 분석 기법이 더 수월한 편이다. 어느 기법이 정확한지 우열은 알 수 없으나, 최소한 사용하기가 효율적이라는 면에서 기술적 분석 기법이 대세를 넓히고 있다. 기술적 분석은 방대한 데이터를 분석할 필요도 없고, 이를 가공하느라 오랜 시간을 들이지 않아도 되기 때문이다. 단지 차트를 작성하고, 이를 분석하는 것만으로도 충분하므로 일반 투자자들에게 대단히 유용하다. 특히, 매도 타이밍을 포착하는 데는 기술적 분석 기법에 필적할 만한 기법이 아직은 없다. 그 기업의 내재가치를 구하고, 시장의 주가와 비교하는 식의 근본적 분석 기법으로는 '정확히 언제, 어느 순간에' 팔라는 신호를 포착하기가 불가능하기 때문이다. 종목을 검색하고 장기 보유 여부를 결정하는 '연구 분석'을 하는 데는 기업의 내재가치를 따져보는 근본적 분석 기법이 유용할지 몰라도, 이 책에서 다루고 있는 매도 타이밍을 잡는 법에는 기술적 분석 기법이 훨씬 유용하다.

기술적 분석 기법에도 무수한 종류가 존재한다. 그런데 실제로 사용하다 보면 종종 각각의 기술적 분석 기법끼리 서로 충돌하는 경우가 발생한다. A 기법에서는 '매수'를 말하고 있는데, B 기법에서는 '매도'를 말하는 경우가 종종 나타난다는 뜻이다. 이러한 현상이 벌어지는 것은 개별 기술적 분석 기법의 시차, 주가 변동에 대한 민감도, 혹은 적용 방식 등이 서로 다르기 때문이다. 예를 들어, A 기법은 주가 움직임에 예민하게 반응하고, B 기업은 주가 움직임에 예민하지는 못하지만 반대로 안정적이라고 하자. 이럴 때 주가가 순식간에 약간 하락세로 움직인다면 예민한 A 기법에는 당장 매도 신호가 포착되겠지만, 반대로 B 기법은 여전히 매수 신호를 유지하고 있을 것이다. 이럴 때 과연 어느 장단에 춤을 추어야 할까? A 기법을 따라 얼른 매도하는 것이 옳을까, 아니면 B 기법의 신호대로 주식을 더 보유하는 것이 현명한 일일까? 사실 판단하기 어려운 일이다.

그런데 기술적 분석 기법 사이에 신호가 서로 상충할 때, 이를 해석하기가 다소 어려울지는 몰라도 해석하기가 전혀 불가능한 것은 아니다. 이런 문제가 발생했을 때, 가장 중요한 것은 원칙을 준수하는 것이다. 원칙을 준수한다는 것은 애당초 왜 그 주식을 매수했는지 근본으로 되돌아가라는 말이다. '원칙을 지킨다'라는 것은 자신에게 유리하다고 기술적 분석 기법을 이리저리 옮겨 다니지 말라는 뜻이다. 예를 들어, 이동평균을 이용하여 매수 신호를 발견하고 주식을 매수했다면, 나중에 그 이동평균에서 매도 신호가 나타날 때 즉각 그 주식을 매도해야 한다.

솔직히 말해 원칙을 지키기란 쉽지 않다. 사람들은 누구나 손해 보기 싫어하고, 후회를 회피하며 때로는 인지 부조화의 덫에 걸려들기 쉽다. 예를 들어, 이동평균을 이용하여 매수한 주식이 있다고 하자. 그리고 어느 정도 시간이 지나 그 이동평균에서 매도 신호가 나타났는데, 지금 주식을 매도하면 손해가 난다고 가정하자(실제로 이런 일은 빈번하게 발생한다). 이때 대부분 사람은 애당초 자신이 주식을 매수한 근거가 되었던 이동평균의 매도 신호를 무시하고, 아직도 매도 신호가 나타나지 않고 있거나 심지어 매수 신호를 나타내고 있는 다른 기술적 분석 기법으로 옮겨 가려고 한다. 그래야 최소한 매도하지 않는 핑곗거리를 만들 수 있고, 마음이 편안하기 때문이다. 하지만 기술적 분석 기법은 잘못된 판단에 대한 핑곗거리를 만들라고 개발된 것이 아니다. 기술적 분석 기법은 매매 거래를 돕고, 합리적인 의사결정을 내리는 데 보탬이 되기 위하여 개발된 것이다.

여기서 내가 주장하는 것은 단 한 가지이다. 기술적 분석 기법을 이용한다면 자신이 좋아하는 기법을 하나 선택하고, 그 기법에서 지시하는 대로 충실하게 이행하라는 것이다. 두 개의 기법도 필요 없다. 단 하나만으로도 충분하다. 이동평균도 좋고, 스토캐스틱Stochastic도 효과적이며, MACD나 일목균형표 등 무엇이건 좋다. 일단 자신이 좋아하는 기술적 기법을 한 번 정했으면, 그 기법의 신호에 철저하게 따라야 한다. 그 기법이 '사라'고 하면 사고, '팔라'고 하면 즉각 팔아라. 살 때는 그 기법의 신호대로 했는데, 나중에 그 기법이 매도 신호를 나타낼 때 다른 기술적 분석 기법으로 옮겨가서는 안 된다. 그렇게 하면 바로 패망의 길로 들어선다. 이 기법, 저 기법 사이를 오락가락하면 원칙을 세울 수 없고, 그러면 결국 혼란에 빠질 수밖에 없다. 기법 하나만을 선택하고, 최소한 다른 기술적 분석 기법을 기웃거리지 않는 것만으로도 대성공이다.

여기서 소개하는 여러 종류의 기술적 분석 기법, 매도 기법 중에서 자신의 성향에 맞는 단 하나의 방법을 골라 최소한 석 달만이라도 철저하게 준수해보자. 그러면 성공의 길이 보일 것이다.

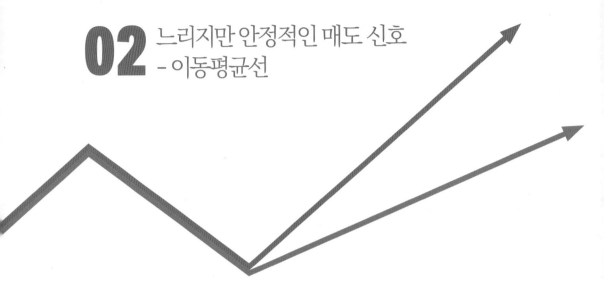

02 느리지만 안정적인 매도 신호 – 이동평균선

Stock investment 뉴턴이 발견한 관성의 법칙에서 설파하고 있듯, 움직이는 물체는 기존의 방향으로 계속 움직이려는 성질이 있다. 달리는 버스가 갑자기 멈추면, 버스 안에 타고 있던 승객들의 몸이 일시에 앞으로 쏠리는 것이 단적인 예이다. 그런데 관성의 법칙은 비단 물체에만 국한된 것이 아니다. 주식시장의 주가 움직임에도 관성의 법칙을 적용할 수 있다.

기존의 추세가 상승세라면 향후의 추세도 계속 상승세를 이어갈 경향이 높다고 여기며, 반대로 기존의 추세가 하락세라면 향후의 추세도 계속 하락세를 이어갈 경향이 높다고 여긴다. 그러기에 기존의 추세가 상승세로 판단되면 향후의 추세도 상승세로 나타날 경향이 높음으로 가격 상승을 기대하고 매수하는 것이 옳으며, 반대로 기존의 추세가 하락세로 판단되면 향후의 추세도 하락세로 나타날 경향이 높음으로 가격 하락을 예상하여 매도하는 것이 옳다.

매도 타이밍을 선택하는 기법을 추세에 따라 생각해본다면, 결국 기존의 추세가 하락세로 기울었다고 판단될 때, 즉각 이러한 하락 추세와 '같은 방향'으로 거래하는 것이 관건이다. 그런데 문제는 기존의 추세가 과연 하락세로 기울었는지의 여부를 판단하기가 그리 쉽지 않다는 점이다. 추세가 하락세로 기울었다는 사실이 확실하다면 당연히 즉각 매도하면 되지만, 추세에 대한 판단을 잘못한다면 당연히 그 결과가 좋지 않을 것이다. 결국, 지금의 추세가 어떻게 되고 있는지 판단하는 것이 무엇보다도 중요하다. 이때 일반적으로 가장 쉬운 방법 중 하나가 바로 이동평균이다.

이동평균이란 가격의 평균을 구함으로써 단기 변동에서 나타나는 불규칙성을 제거하고 장기적인 변동 추세를 파악하려는 방법이다. 이동평균은 오늘날의 기술적 분석 분야에서 핵심적인 위치를 차지하고 있으며, 최근 개발된 수많은 기술적 분석 기법들(볼린저밴드, MACD 등)은 이동평균의 개념을 직간접적으로 이용하고 있다. 그리고 가격과 이동평균 간의 관계를 분석함으로써 가격 동향도 예측할 수 있을 뿐만 아니라 이동평균선을 이용한 전략까지 세울 수 있으니 매우 활용도가 높은 가격 예측 방법이다.

이동평균을 구하는 방법에는 단순이동평균을 비롯해 가중이동평균, 기하평균, 누적평균 등이 있다. 하지만 어떤 방식으로 이동평균을 산출하건 큰 차이는 없다. 오히려 괜히 복잡한 방식으로 이동평균을 구하느라 골머리를 썩이는 것보다는 차라리 쉬운 방법으로 단순이동평균Simple moving average(산술이동평균이라고도 한다.)을 구하고 이를 적절하게 사용하는 편이 현명하다.

단순이동평균은 가장 단순한 형태의 이동평균이다. 일정 기간의 종가를 모두 더한 다음, 그 기간의 수로 나누어 계산한다. 흔히 우리가 사용하는 이동평균법이다. 5일간의 단순이동평균을 산출할 경우, 매일의 종가를 각각 P_1, P_2, P_3 ⋯⋯라고 한다면,

이동평균 M_5 = $\dfrac{P_1+P_2+P_3+P_4+P_5}{5}$ 로 구할 수 있으며,

또한, 6일째의 5일간 이동평균은,

이동평균 M_6 = $\dfrac{P_1+P_2+P_3+P_4+P_5+P_6}{6}$ 으로 구해진다.

이동평균은 계산 방법이 어떻든 결국은 과거의 가격 움직임을 평균한 것이다. 그런데 지금이 상승 추세라면 최근의 가격은 과거의 가격으로 만들어진 평균을 상회하여 움직일 것이다. 역으로 말한다면 가격이 이동평균선 위에 있을 때는 상승 추세라고 해석할 수 있다. 그리고 약세일 때는 가격이 평균을 하회하여 움직인다. 보합 국면에서는 가격과 이동평균선 사이의 이격이 굉장히 좁다. 일반적으로 가격이 이동평균선을 아래에서 위로 상향 돌파하는 경우에는 매수 신호로 간주하며, 반대로 가격이 이동평균선을 위에서 아래로 하향 돌파하는 경우에는 매도 신호로 간주한다.

이동평균을 하나만 구하지 않고, 복수의 이동평균을 구할 수도 있다. 이때 이동평균을 구하는 기간이 짧을수록 최근의 가격 움직임이 이동평균에 예민하게 반영된다. 예를 들어, 200일 이동평균과 5일 이동평균이 있다고 한다면, 당연히 최근 가격 움직임에 따라 5일 이동평균의 변동 폭이 클 것이다.

반면, 장기 이동평균은 단기적인 추세보다는 장기적인 추세의 흐름을 표현한다. 또한, 단기 이동평균과 장기 이동평균의 위치를 살필 경우, 지금의 추세가 상승세라면 최근의 가격 움직임에 민감하게 반응하는 단기 이동평균의 값이 장기 이동평균의 값보다 클 것이다. 그래서 단기 이동평균이 장기 이동평균보다 위에 위치한다면 지금의 추세는 상승세라고 말할 수 있고, 반대로 단기 이동평균이 장기 이동평균보다 아래에 위치한다면 지금은 하락세라고 말할 수 있다.

이 모든 것을 종합하여 판단한다면, 단기 이동평균이 장기 이동평균을 상향 돌파할 경우 상승 추세로 간주한다. 이때 향후 가격이 더 상승할 확률이 높다고 보이며 매수 신호로도 해석한다. 이를 '골든크로스'라고 부른다. 반대로 단기 이동평균이 장기 이동평균을 위에서 아래로 하향 돌파할 경우는 하락세로 간주한다. 향후 가격이 더 하락할 가능성이 높다고 보이며 매도 신호로 해석한다. 이를 '데드크로스'라고 한다. 이 책의 주제에 맞게 매도 신호에 관심을 두며, 데드크로스에 주목해 보자. 단기 이동평균선(보통 5일 이동평균선이 주로 사용된다. 5일은 일주일을 의미한다.)이 장기 이동평균선(보통 20일 이동평균선이 주로 사용된다. 20일은 1개월을 의미한다.)을 하향 돌파하는 순간이 데드크로스이고, 이때가 결정적인 매도 기회이다.

이동평균선을 이용하면 가장 고민에 빠지는 것은 바로 이동평균에서 나타내는 매도 신호, 즉 데드크로스가 종종 '뒷북'을 치는 경우이다. 주가가 고점을 형성한 지 한참이나 지난 연후에 비로소 단기 이동평균선이 장기 이동평균선을 하회하는 데드크로스를 만들고, 이때서야 '매도'를 외치니 대단히 늦다. 정작 꼭지에서는 아무 신호도 나타내지 않고 있다가 주가가 하락한 뒤에

단기 이동평균과 장기 이동평균을 이용한 거래 사례

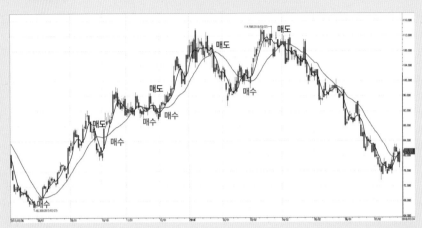

　　그림에서 알 수 있듯이 골든크로스일 때 매수하고, 데드크로스일 때 매도하는 식의 기계적인 거래로도 충분한 수익을 얻을 수 있다! 이동평균선의 약점은 다소 느리다는 것이지만, 반면 안정적이라는 장점도 무시하지 못한다. 안정적인 수익을 얻는 데는 이동평균만 한 것도 없다.

야 비로소 뒷북을 치니 과연 이런 신호를 믿고 따라야 할지 의문이 가는 것은 당연하다.

　　하지만 빠르고 예민하다고 다 좋은 것은 아니다. 이동평균은 그리 빠르지도 않고 예민하지도 않지만, 대단히 안정적이라는 장점이 있다. 아래의 차트에서 보듯, 화살표로 표시한 대로 데드크로스가 발생했을 때 이를 믿고 매도하기만 하면 반드시 성공했을 것이다. 꼭지에서 매도하는 것만이 능사는 아니다. 오히려 이동평균선처럼 안정적인 신호를 나타내는 기법이야말로 정작 우리에게 필요한 매도 기법이다.

사실 이동평균선은 쉽고 단순하며 적용하기도 편리하고 빠르다. 초보자들도 다 아는 쉽고 간단한 기법이지만, 그 이유만으로 이동평균선이 무시되어서는 절대로 안 된다. 오히려 이동평균선이야말로 기술적 분석 기법의 기초가 되는 기법이다. 다음에 설명할 이격도와 MACD, 볼린저밴드 그리고 그 외의 무수한 기술적 기법들은 이동평균을 기초로 하여 발전된 것이다. 더구나 그처럼 쉽고 단순한 이동평균선이지만 감에 의존하고 기분에 흔들리며, 마음 내키는 대로 마구 거래하는 일반 투자자들보다는 훨씬 낫다. 늦고 답답할지라도 이동평균선이 지시하는 대로 거래한다면 분명 수익이 날 것이다. 꼭지가 아니면 어떤가? 매도의 시기를 정확히 알려주는 기법으로 이동평균선만 한 것이 없다.

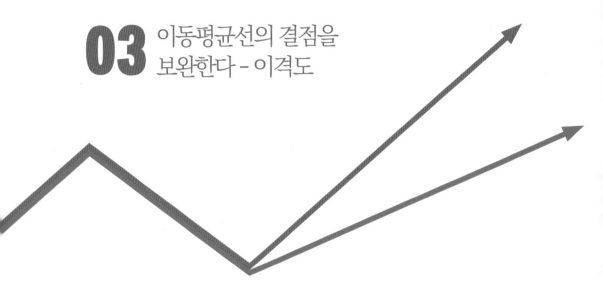

03 이동평균선의 결점을 보완한다 – 이격도

이동평균은 과거 일정 기간의 가격 움직임을 대표하는 성격을 가진다. 예를 들어, 5일 이동평균이라면 과거 5일 동안의 주가 움직임이 하나의 가격, 즉 5일 평균에 다 녹아 있는 것이고, 20일 이동평균이라면 과거 20일 동안의 주가 움직임이 하나의 가격, 즉 20일 평균에 다 녹아 있다고 할 수 있다. 이동평균이라는 하나의 가격에 모든 가격 움직임이 녹아 있는 것이니만큼 결국 이동평균은 과거 일정 기간의 가격 움직임을 대표한다고 볼 수 있다.

이는 결국 매일의 주가 움직임이 종종 이동평균에 수렴하려는 성향으로 나타난다는 뜻이다. 대표성을 가지는 가격에 접근하려는 것이 주가의 속성이다. 하지만 실제로 매일의 주가가 항상 이동평균에 달라붙어서 결정되는 것은 아니다. 알다시피 매일의 주가는 겉으로 보기에는 불규칙적으로 움직인다. 실제로는 종종 시장 가격과 이동평균선 간의 간격이 벌어질 때도 있다. 바로 이러한 간격을 '이격'이라고 부르는데, 주가와 이동평균과의 이격은 때에 따라 일시적으로 넓어지기도 하지만, 이격이 넓으면 넓을수록 금세 이를 좁히려는 움직임이 나타난다. 그러니 현재의 주가와 이동평균선과의 간격, 즉 이격을 관측하고 있다가 어느 일정한 범위 이상으로 벌어지면 이를 추세 전환 시점으로 인식할 수 있다.

주가는 이동평균으로부터 멀어지더라도 한없이 멀어질 수는 없는 노릇이며, 일정한 수준 이상으로 이격이 커지면 이를 극복하고 간격을 줄이려는 움직임이 나타날 수밖에 없다. 주가 그 자체가 대표성을 가진 이동평균으로, 회귀하려는 습성이 있기 때문이다.

$$\text{이격도} = \frac{\text{당일의 종가}}{\text{당일의 일이동평균}} \times 100$$

위의 공식처럼 이격도는 현재의 가격을 이동평균의 값으로 나눈 비율을 말하는데, 일반적으로 이격도에 사용되는 이동평균은 20일 이동평균선이 보편화되어 있다. 이격도가 100% 이상으로 계산된다는 것은 현재의 가격이 이동평균선 위에 위치함을 나타낸다. 다시 말하여 현재의 추세는 상승 추세라는 것을 뜻한다. 또한, 그 반대로 이격도가 100% 이하일 경우는 가격이 이동평균선 아래에 있는 하락 추세를 뜻한다. 그리고 이격도가 100%를 넘어 계속 커지거나 혹은 100% 이하에서 계속 작아진다는 것은 가격과 이동평균선 간의 거리가 점점 멀어짐을 뜻한다.

이격이 넓으면 넓을수록 곧 좁아지려는 성격이 있으니 이를 이용하여 거래할 수 있다. 즉 가격이 이동평균선 밑에서 이격이 가장 큰 시점을 매수 시점으로 선택할 수 있고, 반대로 가격이 이동평균선 위에서 이격이 가장 클 때를 매도 시점으로 선택할 수 있다. 그러나 이격도를 이용한 거래에서 가장 큰 문제는 이격도가 어느 정도일 때를 '가장 크다'라고 규정하기 어렵다는 점이다.

일반적으로 이격도가 105% 이상이거나 혹은 95% 이하일 때를 이격도가 크다고 말하지만, 그렇다고 그게 절대적인 것도 아니다. 예를 들어, 지금의 이격도가 105%로 나타나고 있지만 현 수준에서 이격이 더 커지지 않을 것이고, 결국 이격도가 서서히 줄어들 것이라는 보장은 없다. 이런 점이 이격도의 가장 큰 문제점이다. 상승 추세일 때 이격도가 105%로 나타나고 있다는 것은 지금의 주가 수준이 이동평균 값보다 105% 수준이라는 것을 알려준다.

과거의 경험으로 미루어 이격도가 105% 이상이면 다소 과열 상태라는 것을 인정할 수 있으나, 지금이 정확한 꼭지라고 말할 아무런 근거가 없다. 이격도로 미루어 '105%가 꼭지가 될 수 있다면 106%, 혹은 107%는 왜 꼭지가 아닌가'라는 질문에 대답할 말이 궁색해지는 것이다. 그러니 단순하게 이격도가 105%라거나 혹은 107% 같은 특정한 수준을 꼭지로 간주하여 기계적으로 매도하려는 전략은 자칫 화를 불러일으키기 쉽다. 예를 들어, 이격도가 105%로 산출되었을 때 이를 무조건 꼭지로 판단하여 매도하였다면 오히려 성급하게 매도한 결과가 되기 때문이다. 자칫 이격도에만 의존하면 시장 가격이 추세로 움직일 때 추세와 반대 방향으로 거래하는 결과를 가져온다. 상승 추세일 때 서둘러 매도해 버린다면 이는 앞으로도 주가가 한창 상승하여 수익이 계속 늘어날 기회를 스스로 걷어차는 것과 같다. 그러므로 이격도를 사용하려면 다음과 같은 점에 유의해야 한다.

첫째, 이격도는 매매 신호로 간주하기보다 경고 신호로 간주하는 편이 오히려 효과적이다. 예를 들어, 이격도가 105% 이상으로 산출된다면 이를 매도 신호로 간주하기보다는 시장이 과열되었다는 경고 신호로 간주하는 것이다. 시장이 과열되었다는 경고 신호로 간주한다면 매도하지는 않더라도 최소한 그런 상황에서 추가로 매수하거나 혹은 공격적으로 주식에 '올인'하는 실수는 피할 수 있게 된다. 이격도의 역할은 그것으로도 충분하다.

둘째, 단순한 이격도 수준에만 의존하여 매입 혹은 매도 신호로 간주하기보다는 이격도 수준이 일단 꼭지를 형성하고 하락하는 것을 확인하고 매도하는 식으로 수정한다. 즉 이격도가 한창 늘어날 때 꼭지라고 속단하여 얼른 주식을 매도해 버릴 것이 아니라 이격도 자체가 스스로 꼭지를 형성하고 하락할 때까지 일단 느긋하게 기다려보는 자세가 필요하다. 물론 그럴 경우, 정확히 정점에서 매도할 수는 없겠으나 추세가 하락세로 기우는 것을 확인한다는 것만으로도 유용하다. 이 방법을 따르면 최소한 주가가 한창 상승하고 있는데 도중에 성급하게 매도하는 잘못은 피할 수 있다.

셋째, 이격도는 추세가 확실한 상태에서 참고로 하는 지표가 아니라 주로 추세가 불분명한 횡보장세, 혹은 보합국면에 유효한 투자 전략으로 간주한다. 다시 말해 추세가 확실할 때는 예컨대 이동평균이 서로 교차할 때, 즉 골든크로스나 데드크로스가 나타날 때 거래하는 것만으로도 충분하다. 추세가 뚜렷하므로 정확히 바닥이 아니고 바닥에서 조금 더 상승한 상태에서 매수하여도 넉넉히 수익이 날 수 있고, 반대로 정확히 꼭지가 아니라 꼭지에서 조금 내려선 상태에서 매도하여도 꽤 괜찮은 수익을 얻을 수 있다.

그러나 문제는 주가의 추세가 그리 뚜렷하지 못할 때이다. 주가가 횡보하는 보합 국면에서는 이동평균을 이용하다가 사태가 악화될 수 있다. 추세도 없이 주가가 옆으로만 움직일 때, 이동평균선을 이용하였다가는 자칫 이동평균선의 치명적인 약점, 즉 시차Time lag에 걸려 제대로 된 수익은커녕 수수료만 잔뜩 내거나 아니면 '비싸게 사고, 싸게 파는Buy high, Sell low' 함정에 빠지기 쉽다. 주가는 옆으로만 기고, 이동평균선의 매매 신호는 느려 터졌고, 그러다 보니 항시 주가가 오른 다음에야 비로소 매수 신호가 나타나며 주가가 실컷 하락한 다음에야 비로소 매도 신호가 발령되는 '뒷북'을 치기 딱 좋다는 뜻이다. 바로 이때, 이격도가 위력을 발휘한다. 최소한 이격도를 살펴보고 있다면 이동평균의 약점인 시차 문제는 극복할 수 있다.

 이격도를 이용한 거래 사례

첫째, 이격도는 경고 신호로 간주하는 편이 효과적이다. 다음 차트에서 이격도가 105% 이상이면 매도 신호가 아니라 과열을 경고하는 신호이고, 이격도가 95% 이하이면 매수 신호가 아니라 과매도임을 경고하는 신호로 인식한다. 그래서 이격도가 105% 이상이라고 서둘러 매도할 필요는 없다. 이격도는 경고 신호인 만큼 과매수 상태일 때는 '매도하라'는 신호라기보다는 오히려 '매수하지 마라'는 신호로 간주해야 한다.

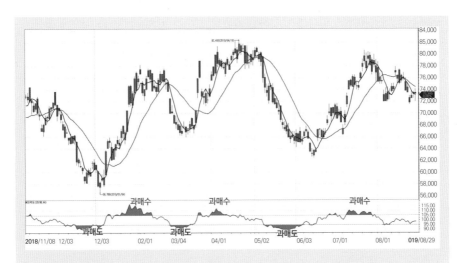

거꾸로 이격도가 95% 이하일 때는 비록 온 세상이 하락세이고 주가가 내리
추락할 것 같은 공포에 시달릴지라도 이제는 '바닥이니 매도하지 마라' 하는 신호
로 판단하는 것이 옳다.

둘째, 경고 지표이지만 그래도 이격도를 이용하여 매도 신호를 포착하고 싶다
면 언제로 할까? 잘 보면 이격도가 105% 이상으로 올라서는 순간은 결코 매도
시기가 아니다. 차트를 보면 이격도가 105% 이상으로 상승하더라도 주가는 꺾
이기는커녕 내내 상승하고 있다. 그러므로 차라리 105% 이상에 머무를 때가 아
니라, 이격도가 '105% 위에 있다가 그 아래로 내려서는 순간'을 매도 시기로 파
악하는 것이 훨씬 효과적이다.

셋째, 이격도는 추세가 불분명한 횡보장세, 혹은 보합 국면에 유효한 투자 지
표이다. 예를 들어, 앞선 SK하이닉스의 차트에서 2019년 2월 주가는 7만 4,000
원에서 7만 8,000원의 좁은 범위에서 오락가락하는 모습을 나타내었다. 섣불리
매수하기도 그렇다고 매도하기도 어려운 양상이었다. 이때 이격도를 확인하면 과

매수 상태인 105% 이상을 유지하고 있었으므로 추격 매수하는 등 매수 물량을 늘리는 것은 위험한 일로 판단된다. 즉 주가는 보합을 유지하였으나 이격도로 판단할 때 추가 매수할 시기가 아니라 매도 기회를 노려야 할 때이다. 그리고 이후 이격도가 105% 아래로 내려섰을 때를 매도 기회로 삼는다면, 매우 훌륭한 매도 타이밍이었음을 확인할 수 있다.

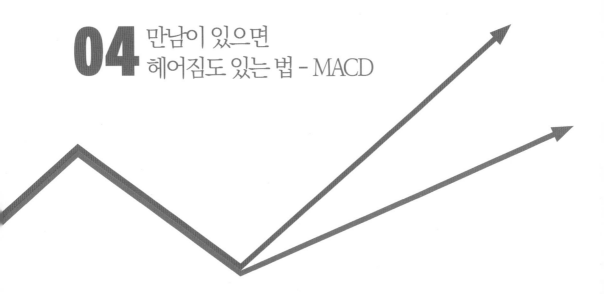

04 만남이 있으면 헤어짐도 있는 법 – MACD

이동평균의 수렴과 발산Moving Average Convergence and Divergence, MACD이라는 긴 이름의 기술적 지표는 제랄드 아펠Gerald Appel에 의해 창안되어 오늘날 시장에서 흔히 쓰이는 매우 유명한 지표이다. 전통적인 이동평균법에 의하면 단기 이동평균선과 장기 이동평균선이 서로 교차할 때(골든크로스 혹은 데드크로스)를 매매 신호로 인식한다.

예를 들어, 단기 이동평균선과 장기 이동평균선을 하나씩 사용한다고 하자. 일반적으로는 두 이동평균선이 서로 교차하여 골든크로스가 발생하면 이를 매수 신호로 간주하고, 반대로 데드크로스가 발생하면 이를 매도 신호로 간주한다. 그러나 이동평균은 이미 지나가 버린 '과거의 가격'을 평균한 것이므로 아무래도 최근의 가격 움직임은 이동평균에 민감하게 반영하지 못한다. 앞서 살펴보았듯 이동평균법은 안정적이긴 하지만 느리다는 단점이 항상 따라다닌다.

이동평균법에 숙명적으로 존재하는 시차 문제는 영원한 숙제처럼 풀 수 없는 난제였다. 그러기에 예컨대 이격도라는 지표를 발명하여 주가와 이동평균선과의 간격으로 시장의 상황, 즉 과열인지 아닌지를 판단하기도 했다. 그런데 MACD를 개발한 제럴드 아펠은 두 이동평균이 서로 교차할 때를 거래 타이밍으로 인식하는 대신 두 이동평균선의 간격에 주목하였다. 두 이동평균선 사이의 폭이 좁아지는 것(수렴)과 넓어지는 것(발산)을 이용해 매매 시점을 찾을 수 있도록 한 것이다. 다시 말하여, 이동평균선은 골든크로스이건 데드크로스이건 일단 서로 교차하지만, 교차한 다음에는 반드시 두 이동평균선과의 간격은 벌어지기 마련이다. 그리고 두 이동평균선의 간격이 어느 수준으로 벌어진 다음에는 다시 간격이 좁혀지며 결국 이동평균선이 서로 만나면서 골든크로스 혹은 데드크로스를 만든다.

이동평균선들의 만남이 있으면 필연적으로 헤어짐이 있기 마련이다. 거꾸로 헤어짐이 있다면 반드시 만남이 있을 수밖에 없다. 그러기에 이동평균선의 교차(즉 만남)를 이용하는 거래 방법보다는 오히려 이동평균선들의 간격을 따지는 방법이 더 효과적이다. 이동평균선의 간격이 가장 멀어질 때가 주가의 꼭지이거나 바닥이 될 것이기 때문이다. 그래서 MACD를 구하기 위해서는 우선 장기와 단기 이동평균선 사이의 간격을 산출해야 한다.

제럴드 아펠은 이동평균선의 간격을 구하기 위해 단기 이동평균으로는 12일간의 지수 이동평균선을 사용하였고, 장기 이동평균으로는 26일 지수 이동평균선을 사용하였다. 이동평균의 종류로도 우리가 일상적으로 사용하는 산술 이동평균, 혹은 단순 이동평균을 사용하지 않고 독특한 지수 이동평균을 사용하였으며, 이동평균을 구하는 기간도 시장에서 널리 사용되는 단기 5일 이동평균선, 장기 20일 이동평균선이 아니라 단기로는 12일 그리고 장기로는 26일이라는 독특한 기간의 이동평균을 사용하고 있다. 그것은 제럴드 아펠이 여러 가지 이동평균의 조합을 이용하여 실험해 본 결과, 12일과 26일 이동평균의 조합이 가장 효과적이었고, 아울러 단순 이동평균보다는 지수 평활법Exponentially smoothing으로 구해지는 지수 이동평균이 더욱더 좋은 결과를 만들어냈기 때문이다. 물론 이는 제럴드 아펠이 이 기법을 개발했을 때 그렇다는 뜻이지 절대적인 것은 아니다. 투자자에 따라서는 가중 이동평균처럼 지수 이동평균이 아닌 다른 종류의 이동평균을 사용하기도 하고, 9일 혹은 26일의 조합이 아닌 다른 기간의 조합으로 MACD를 산출해 보기도 한다.

이제 두 이동평균의 차이를 구해야 한다. 결국 MACD 기법의 요체는 이동평균의 차이가 최대로 벌어지는 순간을 포착하여 그것을 바닥 혹은 꼭지로 간주하는 것이다. 앞서 산출한 12일간의 지수 이동평균에서 26일간의 지수 이동평균을 차감하면 MACD가 구해진다. 이렇게 계산된 MACD는 결국 단기 이동평균과 장기 이동평균의 간격을 뜻한다. 하지만 여기서 끝나는 게 아니다. 정작 우리의 최종 관심사는 이러한 이동평균선의 간격이 최대한으로 넓어졌을 때를 찾는 데 있다. 그러기 위하여 제럴드 아펠은 MACD를 다시 한번 9일 지수 이동평균으로 평균값을 구하였다. 이를 그는 시그널 라인Signal line이라고 부른다.

> **MACD = 12일 지수 이동평균 − 26일 지수 이동평균**
>
> **시그널 라인 = MACD의 9일 지수 이동평균**

　이제 준비는 다 되었다. 앞서 산출한 MACD를 이용한 거래 방법은 간단하다. MACD 라인과 시그널 라인이 서로 교차할 때를 매수 혹은 매도의 시기로 파악하는 것이다. 시그널 라인은 MACD, 즉 이동평균의 차이를 다시 평균한 것이다. 이 시그널 라인과 MACD 라인이 서로 교차한다면, 이는 주가와 이동평균선이 서로 교차하는 것과 같은 특징을 띤다.

　이동평균선을 하나만 사용할 경우, 일반적으로 주가가 이동평균선 곡선과 서로 교차할 때를 각각 매수 혹은 매도의 시기로 인식한다. 주가가 이동평균을 하향 돌파하면 그게 매도 신호이고, 반대로 주가가 이동평균을 상향 돌파하면 매수 신호이다. 마찬가지로 MACD가 시그널 라인을 교차하여 위로 통과할 때cross above를 매입 신호로 간주하고, 반대로 MACD가 시그널 라인을 뚫고 밑으로 떨어질 때cross below를 매도 신호로 간주하는 것이다. 그리고 MACD 곡선이 0을 통과할 때는 두 이동평균선이 서로 교차(골든크로스 혹은 데드크로스)되는 것을 의미한다.

　하지만 MACD 기법의 요체는 두 이동평균선이 서로 교차할 때가 아니라, 두 이동평균선의 간격이 최대한으로 벌어졌을 때를 찾는 데 있다. 그러니 MACD 곡선과 그것의 이동평균인 시그널 라인이 서로 교차할 때를 거래 타이밍으로 인식해야지, MACD 곡선이 0선을 돌파하는 것에는 큰 의미를 두지 않는다.

MACD를 이용한 거래 사례

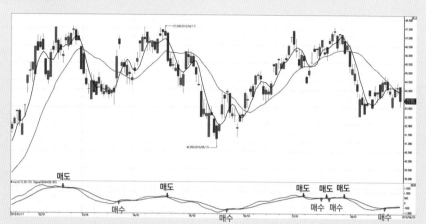

MACD는 골든크로스나 데드크로스, 즉 단기 이동평균선과 장기 이동평균선
이 서로 교차할 때를 거래 타이밍으로 인식하는 대신에 두 이동평균선의 간격에
주목하였다. 두 이동평균선 사이의 폭이 좁아지는 것(수렴)과 넓어지는 것(발산)
을 이용해 매매 시점을 찾을 수 있도록 한 것이다. 구체적으로는 MACD 라인과
시그널 라인이 서로 교차할 때를 매수 혹은 매도 시기로 파악한다.

위의 차트에서 볼 수 있듯이 시스널 라인이 MACD 라인을 상향 돌파하면 매수
신호로 파악하고, 반대로 시그널 라인이 MACD 라인을 하향 돌파하면 매도 신호
로 간주한다.

사례에서 제시한 차트는 삼성전자이다. 차트를 보면 알 수 있듯이 이동평
균선에 의한 매매 신호보다 MACD의 신호가 명백히 빠르다. 이것은 삼성전
자뿐만 아니라 모든 종목 차트에 공통으로 적용되는 사항이다. 이동평균선
에서 골든크로스가 나타나기 훨씬 이전에 MACD 곡선과 시그널 곡선이 서

로 교차하여 매수 신호를 나타내었고, 혹은 이동평균선에서 데드크로스가 나타나기에 앞서서 MACD 곡선과 시그널 곡선이 서로 교차하여 매도 신호를 나타내었음을 확인할 수 있다. 그러니 이동평균의 시차 문제를 해결하는 데는 MACD가 적격이다. 그렇다고 MACD에 장점만 있으라는 법은 없다. 빠르다는 것이 MACD의 장점이지만 오히려 주가의 미세한 움직임에도 반응하여 자칫 '쓸데없는' 신호를 나타내는 경우도 없지 않다. 차트에서 7월과 8월 사이를 살핀다면 MACD와 시그널 곡선이 교차하는 일이 잦아지면서 며칠 만에 금세 매수 신호를 내었다가 다시 매도 신호를 내고, 그러다가 곧 매수 신호로 바뀌는 일이 반복된다. 너무 예민하다 보니 이런 문제가 발생하는 것이다. 그렇다고 민감도를 조정해 버리면 차라리 이동평균선을 안 쓰느니 못하다.

결국, 안정적인 것을 선호하는 투자자라면 이동평균선을 사용하는 것이 옳고, 그게 아니라 다소 불안정하더라도 바닥과 꼭지 근처에서 재빨리 매매하고 싶은 투자자라면 MACD를 사용하는 것이 현명하다.

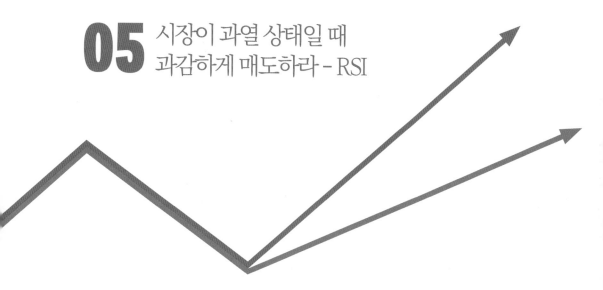

05 시장이 과열 상태일 때 과감하게 매도하라 – RSI

기술적 분석 기법은 가격을 분석하는 방법과 대상에 따라 여러 갈래로 분류할 수 있다. 패턴을 분석할 수도 있고, 혹은 이동평균처럼 추세를 분석할 수도 있다. 그리고 시장의 심리를 분석하는 방법도 사용된다. 그런데 이러한 여러 갈래의 기술적 분석 기법 중에 시장 특성 분석법character of market analysis이라는 분석 기법이 있다. 이것은 주가의 움직임 그 자체보다는 주식이 거래되고 있는 주식시장의 특성, 즉 시장 상황을 분석하여 이를 토대로 시장가격의 움직임을 예측하려는 기법이다.

돈이 걸려 있는 주식시장은 성격상 종종 과열로 치닫거나 혹은 극도의 침체, 하락 상태를 이어갈 때가 많다. 그러나 이런 상황이 오래가는 것은 아니다. 매수세와 매도세 간의 끊임없는 도전과 응전으로 말미암아 결국은 균형을 찾는다. 주식시장은 종종 단기적으로는 비정상적인 상태가 될 수는 있으나, 궁극적으로는 반드시 정상적인 상태로 돌아가는 법이다. 그래서 현재 주식시장의 특성을 분석하여 비정상적인 상태(과열이나 과매도 상태)라면 조만간 정상으로 돌아가려는 움직임이 나타날 것이라고 생각하고 접근하면 효과적이다. 시장이 과열일 때, 그러한 시장 분위기에 휩쓸려 매수하지 않고 오히려 매도한다거나, 반대로 시장이 극도로 침체되어 하락세가 이어질 때 오히려 매수에 힘쓰는 것이 단적인 사례이다.

시장 특성 분석법은 오실레이터Oscillator로 불리는 시장지표를 이용하여 시장의 상황을 객관적으로 분석하는 데서 출발한다. 그중에서도 상대강도지수로 번역되는 RSIRelative Strength Index가 가장 대표적이고 뛰어난 효과를 자랑한다.

RSI는 웰스 와일더Welles Wilder가 개발했는데, 현재 시장에서 형성되고 있는 주가가 어느 정도 강력한 상태인지, 주식시장의 상대적인 강도를 나타낸다. 다른 말로는 시장의 체력이라고 할 수 있다. 과거 일정한 기간에(일반적으로 14일간) 주가 움직임의 체력이 어느 정도인지를 가늠하는 지표라고 생각하면 간단하다. '상승하되 그 강도는 어느 정도인가?', '하락하되 그 강도는 어느 정도인가?' 하는 것이 바로 RSI가 의미하는 바이다.

RSI를 구하는 공식은 다음과 같다.

$$RSI = \frac{\text{일간의 평균 상승 폭}}{\text{일간의 평균 상승 폭} \times \text{일간의 평균 하락 폭}} \times 100$$

$$= \frac{\text{일간 전체 상승 폭}}{\text{일간 전체 상승 폭} \times \text{일간 전체 하락 폭}} \times 100$$

공식에 따르면 만일 과거 14일간 연속으로 가격이 상승하기만 했다면 RSI의 값은 100이 된다. 반대로 14일간 가격이 내내 하락하기만 했다면 RSI의 값은 0이 된다. 이런 두 가지 극단적인 경우를 제외한다면 나머지는 14일 동안 가격이 며칠 오르고, 며칠 내리는 경우가 될 것이다. 이때의 RSI는 0과 100 사이의 숫자로 계산된다. 요약하면 RSI는 최대 100, 최소 0의 값 사이의 수치를 가진다.

만일 어느 종목의 주가 움직임에서 14일 동안의 전체 상승 폭을 다 더해 보니 2,000원으로 산출되었는데 같은 14일 동안 하락 폭의 합계도 2,000원으로 나타났다고 가정해 보자. 결국, 이 종목의 현재 주가는 14일 전의 주가 수준과 같은 상황이다. 이럴 때 RSI의 값은 얼마가 되는가? 공식에 따라 분자에 2,000원을 대입하고, 분모에는 상승 폭의 합 2,000원, 하락 폭의 합 2,000원을 각각 대입하면 RSI의 값은 50%의 수치로 계산된다.

이번에는 다른 경우를 따져보자. 거꾸로 RSI의 값이 75%로 산출된다면 이때의 가격 움직임은 어떨까? RSI의 값이 75%가 되는 경우는 예를 들어, 상승 움직임의 합이 3,000원일 때, 하락 움직임의 합은 1,000원이어야 한다. 다시 말해 분자가 3,000원이고, 분모가 상승 폭 합계(3,000원)+하락 폭 합계(1,000원), 즉 4,000원이 되어야 RSI=75로 계산된다. 결국, RSI의 수치가 75% 이상이 되려면 상승 폭이 하락 폭의 3배가 되어야 한다는 뜻이다.

이는 다소 과한 상태이다. 일반적으로 RSI의 값이 75% 이상이면 주가가 상승하긴 했으나 지금의 주식시장 상황은 주가가 너무 상승한 나머지 시장 분위기가 과열되고 있다는 의미가 있다. 반대로 RSI의 값이 25% 이하라면 지금의 시장 분위기는 과매도 혹은 침체의 의미를 갖는다.

우리는 시장이 과열되었다면 조만간 시장의 상황이 금세 정상으로 돌아가리라는 사실을 알고 있다. 지금 시장은 상승 분위기에 취하여 활활 타오르고 있는 듯하지만, 과열 상태가 오래 이어지는 법은 없다. 오히려 시장이 과열되고, 모든 투자자가 상승세에 도취하여 주가가 끝없이 상승할 것처럼 착각하고 있을 때, 과감하게 주식을 팔고 시장에서 빠져나와야 한다. 바로 이러한 매도의 타이밍, 즉 시장이 과열되었다는 신호를 RSI를 통하여 포착할 수 있다. 그때가 언제인가? 바로 RSI의 값이 75% 이상일 때이다. RSI가 75% 이상으로 나타나면 당연히 지금의 추세는 상승세이다. 그러나 시장이 과열 상태로 치닫고 있는 것이기에, 조만간 과열 분위기가 사그라지고 주가는 하락세로 내려앉을 것이 틀림없다. 그러니 RSI가 75% 이상일 때에는 비록 지금의 분위기가 상승세일지라도 과감하게 주식을 매도하고 시장에서 빠져나와야 한다.

반대의 논리도 성립한다. RSI의 값이 25% 이하로 나타난다면 지금의 추세는 하락세일 것이다. 하지만 그동안 주가가 너무 하락한 나머지 시장의 분위기는 이제 과매도 혹은 극단적인 침체 상태로 주저앉아 있다. 그것을 RSI를 통하여 파악할 수 있다. 그리고 이럴 경우가 바로 바닥이다. 그래서 RSI가 25% 이하로 나타난다면 하락세이므로 과감하게 매수해야 한다.

RSI에는 비단 75% 이상이나 25% 이하라는 사실만으로 매도, 매수 신호를 포착할 수 있는 것 외에 숨겨진 또 하나의 비법이 있다. 그것은 디버전스 Divergence이다. 디버전스는 괴리, 일탈 등의 의미가 있는데, 기술적 분석에서는 주가의 움직임과 RSI 등과 같은 오실레이터의 움직임이 서로 다른 방향으로 진행되는 것을 뜻한다. 다시 말하여 주식시장의 주가는 상승하는데 이를 토대로 산출되는 오실레이터의 값은 오히려 하락하거나 또는 그 반대로 주가는 하락하는데 오실레이터는 상승하는 경우를 말한다. 디버전스가 나타나면 추세 반전이 임박했다는 신호로 해석된다. 그런데 동시에 RSI가 75% 이상으로 나타나는 등 기술적 지표가 매매 신호를 내는 경우, 디버전스 현상이 있을 때가 없을 때보다 매매 신호의 신뢰성이 더 크다.

RSI 등과 같은 오실레이터는 일정한 기간의 주가 움직임을 여러 가지 통계적인 방법으로 가공하고 있기 때문에 주가 그 자체의 일시적인 흐름과는 달리 일정 기간 시장의 매입 세력과 매도 세력 쌍방의 움직임을 좀 더 객관적으로 표현한다. 주가는 일시적으로 어느 한쪽으로 쏠려 단기에 급등하거나 혹은 급락할 수 있으나, 오실레이터는 일정한 기간 동안 객관적으로 산출한 지표이므로 시장의 분위기에 따라 좌우될 공산이 낮다. 그래서 오실레이터는 그만큼 신뢰도가 높다.

그러므로 오실레이터와 주가의 움직임 사이에 괴리가 나타난다면 둘 중 하나는 잘못되어 가고 있다는 뜻이다. 이럴 때는 객관적으로 산출되는 오실레이터가 잘못된 것이 아니라 일시적이고 감각적인 주관에 좌우되는 시장의 주가가 잘못되었다고 간주해야 한다. 시장이 잘못되어가고 있다면 필연적으로 이를 되돌리려는 움직임이 나타나기 마련이고, 이는 결국 추세 전환으로 이어진다. 그래서 디버전스가 나타나고 있음은 시장의 균형에 균열이 나타나고 있으며, 이는 결국 추세가 곧 전환되리라는 것을 강하게 의미한다.

예를 들어, 주가는 전고점을 뚫고 계속 상승하는데 오실레이터가 전고점을 뚫지 못하면 매입 세력의 힘이 곧 소멸되고 매도 세력의 힘이 증대하는 것을 나타내며(매도 신호로 인식된다), 반대로 주가는 전저점을 뚫고 계속 하락하는데 오실레이터는 전저점을 뚫지 못하면 매도 세력의 힘이 곧 소멸하고 매입 세력의 힘이 증대하는 것을 뜻한다(매수 신호로 인식된다).

주가 상승 + 오실레이터 하락 = 하락 전환 예상

주가 하락 + 오실레이터 상승 = 상승 전환 예상

주가 횡보 + 오실레이터 하락 = 하락 전환 예상

주가 횡보 + 오실레이터 상승 = 상승 전환 예상

특히, 매도 비법을 알아내기 위해서는 주가가 하락세로 돌아서려는 순간의 디버전스를 포착하는 것이 대단히 중요하다. 주식시장의 주가는 계속 고점을 경신하면서 상승하고 있는데, RSI 등과 같은 오실레이터의 값은 오히려 하락하는 것이 강력한 추세 전환의 신호, 즉 디버전스가 되는 것이다. 이러한 디버전스를 읽어내는 눈을 가진다면 추세 전환의 시기를 포착하고, 매도 타이밍을 잡아내는 데 대단히 효과적이다.

 RSI를 이용한 거래 사례

RSI가 75% 이상으로 나타나면 과열 상태로 치닫고 있기에 조만간 주가가 하락세로 돌아설 것이 틀림없다. RSI가 75% 이상일 때는 과감하게 주식을 매도하고 시장에서 빠져나와야 한다. 그리고 매우 중요한 것으로는 매도 디버전스를 찾아내는 것이 매도의 시기를 정하는 데 결정적이다.

다음 차트에서 2018년 1월에서 2월에 이르기까지 RSI와 주가 움직임 사이에 디버전스가 나타났다. 혹은 8월과 9월에도 마찬가지의 양상을 발견할 수 있다.

　당시 주식시장에서 겉으로 보기에 주가는 더욱 상승하는 것 같았으나 그 속을 들여다보았을 때 RSI의 고점은 오히려 낮아지는 양상이 나타났고, 이는 결국 추세 전환, 하락세로 전개되었다. 매도 디버전스가 나타나고 있음은 시장의 균형에 균열이 나타나고 있으며, 이는 결국 추세가 곧 하락세로 전환되리라는 것을 강하게 의미한다.

　반대로 RSI가 25% 이하인 상태에서 주가와 RSI의 움직임 사이에 디버전스가 나타난다면, 이는 강력한 매수 신호로 간주될 수 있다. 차트에서는 3월과 4월 사이에 추세의 상승 전환을 알리는 매수 디버전스를 발견할 수 있다. 혹은 2018년 12월과 2019년 1월 사이에서도 역시 매수 디버전스가 발견된다.

06 현재의 주가 수준을 확인한다 - 스토캐스틱

Stock investment 스토캐스틱Stochastic은 조지 레인George Lane

이 개발한 지표이다. 스토캐스틱의 원리는 간단하다. 만일 현재의 추세가 상

승세라면, 가장 최근의 종가(즉 오늘의 종가)는 과거 일정한 기간(일반적으로 5

일을 사용한다.)의 가격 움직임 밴드Trading range에서 위쪽에 형성되는 경향이

높고, 반대로 현재의 추세가 하락세라면 가장 최근의 종가(즉 오늘의 종가)는

과거 일정한 기간의 가격 움직임의 밴드에서 아래쪽에 형성되는 경향이 높

다는 사실에서 출발한다.

　얼핏 생각하기에 스토캐스틱의 원리가 그럴싸해 보이지만, 이는 지극히

당연한 이야기이다. 현재의 추세가 상승세라면 당연히 오늘의 종가는 최근

5일간의 가격 움직임에서 고점 근처에 위치해 있을 것임은 쉽게 짐작할 수

있고, 반대로 지금이 하락세라면 오늘의 종가는 5일간 움직임에서 저점 근처에 머물러 있을 것임은 당연하다. 그런데 이처럼 지극히 당연한 사실을 이용하여 조지 레인은 멋있고 효과적인 기술적 지표를 만들어냈다.

오늘 종가의 위치가 5일 동안의 가격 움직임 중에서 어느 정도의 위치에 있는가를 파악하는 것이 스토캐스틱 지표이다. 이를테면, 현재의 주가가 과거 5일 동안의 움직임에서 고점 근처에 있는지 아니면 저점 근처에 있는지를 계산해 내는 것이 스토캐스틱이다. 앞서 살펴보았듯, 지극히 당연한 귀결이지만, 현재의 추세가 상승세라면 오늘 종가는 최근 5일간의 가격 움직임 밴드 중에서 위쪽에 형성되어 있을 테고, 반대로 현재의 추세가 하락세라면 오늘의 종가는 최근 5일간의 가격 움직임 밴드 중에서 아래쪽에 형성되어 있을 것이다. 거꾸로 말하여 오늘의 종가 위치가 5일간의 가격 움직임 밴드에서 위쪽인지 아래쪽인지를 확인한다면 현재의 추세를 확인할 수 있다는 말이 된다.

스토캐스틱은 5일 동안의 최고가에서 최저가를 차감한 수치와 오늘의 종가의 위치를 서로 비교하는 방식으로 산출된다.

그 공식은 다음과 같다.

$$\text{스토캐스틱의 \%K} = \frac{C-L5}{H5-L5} \times 100$$

H5 : 5일 동안의 최고가 / L5 : 5일 동안의 최저가 / C : 오늘의 종가

만약, 과거 5일 동안의 최저가가 1,000원이고 최고가가 1,500원 그리고 오늘의 종가가 1,450원으로 결정되었다면, [(1450 - 1000) / (1500 - 1000)] × 100 = 90으로 산출된다. 이는 결국 오늘의 종가 1,450원이 최근 5일간의 최고 1,500원, 최저 1,000원으로 구성되는 가격 밴드에서 90%의 위치에 머물러 있다는 뜻이다. 만일 오늘의 종가가 1,500원, 즉 최근 5일간의 최고치라면 %K의 값은 100으로 산출될 것이다. 반대로 오늘의 종가가 5일간의 최저치, 예컨대 앞의 사례에서처럼 1,000원이라면 %K의 값은 0으로 산출된다. 그러니 %K의 값은 최저치와 최고치로 구성되는 5일간의 가격 밴드 중에서 현재의 종가가 그 밴드 중에서 (등산으로 비유한다면) 몇 부 능선에 있는지를 표시한 것이다. 그리고 단순히 K라고 하지 않고 %K라고 표시하는 것은 '백분율'로 0에서 100까지 움직이는 비율이라는 뜻이다. 아울러 스토캐스틱에는 %D라는 지표도 사용된다. 이것은 %K를 3일간 이동 평균한 것이다.

스토캐스틱에서 사용되는 %K와 %D를 계산해 보았으니 이제부터는 이를 이용한 거래 방법을 생각해보자. 앞서 살펴보았듯 %K의 값이 100으로 산출된다면 오늘의 종가가 5일간의 가격 중 가장 최고가라는 것을 뜻한다. 반면 %K의 값이 0으로 산출되면 오늘의 종가가 5일간의 가격 중에서 가장 최저가라는 것을 뜻한다. 그래서 앞선 RSI의 예에서와 마찬가지로 %K의 값도 최대한 100, 그리고 최소한 0 사이에서 움직인다. 그리고 일반적으로 %K의 값이 85 이상일 때 시장이 과열되었다고 인식되며, 반대로 %K의 값이 15 이하일 때, 시장은 과매도 상태라고 판단한다.

오늘의 종가가 5일간의 최고가라고 하여 당장 지금의 시장 상황이 과열 상태라거나 혹은 오늘의 종가가 5일간의 최저가라고 하여 당장 지금의 시장 상황이 과매도 상태라고 단정하기에는 무리가 있다. 시장의 사정에 따라서 오늘 하루 정도 일시적으로 주가가 크게 치솟거나 혹은 크게 주저앉을 수도 있고, 그러다가 다시 정상을 되찾을 수도 있기 때문에 단 하루의 일로 과열 혹은 과매도를 단언하기에는 성급하기 때문이다. 그리고 시장은 종종 추세가 연장되기도 하므로 확연히 지금의 시장 상황이 과열이나 과매도 기미가 엿보일지라도 그런 상황에서 금세 정상으로 돌아가기보다는 한동안 비정상적인 행보를 이어가는 경우도 많다.

우리가 쉽게 기억하듯이 주식시장이 한창 상승 열기에 휩싸일 때면 투자자들은 앞뒤 가리지 않고 주식 사 모으기에 열을 올리곤 하였고, 그로 인하여 주식시장의 이상 과열 상태가 한참이나 이어지는 경우도 많았다. 반대로 주식시장의 하락 추세가 이어질 때는 온갖 악재와 흉흉한 소문이 돌면서 투자자들은 앞뒤 가리지 않고 매도하기에만 바빠 과매도 상태가 한참이나 지속되는 경우도 많았다. 그러니 단순히 하루, 이틀만의 과열이나 과매도 상태를 확인하고 서둘러 매도, 매수하는 것은 성급하기 짝이 없는 행동이다.

여기에 바로 %D가 활용된다. %D 선은 %K의 3일간 이동평균이므로 이동평균의 원리를 이용하면 거래 시점을 찾을 수 있다. 즉 %K의 값이 85 이상이라면 일단 시장은 과열인 상태이다. 그러나 이러한 과열 상태가 언제 고개를 숙일지, 즉 주가의 하락세가 나타날지는 아직 알 수 없다. 그런데 이런 상태에서 %K와 %D 선이 서로 교차한다고 하자. 그렇다면 결국 %K 선의 상승세가 고개를 숙이는 것이므로 바로 이 순간이야말로 주식시장이 과열 상태에서 정상으로 접어들기 시작하는 시점이라고 판단된다. 다시 말하여 %K

선과 %D 선이 85 이상에서 서로 데드크로스를 나타낸다면 이는 즉각적인 매도 신호로 간주한다. 반대로 매수 신호는 거꾸로 생각해보면 된다. %K의 값이 15 이하인 상태에서 %K와 %D 선이 서로 교차하여 골든크로스를 만들어내면 매수 신호로 간주한다.

그런데 실전에서는 스토캐스틱보다 이를 더 완화한 지표가 사용되는 경향이 높다. 스토캐스틱의 산출 기간이 상당히 짧기 때문이다. 예를 들어, 매매 신호를 알려주는 %K는 최근 5일간의 가격 움직임을 토대로 하며, %D는 %K의 3일간 이동평균에 불과하므로 둘 다 매우 단기간의 움직임을 토대로 산출되고 있다. 그러므로 실제로 스토캐스틱을 거래에 활용할 경우, 종종 %K와 %D의 변동 폭이 너무 극심하게 나타나 이용하기가 힘든 단점이 있다. 금세 매도 신호가 나타났다가 하루 만에 매수 신호로 돌아서는 등 변덕이 극심하기 일쑤이다. 그래서 이를 보완하기 위해 고안된 것이 바로 완만한 스토캐스틱, 즉 슬로우 스토캐스틱이다. 이것은 %K , %D 선을 다시 이동평균하여 완만한 곡선을 얻어낸 것이다.

슬로우 스토캐스틱은 먼저 기존의 %K 선과 %D 선을 각각 산출한 다음 %K는 버리고, %D 선을 새로운 %K 선(slow %K)으로 사용하며, 기존의 %D 선을 3일간 이동평균하여 새로운 %D 선(slow %D)으로 사용한다. 예를 들어, 차트 프로그램 등에 슬로우 스토캐스틱 수치가 5, 3, 3으로 표시된다면, 이는 5일 동안의 가격 움직임으로 %K 선을 구하고, 이를 3일 이동평균하여 %D 선을 산출한 것이 슬로우 스토캐스틱의 %K 선이며, 거기에 이 슬로우 %K 선을 3일간 이동평균하여 슬로우 %D 선을 구했다는 의미가 된다. 그리고 매매 신호는 새로운 %K 선(slow %K)과 새로운 %D 선(slow %D)이 서로 골든크로스를 나타내면 매수 신호, 반대로 서로 데드크로스를 나타내면 매도 신호로 인식한다. 완만한 스토캐스틱을 이용하면 매매 신호가 그리 자주 나타나지 않는 데다 안정적이라는 장점이 있다. 물론 안정적이지만, 매매 신호가 다소 늦다는 단점은 있다.

마지막으로 스토캐스틱이건 완만한 스토캐스틱이건 완벽한 매도 신호는 %K(혹은 완만한 %K)가 85 이상인 상태에서 %K 선과 %D 선이 서로 데드크로스(즉 %K 선이 %D 선을 하향 돌파하는 것) 하는 것으로 파악된다. 그리고 완벽한 매수 신호는 %K(혹은 완만한 %K)가 15 이하인 상태에서 %K 선과 %D 선이 서로 골든크로스(즉 %K 선이 %D 선을 상향 돌파하는 것) 하는 것이다. 결국 %K의 값이 85 이상 혹은 15 이하라는 조건, 다시 말하여 시장의 상황이 과열이거나 과매도된 상황에서 %K 선과 %D 선이 서로 교차하면, 바로 결정적인 매도 혹은 매수 신호가 촉발되는 셈이다.

그런데 %K 가 15에서 85 사이인 어정쩡한 상황에서 %K 선과 %D 선이 서로 교차하는 것은 어떻게 해석해야 할까? 결론부터 말한다면 이것 역시 강력한 매매 신호가 된다.

이론적으로 %K의 값이 15 이상에서 85 이하인 상황에서 %K 선과 %D 선이 서로 교차하는 것을 '실패failure'라고 부른다. %K의 값이 15 이하일 때 나타난 매수 신호가 완성되려면 %K의 값이 85 이상이 될 때까지 %K 선과 %D 선이 서로 교차하지 않았어야 한다. 다시 말하여 매수 신호를 유지하는 데 실패fail to keep buying signal했다는 뜻이다. 매수 신호를 유지하는 데 실패했으니 즉각 매도하라는 뜻일 수밖에 없다. 실제로 실패 신호가 나타나면 강력한 추세 전환이 발생한다. 그래서 매수 신호가 나타난 이후, %K의 값이 85

이상이 아닐지라도 그 중간 어정쩡한 수준에서 %K 선과 %D 선이 서로 교차하면 즉각 매도해야 한다.

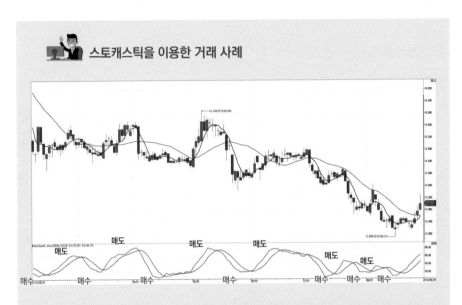

다음 차트는 LG유플러스의 사례이다. 차트에 나타나고 있듯 %K 선과 %D 선이 85 이상에서 서로 데드크로스를 나타낸다면 이는 즉각적인 매도 신호로 간주된다. 그러나 차트에서는 비단 85 이상에서 %K와 %D 선이 교차하는 것이 아니라 %K의 값이 15 이상에서 85 이하인 상황에서도 %K 라인과 %D 라인이 서로 교차하는 것을 볼 수 있다. 이를 '실패'라고 부르며, 이것 역시 강력한 매도 신호이다. 매수 신호를 유지하는 데 실패하였으니 즉각 매도하라는 뜻이다. 실패 신호가 나타나면 강력한 추세 전환이 발생한다. 그래서 매수 신호가 나타난 이후, %K의 값이 85 이상이 아닐지라도 그 중간 어정쩡한 수준에서 %K 선과 %D 선이 서로 교차하면 즉각 매도해야 한다.

실패라는 것은 결국 매수 신호를 유지하는 데 실패한 만큼 직전의 매수 신호에 따라 매수한 거래는 결과적으로 손해를 볼 수밖에 없다. 하지만 이러한 약간의 손해를 두려워하여 매도하지 않는다면 오히려 손실 금액은 눈덩이처럼 불어날 수 있으니 주의해야 한다. 강조하지만 실패 신호가 감지되면, 즉각 매도해야 한다. 그것이 손해를 줄이는 방법이다.

또한, 차트에서는 주가가 한참 오른 상태에서 %K 선과 %D 선이 85 이상일 때 교차하여 무난하게 매도 신호를 나타내는 경우를 쉽게 발견할 수 있다. 혹은 거꾸로 주가가 한참 내린 연후에 %K 선과 %D 선이 15 이하일 때 교차하여 무난하게 매수 신호를 나타내는 경우도 많다. 하지만 차트에서 오른쪽, 즉 2019년 8월 중에는 %K 선과 %D 선이 자주 교차하면서 '실패' 신호를 나타내는 모습을 발견할 수 있다. 실패는 강력한 추세 전환의 신호이므로, 그때마다 우리는 매수 혹은 매도 거래를 해야 하니 괜한 '헛손질'을 하는 결과를 낳는다. 하지만 이는 기술적 지표로 매매하는 한 피할 수 없는 한계이다. 기술적 지표가 먼저 움직이고, 그 뒤에 주가가 움직이는 것이 아니라, 주가가 먼저 움직인 연후에 그 움직임을 토대로 기술적 지표가 매매 신호를 나타내는 것이라서 주가의 불규칙한 움직임이 이어지면 기술적 지표는 어쩔 수 없이 갈팡질팡하는 양상을 보일 수밖에 없다. 그렇다고 기술적 지표를 사용하지 않을 수도 없는 노릇이다. 그렇다면 어떻게 해야 할까?

이럴 때는 기술적 지표를 전적으로 신뢰하고, 그 지표가 지시하는 대로 거래한다면 분명히 성과가 좋다.

대부분 투자자가 실패하는 이유는 기술적 지표가 자신에게 유리한 방향으로 움직이면, 즉 수익이 나고 있을 때는 기술적 지표의 지시를 고분고분 잘 이행하지만, 주가의 움직임이 종종 불규칙해져서 지표의 매매 신호가 들쭉날쭉하거나, 혹은 자신에게 불리한 방향으로 매매 신호가 나타날 경우에는 이를 무시하기 때문이다. 아무리 기술적 지표의 신호가 갈팡질팡하더라도 합리적, 과학적 근거를 토대로 산출된 것이니 인간의 턱없는 '느낌'보다야 나을 것이다. 기술적 지표를 믿지 않을 바에야 차라리 기술적 분석을 하지 않는 것이 더 옳다. 이왕 기술적 분석을 택하고 차트를 이용한다면, 그 지시에 철저하게 따르는 것이 현명한 선택이다.

07 매수세와 매도세의 균형이 한눈에
– 일목균형표

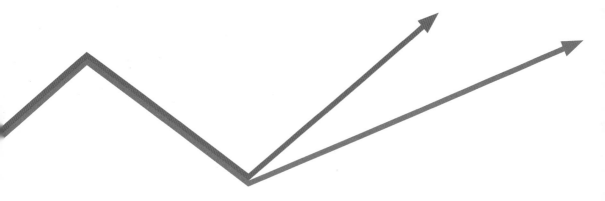

Stock investment 일목균형표는 1935년경 일본의 일목산인一
目山人(호소다 코이치)에 의하여 개발되었다. 일목균형표가 뜻하는 바는 시장의
가격 움직임을 예상하기 위하여, 매수세와 매도 세력 간의 '균형'이 어느 쪽
으로 쏠려 있는지를 '일목요연'하게 나타내는 '표'라는 데에 있다.

시장에서 세력 간의 균형은 결국 가격의 향방을 좌우한다. 매수세가 적극
적이라면 시장에서의 힘의 균형은 매수하는 쪽으로 쏠리기 마련이며, 이럴
경우 주가는 오른다. 반대로 매도세가 적극적이라면 시장에서의 힘의 균형
은 매도하는 쪽으로 쏠리기 마련이며, 이럴 경우 주가는 하락한다. 그러기에
주가가 오를지 내릴지를 예측하기 위해서는 무엇보다도 시장에서 매수세와
매도세 간의 세력 균형을 살피는 것이 대단히 중요하다.

일목균형표는 이러한 시장의 '균형'을 알려주는 역할을 한다. 이를 그림으로 표현하여 시각화시키면 그 생각을 더욱더 구체화할 수 있다. 그래서 시장의 세력 균형을 '표', 즉 그림으로 나타내는 것이 일목균형표이다.

일목균형표는 전환선, 기준선, 선행스팬1, 선행스팬2 그리고 후행스팬으로 구성되는데, 거기에다 봉 차트까지 포함하여 이들 여섯 가지 요소를 일목균형표의 괘선罫線이라고 한다. 모든 괘선이 저마다 맡은 역할이 있어서 어느 하나 덜 중요하다고 말할 수는 없으나, 굳이 꼽으라면 그중에서도 특히 기준선과 전환선이 가장 중요한 역할을 한다. 기준선과 전환선 그리고 주가와의 관계를 통하여 매매 타이밍을 찾을 수 있기 때문이다.

먼저 기준선은 당일을 포함하여 과거 26일 동안의 최고치와 최저치의 중간값으로 구해진다. 그런데 여기서 중간값이라는 말이 대단히 중요하다. 중간값median이란, 결국 그것이 구해지는 기간을 대표하는 대표값이 된다. 그리고 중간값이므로 이동평균선에 사용되는 평균average과는 달리 기간 중의 최고치, 최저치 두 수치만 있으면 구할 수 있다. 이동평균을 구할 때는 그 기간 중의 가격이 모두 필요하지만 중간값을 구할 때는 최고, 최저치가 아닌 다른 어중간한 값들은 모두 무시한다.

기준선은 그것이 시사하는 바와 같이 추세의 '기준'이 되는 역할을 한다. 이는 추세선의 방향으로 판단하여 기준선의 방향이 상승세라면 현재의 추세도 상승세임을 의미하며, 거꾸로 기준선이 하락하고 있으면 현재의 추세도 하락세임을 의미한다.

기준선과 주가와의 관계로도 추세를 파악할 수 있다. 즉 기준선은 추세의 기준이 되는 선이므로 현재의 주가가 기준선 위에 있으면 현재의 추세는 상승세라고 판단할 수 있으며, 반대로 현재 시장의 주가가 기준선 아래에 위치한다면 현재의 추세는 하락세라고 말할 수 있다. 얼핏 보기에 이것은 기준선이 추세의 기준이 되는 선이라는 말을 약간 응용한 것에 지나지 않으나 사실 대단히 중요한 의미를 가진다. 단순히 현재의 주가가 기준선과 관련하여 어떤 위치에 있는지 살피는 것만으로도 충분히 추세의 방향을 읽을 수 있기 때문이다.

전환선은 당일을 포함하여 과거 9일 동안의 최고치와 최저치의 중간값으로 구해진다. 앞서 설명한 기준선과 전환선과의 차이는 구하는 기간이 기준선은 당일을 포함한 과거 26일간인데 비하여 전환선은 당일을 포함한 과거 9일간이라는 것밖에 없다. 기준선이나 전환선 둘 다 중간값이며, 또한 산출되는 기간 중의 최고가와 최저가로 구해진다. 여기서 최고가와 최저가는 종가가 아니라 장중에 기록된 최고가, 최저가를 의미한다.

전환선은 기준선보다 짧은 기간(기준선은 26일간이지만 전환선은 9일간)의 최고치, 최저치의 중간값으로 구해진다. 그러므로 앞서 살펴보았듯 기준선이 추세의 방향을 보여주는 선이라고 한다면, 이보다 짧은 기간으로 만들어지는 전환선은 기준선보다 훨씬 빨리 추세 방향을 알려줄 것이다. 실제로 기준선이 추세의 방향을 가늠하는 기준이 되는 선이라면, 전환선은 문자 그대로 추세의 전환을 일러주는 곡선이 된다. 즉 전환선이 상승하면 추세가 상승세로 전환하고, 반대로 전환선이 하락하면 추세가 하락한다. 그러므로 전환선의 방향만으로 추세를 확인하고 매매 타이밍을 잡기에는 현실적으로 어렵다. 전환선은 9일간이라는 비교적 짧은 기간에 만들어진 최고가, 최저가의 중간 값이므로 그 움직임으로 추세를 단정한다면 자칫 성급한 결정이 되기 쉽기 때문이다. 그러기에 가장 단순한 거래 방법으로 전환선과 기준선의 관계를 살피는 방법이 사용된다.

지금의 추세가 상승세라고 가정해 보자. 추세가 상승세라는 것은 결국 시간이 지날수록 저점과 고점이 차례차례 상승하는 것이다. 그래서 지금의 추세가 상승세라면 의당 가장 가까운 최근 9일 동안의 최고치와 최저치가 그보다 먼, 그래서 아직 주가가 덜 오른 상태인 과거 26일간의 최고치와 최저치에 비해서 높을 수밖에 없다.

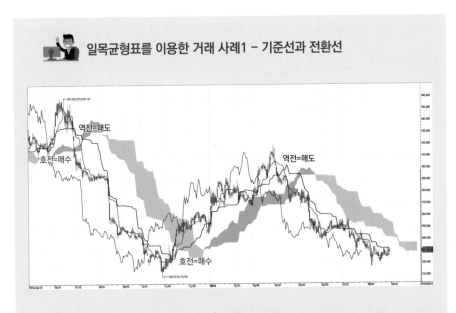

일목균형표를 이용한 거래 사례1 – 기준선과 전환선

일목균형표는 주식시장에서 매수세와 매도세 간의 세력 균형을 그림으로 나타낸다. 매수세가 우세하면 주가가 오르고, 매도세가 우세하면 주가는 하락한다.

이때 전환선이 기준선을 상향 돌파하면(호전) 매수 타이밍이고, 반대로 전환선이 기준선을 하향 돌파하면(역전) 매도 타이밍으로 인식한다.

216

거꾸로 지금이 하락세라면 최근 9일간의 주가를 기준으로 계산되는 전환선의 값이 기준선의 값보다 적을 수밖에 없다. 그러니 전환선이 기준선보다 위쪽에 있으면(값이 크면) 지금의 추세는 상승세이고, 반대로 전환선이 기준선 아래쪽에 있으면(값이 적으면) 지금의 추세를 하락세라고 판단해야 한다.

같은 논리로 기준선과 전환선이 서로 그 방향을 바꿀 때가 바로 적절한 거래의 타이밍이 될 것이다. 이동평균법을 이용하는 거래(물론 기준선이나 전환선은 이동평균선과는 성격이 다르다.)에서도 단기 이동평균선이 장기 이동평균선을 상향 돌파할 때를 골든크로스라고 하여 매수 신호로 인식하고, 반대로 단기 이동평균선이 장기 이동평균선을 하향 돌파할 때, 이를 데드크로스라고 하여 매도 신호로 인식한다.

일목균형표에서도 마찬가지의 원리가 적용된다. 9일간의 중간값으로 구해지는 전환선은 단기 이동평균선과 유사하고 26일간의 중간값으로 구해지는 기준선은 장기 이동평균선과 유사하므로 이동평균법에서 사용되는 기법이 여기서도 적용될 수 있다.

기준선과 전환선이 서로 교차할 때가 바로 매매 타이밍이다. 전환선이 기준선을 상향 돌파하면(호전) 매수 타이밍이고, 반대로 전환선이 기준선을 하향 돌파하면(역전) 매도 타이밍으로 인식한다.

일목균형표에서 기준선과 전환선과의 관계를 통하여 매매 타이밍을 잡는 것은 지극히 단순한 방법이다. 그리고 단순한 방법일수록 실천하기가 쉽고, 실패할 확률도 낮다. 그런데 일목균형표에서 기준선과 전환선을 이용하는 단순한 방법에서 한 단계만 더 나아가면, 추세의 방향을 더욱더 일목요연하게 알아볼 방법이 있다. 바로 선행스팬1과 선행스팬2로 구성되는 구름대와

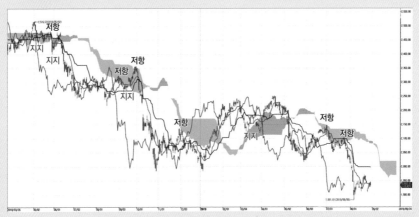

구름대는 지지선이나 저항선으로 작용하며 또한 주가가 구름 위에 있으면 현재의 추세는 상승세이고, 주가가 구름 아래에 위치하면 현재의 추세는 하락세이다. 그러니 주가가 구름 위에 위치한 종목은 매수 위주 전략을 펼치고, 구름 아래에 위치한 종목은 매도 위주의 전략을 펼쳐야 한다. 구름 아래로 내려간 종목이라면 아예 관심조차 기울이지 않는 것이 좋다.

나중에 그 종목이 바닥에서 반등하여 구름을 상향 돌파하면 그때 비로소 매수하여도 늦지 않다.

주가와의 관계를 따져보는 방법이다.

우선, 선행스팬1은 앞에서 구한 기준선과 전환선의 중간값으로 구해진다. 그런데 선행스팬1을 계산하는 방법은 간단하지만, 그것을 차트에 표시하는 방법은 주의해야 한다. '선행'이라는 말에서 알 수 있듯 오늘의 기준선과 전환선으로 산출된 선행스팬을 차트의 오늘 날짜에 표시하는 것이 아니라, 26일 후의 일자를 선행하여 표시한다. 오늘 장중에 기록된 장중고점, 장중저점, 종가 등에다가 기준선, 전환선 등은 모두 차트의 오늘 날짜 자리에 표시한다. 그러나 선행스팬은 오늘 날짜가 아니라, 차트의 미래 26일 후의 날짜가 되는 곳에 표시한다. 예컨대 오늘이 1월 3일이라면 26영업일 후가 되는 2월 8일에 선행스팬을 표시한다.

선행스팬2는 앞서 설명한 전환선이나 기준선과 같은 개념의 중간값이지만 구하는 기간이 다소 길다. 전환선은 당일을 포함하여 과거 9일, 그리고 기준선은 당일을 포함하여 과거 26일간의 기간 중 최고, 최저치의 중간값으로 구해지지만 선행스팬2의 경우는 당일을 포함하여 과거 52일간의 최고, 최저치의 중간값으로 구해진다. 그리고 선행스팬2도 선행스팬1과 마찬가지로 차트에 오늘 날짜에 표시하는 것이 아니라, 26일 후의 날짜에 선행하여 표시한다. 이때 선행스팬1과 선행스팬2로 만들어지는 공간에 빗금을 긋고, 이를 '구름'이라고 한다. 구름대는 저항선이나 지지선으로 작용하는 등 상당히 중요한 의미가 있다.

선행스팬은 당일의 주가 움직임으로 만들어진 것이 아니다. 그것은 과거 26일 전에 미리 만들어져서 그때로부터 26일 앞에 미리 표시되어 있던 것인데, 그 선행스팬1과 선행스팬2를 지금에야 만나게 되는 것이다. 물론 오늘의 주가 움직임으로 만들어진 선행스팬1과 선행스팬2는 앞으로 26일 후에 당시의 주가에 영향을 미칠 것이다.

이때 선행스팬으로 구성되는 구름대는 지지선이나 저항선의 역할을 톡톡히 수행한다. 그러므로 이를 이용한다면, 가격이 구름대에 근접하면 지지나

저항을 기대하여 이에 따른 거래를 할 수 있을 것이다. 또한, 구름대가 지지선이나 저항선으로 작용한다는 말은 결국 주가가 구름 위에 있으면 현재의 추세가 상승세라는 것을 의미하고, 반대로 주가가 구름 아래에 위치한다면 현재의 추세가 하락세라는 것을 의미한다.

PART 6

실전 매도
전략

사실 지금까지 우리가 살펴본 것도 결국 이 장의 결론을 끌어내기 위한 과정이었다. 주식투자는 워낙 심리적인 요인이 많이 작용하는 거래이므로 합리적, 이성적인 논증으로는 설명할 수 없는 일들이 많이 벌어진다. 앞서 하이닉스의 사례에서도 다루었지만, 사람들은 자신이 저지른 잘못 혹은 투자 실패담을 다시는 생각하고 싶지 않아 한다. 그걸 억지로 잊고 싶어 하고, 기억에서 지워 버리고 싶어 하는 것이다. 그러다 보니 매수했다가 현재 손해가 나고 있는 주식이라면 아예 쳐다보기조차 싫어하는 사람도 있다. 실패를 인정하고 고칠 생각은 하지 않고, 억지로 자신의 고집만 밀고 나가거나 혹은 손실이 두려워서 애써 무시한다면, 아무리 좋은 주식을 좋은 타이밍에 매수하였다고 하더라도 그 결과가 좋을 수는 없다.

여기서는 이제까지 다루어 왔던 것들을 모두 종합하고, 요약하면서 매도 타이밍을 잡는 방법, 매도하는 기술을 조금 더 구체적으로 살펴본다. 그런데 사실 각각의 매도 기술, 매도 전략은 숫자가 워낙 많음으로 일반화하기에는 어려움이 있다. 그러므로 앞으로 여기서 다루는 사례를 모범 답안으로 하여 자신만의 매도 기술로 승화시키는 노력을 해야 한다.

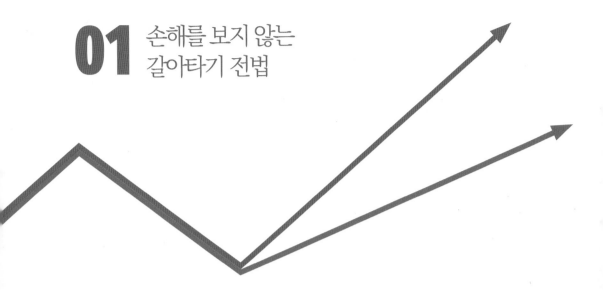

01 손해를 보지 않는 갈아타기 전법

Stock investment 투자자들이라면 누구나 자신이 가지고 있는 종목이 시장의 움직임에 비해 더디게 상승하면 초조해지기 마련이다. 그러기에 더디고 느릿느릿하게 오르고 있는(혹은 다른 종목은 다 오르고 있는데, 자신이 보유하고 있는 종목은 하락하고 있는) 기존의 종목을 팔고, 다른 종목으로 '말을 갈아타고 싶은' 유혹에 빠질 것이다. 그러나 갈아타기는 그리 쉬운 선택이 아니다. 자칫 잘못하면 일이 더욱 엉망으로 꼬일 가능성이 크므로 주의해야 한다. 오히려 단순한 갈아타기라면 차라리 하지 않는 편이 좋다.

단순히 종목을 갈아타기 위한 목적이라면 기존에 보유하던 주식을 팔아서는 안 되는 이유가 몇 가지 있다. 예컨대 새로운 주식을 매수하기 위하여 기존의 주식을 파는 것은 종종 잘못을 이중으로 저지르는 결과를 초래한다. 보유하고 있는 종목을 매도하는 타이밍이 나쁠 수 있다는 것이 이 거래의 첫 번째 위험이고, 새롭게 사들이는 주식의 매수 시기나 아예 종목 선택이 잘못 될 수가 있다는 것이 이 거래의 두 번째 위험이다. 복잡하게 말할 것 없이 하 나를 팔고 다른 것을 사들이는데, 파는 선택과 사들이는 선택이 각각 잘못될 수 있다는 말이 된다. 그러니 성공적인 갈아타기가 되려면 매도하는 타이밍 도 좋아야 하면서 동시에 새롭게 매수하는 종목의 선택과 타이밍 또한 적절 해야 한다는 조건이 뒤따른다. 만일 두 조건 중에서 어느 하나라도 충족하지 못한다면 결과가 좋을 수 없다.

앞쪽에 나왔던 현대자동차 주식을 보유하고 있다가 기아자동차 주식으로 말을 갈아탄 갑순이의 사례를 기억해보자. 갑순이는 기아자동차 주식을 보 유하고 있다가 추가로 현대자동차의 주식을 매수한 것이 아니라, 증권회사 에 다니는 친척의 권유로 기아자동차를 팔고, 그 돈으로 현대자동차를 매수 하였다. 하지만 이런 거래가 성공적인 거래가 되려면 매도한 기아자동차 주 식의 상승률에 비해 신규로 매수한 현대자동차 주식의 상승률이 훨씬 뛰어 나야 한다. 두 종목의 상승률이 엇비슷하다면 괜히 쓸데없이 사고파는 거래 를 하여 증권회사 수수료만 불려준 꼴이 된다. 그렇지 않고 매도한 기아자동 차 주식의 상승률에 비해 신규로 매수한 현대자동차 주식의 상승률이 낮다 면, 그냥 고이 보유하고 있을 걸 괜히 팔아버렸다는 후회가 두고두고 가슴 한구석에 남는다. 그러므로 한 종목을 팔고, 다른 종목으로 갈아타는 거래가 성공하려면, 상당히 까다로운 조건을 통과해야 한다(기아자동차를 팔아버리고 증권회사 다니는 친척의 권유로 현대자동차로 갈아탄 갑순이는 나중에 후회로 땅을 쳤 다.). 말을 갈아타서 성공하기란 그만큼 어렵다.

한 종목을 팔고, 그 돈으로 다른 종목을 신규로 매수하는 종목을 갈아타는 행위의 결과는 다음 매트릭스와 같다. 그리고 매트릭스를 보면 알 수 있듯이 성공적인 갈아타기가 될 확률은 3/15로, 겨우 27%에 지나지 않는다. 매트릭스를 보는 법은 간단하다. 예를 들어, 매도한 종목의 주가가 이후 상승했지만 새롭게 매수한 종목의 주가는 오히려 하락하였다면, 매트릭스의 첫 번째 줄 제일 오른쪽 칸에 표시되듯 그 거래는 실패한 것으로 간주한다. 이런 방식으로 여러 가지 경우의 수를 따져보면, 결국 매도하자마자 즉각 다른 종목을 사들이는 식의 거래에서 성공할 확률은 상당히 낮다는 것을 알 수 있다.

이처럼 매수와 매도 거래를 동시에 해치우는 것보다 한쪽만 움직일 때가 훨씬 성공할 확률이 높다. 이를테면 신규로 매수하고 매도하지 않거나, 혹은 매도하기만 하고 신규로 매수하지 않을 때 오히려 성공적인 거래가 될 확률이 높아진다는 뜻이다.

		새롭게 매수한 종목의 주가 움직임				
		매도 종목보다 강한 상승	매도 종목보다 강한 상승	매도 종목보다 더 많이 하락하거나 덜 상승	횡보	하락
매도한 종목의 주가 움직임	상승	성공	괜한 수수료 부담	실패	실패	실패
	횡보	성공	괜한 수수료 부담	중립	괜한 수수료 부담	실패
	하락	성공	괜한 수수료 부담	실패	성공	괜한 수수료 부담

매도하기만 하고 신규로 매수하지 않는 경우를 생각해보자. 그 거래가 성공적인 거래가 되려면 매도한 종목의 주가가 하락하기만 하면 된다. 확률로 말한다면 50%에 이른다. 성공할 확률이 27%인 갈아타기의 경우보다 단연 성공 확률이 높다. 하지만 갈아타기가 성공할 확률이 낮다고 하여 반드시 실패한다는 말은 아니다. 여전히 27%라는 성공 가능성이 열려 있다. 그러나 확률이 낮은 것은 분명하다. 성공할 가능성이 확률적으로 낮으니 더욱더 신경 써서 갈아타기를 해야 한다.

성공적인 갈아타기가 되려면 그냥 단순하게 한 종목을 팔고, 다른 종목을 매수하는 식의 접근법은 곤란하다. 노하우를 하나 공개하자면, 주식시장에서 순환하는 주도주를 선택하는 요령이 관건이다.

주식시장이 상당한 기간 동안 어느 한 방향으로 움직였다면, 주식시장에 있는 대부분 종목도 주식시장의 전체 방향과 같은 쪽으로 오르거나 내리거나 어느 한 방향으로 움직여 왔을 것이다. 예를 들어, 주식시장이 상당 기간 상승세를 이어왔다고 하자. 이럴 때 주식시장을 분석하는 기술적 분석가들은 주식시장의 꼭지를 잡아내기 위하여 여러 가지 방법을 동원한다. 그중에서 오실레이터를 이용하여 상승세가 막바지에 이르는 순간을 잡아내려고 노력한다. 주식시장의 꼭지란, 어떤 특정한 기간 안에 대부분 종목의 주가가 더 이상 상승하지 못하는 순간을 뜻한다. 이처럼 상승세의 꼭지 부근에서는 웬만한 주식이라면 대부분 상승해 왔기 때문에 기존의 종목을 매도하고 다른 종목을 신규로 매수하여도 그 결과가 성공적일 확률은 상당히 낮다. 기존 종목이 상승한 만큼 새롭게 매수하려는 종목의 주가도 꽤 상승했을 것이므로, 기존의 종목을 팔고 새롭게 그 종목을 매수해 보았자 추가로 이익을 얻을 가능성은 현저하게 낮아지기 때문이다.

하락세가 오랜 기간 지속했을 때도 같은 논리가 성립한다. 주가 하락에 지쳐서 기존에 보유하고 있던 종목을 매도하고 다른 종목을 매수해 보았자 그 결과가 특별하게 좋을 것이라는 보장은 없다. 어차피 기존에 보유하던 종목이나 혹은 새롭게 매수하는 종목이나 그동안 내내 하락세를 나타내었을 것이므로 이들의 주가가 오르기 시작한다면 기존의 종목을 그대로 보유하였건 아니면 새롭게 다른 종목을 매수하였건 그 결과는 엇비슷할 것이다.

그러나 예외 없는 법칙이란 존재하지 않는 법이다. 시간이 지나고, 투자자들의 경험이 쌓여갈수록 이들이 성공할 확률이 높은 쪽으로 갈아타기 투자를 할 것은 틀림없는 사실이다. 그러므로 순전히 확률로만 보아서는 얼핏 갈아타기가 성공할 가능성이 낮아 보이지만, 사실은 그렇지 않다. 갈아타기를 어떻게 하느냐, 즉 그 운영에 따라 혹은 투자자의 경험에 따라 갈아타기가 성공할 확률이 높아질 수 있다.

앞서 살펴보았듯 성공적인 갈아타기가 되려면 단순히 한 종목을 팔고, 다른 종목을 사는 식의 접근법이 아니라 순환하는 주도주를 골라 그 종목을 공략하는 것이 중요하다. 성공적인 갈아타기는 어떻게 해야 할까?

주가가 바닥에서 돌아설 때, 모든 종목이 똑같은 비율로 나란히 상승하는 것은 아니다. 물론 대체적으로는 상승 분위기를 타겠으나, 종목에 따라서는 상대적으로 상승 폭이 더딘 것도 있을 테고, 혹은 오히려 시장과 반대로 거꾸로 하락한 종목도 없지 않다. 이들 종목의 특징을 잘 살피는 것이 주도주를 골라내는 요령이다. 즉 시장 상황에 걸맞게 다른 종목들보다 먼저 상승하는 종목을 골라 매수하였다가 그 종목의 상승세가 둔화하면 그것을 팔고 다른 종목으로 갈아타는 방식이다.

예전에 '역전 달리기' 대회라는 것이 있었다. 서울에서 부산까지의 구간을 한 선수가 죽어라 달리는 것이 아니라 여러 명의 선수가 구간을 나누어 달리는 경기이다. 서울에서 안양까지는 한 선수가 달리고, 그다음 날이면 다른 선수가 안양에서 수원까지 달리고, 또 다음 날에는 제3의 선수가 수원에서 평택까지 달리는 식의 대회이다. 갈아타는 것도 마찬가지이다. 일단 지금 상황에서 시장을 선도하는 주식을 매수하였다가 이 종목의 상승세가 둔화하면 다른 종목으로 재빨리 갈아타는 것이 요령이다. 그러려면 그때마다 시장을 주도하며 순환하는 중심적인 주식이 무엇인지 판별할 수 있어야 한다.

상승세의 와중에도 초기, 중기, 막바지에 따라 주도주가 다르다. 모든 종목이 한꺼번에 오르는 것이 아니라 서로 순환하면서 상승한다. 일반적으로 주식시장이 바닥에서 상승세로 전환하는 시기에는 우선 대형주, 지수 관련주, 즉 블루칩들이 시장을 선도하게 된다. 외국인, 기관 투자자들의 주식 매수세가 이어지면서 이들이 선호하는 대형주들이 상승세를 먼저 시작하기 마련이다. 그러다가 어느 정도 주식시장이 상승세를 이어가면 이들 기관 투자자나 외국인 투자자들의 관심이 중가주, 옐로우칩으로 쏠린다.

반면 지수 관련 대형주는 초기와 같은 폭발적인 상승세는 나타내지 못한다. 기관 투자자나 외국인 투자자들이 충분히 매수한 상태이므로 추가로 매수할 여력이 없고, 그 결과 상승 탄력이 저하되는 법이다. 그리고도 계속 주식시장이 상승해 왔다고 하자. 이때, 즉 주식시장의 꼭지 부근에서는 시장에 대한 막연한 낙관론이 팽배하고 투기적인 매수세가 등장하기 마련이다. 이런 와중에는 블루칩이 아니라 오히려 저가주, 부실주들이 마지막 상승세의 피치를 올리는 경향이 많다. 주로 투기적인 개인 투자자들이 시장의 전면에 나서게 되는데, 이들은 대형주나 블루칩 혹은 옐로우칩 등을 매수하기보다는 저가주, 부실주들을 단기에 매수하는 소위 '한탕'을 노린다.

이처럼 시장의 분위기, 상황에 따라 시장을 주도하고 성공적으로 갈아타기를 하려면 새롭게 시장에 등장하는 주도주를 골라야 한다. 말을 갈아탄답시고 괜히 주도주를 매도하고 주변주를 매수한다면 죽도 밥도 안 된다. 여기서 주변주는 그러한 흐름에서 소외된 종목을 의미한다. 주도주를 골라 갈아타는 전략의 전형적인 사례라면 상승세의 초반에는 지수 관련 대형주를 매수하였다가 이후 중형주로 말을 바꾸어 타고, 상승세의 막바지에 이르기 전에 투기적인 움직임이 나타나기에 앞서 저가주, 소형주로 말을 바꾸어 타는 것이다. 이렇게 한다면 효과적인 종목 갈아타기가 될 수 있다.

시간의 흐름뿐만 아니라 시장의 관심사가 무엇인가에 따라 시장의 주도주도 달라진다. 금리가 상승 흐름을 탈 때는 금리 변동에 민감한 은행, 보험, 저축은행 등의 금융주가 시장의 주도주로 나설 공산이 높고, 반대로 금리가 하락하는 시기에는 주택, 건설, 자동차 혹은 내수 관련주들이 시장의 주도주로 등장할 공산이 높다. 그리고 코스닥시장에는 항시 '테마주'로 일컫는 종목군들이 몰려다니는 경향이 있다. 이를테면 IT 관련주, 바이오, 북핵 관련주, 휴대전화 부품주, IPTV 관련주, LCD 제조주 등 시장의 유행에 따라 무수히 많은 테마주가 만들어진다. 그리고 이들 테마도 역시 유행이니만큼 종종 시장의 관심에 따라 순환하는 경향이 있다. 시장의 분위기와 상황을 따져보고 주도주를 매수하고, 그렇지 않은 주변주를 매도하는 식의 갈아타기라면 성공 확률이 높다.

'주도주를 매수하는 법'에 대한 설명이 길어졌지만, 이 책에서 강조하는 것은 무엇보다도 '파는 법'이다. 다시 한번 강조하자면, 추구하는 목표대로 잘 매도할 수 있으려면, 또 성공적인 갈아타기가 되려면, 차라리 갈아타기를 하지 말아야 한다. 갈아타기의 성공 확률은 높지 않기 때문이다. 만일 굳이 갈아타기를 해야 한다면, 무턱대고 한 종목을 팔고 다른 종목을 매수하기보다는 순환하는 주도주를 골라 매수하는 것이 요령이다.

02 시장 중심주와 개별주를 구분하여 매도 시기를 정하라

Stock investment 어떤 종목을 계속 보유할지 아니면 매도할지를 결정할 때, 중요한 기준이 바로 그 주식이 시장 중심주식인지 아니면 개별주식인지 판단하는 것이다. 이때 시장 중심주식과 개별주식이라는 말은 앞장에서 설명한 주도주 혹은 주변주와는 다른 개념이다. 주도주가 주식시장의 전체적인 상승 흐름을 이끌고 나가는 종목이고, 주변주는 그러한 흐름에서 소외된 종목을 의미한다면, 시장 중심주식이란 전체적인 시장의 흐름이 상승세이건 하락세이건 상관없이 시장의 전체 흐름과 같이 움직이는 주식을 말하며, 개별주식이란 시장의 전체 흐름과는 관련 없이 '나 홀로' 움직이는, 개별 행동을 하는 주식이다.

시장의 흐름과 같이 움직이는 시장 중심주라면 전체적인 시장의 흐름이 상승세일 때 당연히 계속 보유해야 하고, 반대로 전체적인 시장의 흐름이 하락세일 때는 매도하는 것이 현명한 선택이다. 그러니 시장 중심주의 매도 혹은 보유 결정은 시장의 전체적인 흐름을 토대로 판단해야 한다. 그러나 개별주라면 이야기가 달라진다. 개별 종목은 전체적인 주식시장의 흐름이 어떻든 상관없이 독자적으로 움직이는 종목이므로, 그 종목의 매도 혹은 보유 결정은 전적으로 그 종목 자체에 국한되어 판단해야 한다. 그러므로 시장 중심주인지 아니면 개별주인지를 먼저 구별할 수 있어야 그다음 단계로 매도할 것인지 혹은 보유할 것인지를 결정할 수 있다. 이때, 적절한 판단 기준이 없다면 오히려 시장 중심주를 개별주로 착각하거나 혹은 개별주를 시장 중심주로 착각하는 실수를 저지를 수 있다. 이런 단순한 실수가 바로 수익으로 직결되는 문제이니만큼 신중해야 한다.

〈시장 중심주 특징〉

- 기관 투자자들이나 외국인 투자자들이 보유하고 있다.

- 시장에서 거래가 활발하다.

- 자본금 규모가 큰 대형주이다.

- 베타계수가 1보다 큰 종목이다.

- 코스피 200지수 혹은 코스피 100지수를 구성하는 종목이다.

- 경기민감주의 성격이 짙다.

- 전기, 가스 같은 사회간접자본 종목이 아니다.

- 재무구조가 탄탄하고 실적이 우수하다.

- 투자자들이 꺼리는 종목은 아니다.

〈개별주 특징〉

- 대체로 기관 투자자들이 많이 보유하고 있지 않다.

- 소형주이다.

- 중형주라면 거래가 그리 활발하지 않은 종목이다.

- 기술주이거나 아직 성숙하지 못한 산업에 속한 종목이다.

- 저가주이다.

- 베타계수가 0.50 이하인 종목이다.

- 증권회사 애널리스트들의 분석 대상에서 제외되어 있다.

- 신규 상장 종목이다.

- 소수의 주주나 혹은 지주회사가 주식 대부분을 소유하고 있다.

- 널리 알려지지 않은 지방의 기업이다.

- 전통적인 산업 분류 방식으로는 구분하기 모호하다.

- 대체로 경기에 역행하는 경향이 있다.

먼저 시장 중심주란 결국 주가가 시장 전체의 움직임과(코스피지수 등) 같은 방향으로 움직이는 종목으로 정의된다. 통계적으로 주식시장에 상장된 종목 중에서 대략 60% 정도의 주식을 시장 중심주로 본다. 주식시장 전체의 방향이 뚜렷할 때, 10종목 중에서 6종목 정도가 시장의 방향과 같은 방향으로 움직이는 것으로 나타나기 때문이다. 하지만 시장 중심주의 비율이 높다는 사실만으로는 그것의 매도 여부를 판단하는 데 큰 도움이 되지 못한다.

무엇보다도 투자자 스스로 자신이 보유하고 있는 포트폴리오 중에서 어떤 종목이 시장 중심주인지 미리 알고 있어야 한다. 그런데 단순히 최근의 주가 움직임만을 살펴서 그것이 시장 중심주인지 확인하려고 하면 자칫 틀리기 쉽다. 예를 들어, 최근 5일 중 3일을 지수의 움직임과 같은 움직임을 나타내었다고 하여 반드시 그 종목이 시장 중심주라고 말할 수는 없는 노릇이기 때문이다. 최근 며칠 동안 그야말로 우연히 지수와 같은 움직임을 보였을 수도 있으니 말이다. 그러니 단기간의 움직임만 보고 시장 중심주라고 섣불리 판단할 것이 아니라 관찰 기간을 늘려야 하며, 아울러 앞에서 열거한 시장 중심주의 특징을 곁들여 검토하는 것이 정확성을 높이는 방법이다.

시장 중심주라고 판명된다면, 그 종목을 거래하기는 비교적 쉬워진다. 그 종목의 등락이 대체로 시장 전체의 등락과 밀접한 관련이 있기 때문이다. 그러니 그냥 내버려 두어도 주식시장 전체가 상승 분위기라면 시장 중심주의 주가는 저절로 상승할 가능성이 높다. 하지만 이는 거꾸로도 생각할 수 있다. 즉, 그 종목 자체로만 보아서는 전혀 하락할 이유가 없어도 주식시장 전체가 하락 분위기라면, 그 종목의 주가도 하락할 공산이 대단히 높다. 이런 경우라면 해당 종목에 매력이 있어도 주식시장 전체의 분위기를 고려해서 매도를 심각하게 고민해야 한다.

이와 대조적으로 개별주는 주식시장 전체의 흐름과는 관계없이, 독자적으로 움직이는 종목을 말한다. 개별주 여부를 판별하는 가장 손쉬운 기준은 거래량이다. 또한, 그 종목의 재무구조나 실적 혹은 지명도 등도 개별주 여부를 판단하는 데 도움이 된다. 대체로 거래량이 저조하고, 기업의 펀더멘털이 뛰어나지 못하며, 회사가 유명하지 않은 종목일수록 개별주일 가능성이 크다. 개별주는 이런 특징으로 인하여 기관이나 외국인 투자자 같은 큰손들이 거래할 만한 종목이 되지 못한다. 그러므로 주식시장이 전체적인 상승세일 때도 개별주의 상승 폭은 그리 크지 않거나 오히려 하락하는 경우도 많다.

하지만 시장이 크게 하락할 때 의외로 개별주가 힘을 내는 경우도 종종 있다. 개별주는 시장 전체의 움직임과 연동하여 오르내리기보다는 그 종목 스스로의 이유로 상승, 하락하는 경향이 높아서 시장이 전체적으로 하락세라도 그 종목 나름의 호재가 있다면 충분히 상승할 수 있다.

시장 중심주라면 별달리 그 종목이 하락할 이유가 없어도 시장이 전체적으로 하락할 때 덩달아 하락하는 경향이 높지만, 개별주는 그 종목이 굳이 하락할 이유가 없다면 전체적인 하락세에도 쉽사리 하락하지 않고 잘 버틴다. 하지만 주식시장이 전체적으로 상승세라면 이야기는 달라진다. 앞에서도 언급했듯이 개별주는 지수의 움직임과는 무관하게 독자적으로 움직이는 경향이 있어서 전체적인 주식시장이 상승세일 때 개별주를 보유할 이유는 명확하지 않다.

특히, 시장이 상승세로 달아오르고 지수가 상승하는 분위기라면 투자자들은 흥분하고, 자신이 보유하고 있는 모든 종목의 주가가 일제히 상승할 것이라고 낙관하는 심리에 젖는다. 이럴 때 포트폴리오에서 시장 중심주가 어떤 종목이고 개별주가 어떤 종목인지 미리 파악하여 구분해 놓는 것은 대단히 중요하다. 시장 중심주라면 전체 분위기에 편승하여 상승할 수도 있으나, 개별주라면 그렇지 않다. 오히려 시장이 오른다고 개별주마저 덩달아 오를 것이라고 지레짐작하여 매도하지 않고, 보유하다 보면 그동안 다른 시장 중심주에 투자하여 얻을 수도 있을 수익을 얻지 못한다. 그러므로 전체적인 시장의 추세가 상승세인지, 하락세인지를 잘 따져야 하고, 아울러 자신이 보유하고 있는 종목이 시장 중심주인지 아니면 개별주인지 잘 알고 있어야 매도 혹은 보유 전략을 짜서 주가 움직임에 효과적으로 대처할 수 있다.

예를 들어, 현재 삼성전자, 하이닉스, 국민은행 그리고 코스닥의 소형주로 각각 포트폴리오가 구성되어 있다고 가정하자. 그런데 여러 증권사 애널리스트의 의견을 종합해 보니 국내 경기의 후퇴가 우려되고 기업의 실적도 저하되는 데다 금리도 상승할 조짐이어서 향후 전체적인 주식시장이 하락세로 접어들 것이 예상된다고 하자. 이럴 때라면 어떤 종목을 매도하여야 할까? 당연히 시장 중심주, 즉 삼성전자를 필두로 하이닉스, 국민은행 등을 재빨리 매도하는 쪽으로 전략을 세워야 한다. 코스닥의 소형주는 시장의 움직임과 무관하게 독자적으로 움직일 공산이 높음으로 천천히 매도해도 된다.

또 이와는 반대로 경기 전망이나 기업 수익 등이 좋아서 주식시장이 전체적으로 낙관적인 분위기라고 하자. 이럴 때라면 어떤 종목을 먼저 매도해야 할까? 당연히 시장과 무관하게 독립적인 움직임을 나타내는 개별주, 즉 코스닥의 소형주부터 매도하는 것이 옳다. 나머지 대형주들은 시장이 전체적으로 상승한다면, 덩달아 같이 상승할 것이므로 더 보유하면서 천천히 매도 시기를 늦추는 것이 좋다.

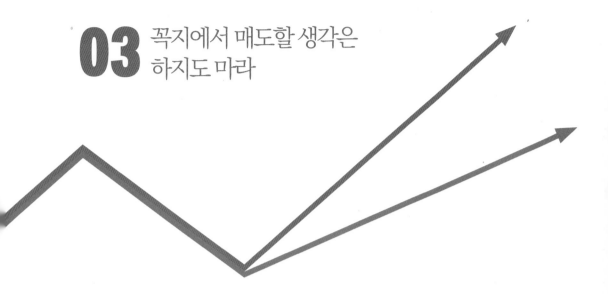

03 꼭지에서 매도할 생각은 하지도 마라

제임스 딘이 출연한 영화 〈이유 없는 반항〉
에는 '치킨 레이스Chicken race'가 등장한다. 치킨 레이스라고 하여 '닭이 달리
는' 게임이 아니다. 세계적인 레이스로는 말이 달리는 경마 게임이 있고, 괌
에서는 개가 달리는 독 레이스Dog race도 있으니 치킨 레이스라는 용어에서
닭들이 죽어라 달리는 광경을 연상했을지도 모른다. 그러나 치킨 레이스는
닭이 달리는 것과는 전혀 관계가 없다. 사람이 달리는 게임, 그것도 차를 타
고 질주하는 게임이다. 즉, 두 사람이 낭떠러지를 향해 맹렬하게 차를 몰아
가다 절벽 직전에서 먼저 뛰어내리는 사람이 겁쟁이(미국에서는 치킨을 겁쟁이
라는 의미로도 쓰인다.)가 되는 게임이 치킨 레이스이다. 조금이라도 늦게 뛰어
내리는 사람이 승자가 되므로, 그야말로 목숨을 내놓고 벌이는 자존심을 건

게임이다. 영화에서는 여자 친구인 주디(나탈리 우드)가 보는 앞에서 짐(제임스 딘)과 버즈가 벼랑 끝을 향해 질주하는데, 관객들은 이 장면을 보면서 손에 땀을 쥔다. 제임스 딘과 그의 라이벌 친구는 애인의 환심을 얻기 위하여 이를테면 객기를 부리는 것이다.

이건 영화 속 한 장면일 뿐이다. 그런데 현실 속에서도 종종 치킨 레이스가 벌어지곤 한다. 그것도 자존심의 문제가 아니라, 돈이 오고 가는 주식시장에서 객기의 전형이라고 할 수 있는 치킨 레이스가 벌어지니 문제이다. 객기를 부린다는 것은 바로 상승세의 꼭지에서 팔려고 노력하는 것을 말하며, 이게 바로 전형적인 치킨 레이스이다.

단타 거래를 즐기는 상당수의 개인 투자자는 거의 불가능한 일임을 잘 알면서도 마음 한구석에 '짜릿하게 바닥에서 사서, 통쾌하게 꼭지에서 팔겠다'라는 생각을 품고 있다. 그런데 이것은 단순히 마음의 문제로 끝나지 않는다. 수많은 문제를 일으키는 주범이 바로 이와 같은 허황한 생각이다. 우선 꼭지에서 팔겠다는 생각이 저지르는 잘못에는 주가가 너무 비싸더라도 앞뒤 가리지 않고 사들이는 것이다. 지금의 주가가 기업의 가치와 비교할 때 터무니없이 비싸다고 생각되지만, 이들은 '꼭지에서 팔 수 있다'고 생각하므로 매수한다. 비록 아직은 꼭지가 아니니 괜찮다는 생각인 게다. 애당초 꼭지에서 판다고 생각하지 않았다면, 아예 매수하지도 않았을 것을 덜컥 매수해 버렸고, 결국은 그게 두고두고 문제를 일으킨다.

매도할 때도 마찬가지이다. 주가가 벼랑 끝에 이르도록 계속 욕심을 부리면서 쥐고 있다가 정작 팔아야 할 때는 매도하지 못하는 것도 치킨 레이스와 같다. 영화 〈이유 없는 반항〉에서 방황하는 두 청년이 절벽 끝까지 차를 몰면서 뛰어내리지 않는 것과 다를 게 없다. 처음부터 매도 목표치를 정하거나 혹은 목표 수익률을 사전에 정해 놓았다면, 그에 걸맞게 행동할 수 있었을 텐데, 꼭지를 의식하여 욕심을 부리는 통에 매도 시기를 놓치는 것이 다반사이다.

어떤 사람들은 꼭지에서 파는 것은 어려운 일이지만, 그래도 꼭지를 볼 때까지 악착같이 보유하라고 권한다. 이들은 꼭지를 확인하고 비로소 매도하는 것은 현명한 전략이라고 주장한다. 그러니 주가가 꼭지를 만들고 하락세로 돌아설 때까지는 계속 보유하는 것이 바람직하다고 말한다. 이를테면 꼭지에서 파는 것은 불가능하지만, 그래도 꼭지는 한번 확인하고 싶다는 욕심에서 나온 말이다. 원칙적으로는 옳은 말이다. 상승세가 한창 진행되고 있는데, 서둘러 냉큼 팔아버리기보다는 상승세의 끝을 본다는 생각으로 느긋하게 보유하고, 그러다가 주가가 꼭지를 형성하고 하락세로 돌아서면 비로소 매도하면 된다. 꼭지를 확인한 연후에 매도한다는 이 방법은 "손실은 최소한으로 줄이고, 이익은 최대한으로 늘려라Cut Loss Short, Let Profit Run."라는 증시 격언에도 부합된다.

다만 이 전략은 말하기는 쉬우나 실천하기가 대단히 어렵다는 점에 유의하여야 한다. 사람의 심리를 무시할 수 없기 때문이다. 예를 들어, 어떤 주식을 보유하고 있는데 상승세가 내내 이어지고 있다고 하자. 투자자는 끊임없이 '지금 팔까? 아니면 좀 더 기다려볼까?'라는 물음의 가운데에 서서 하루에도 수백 번 마음속으로 '팔았다', '샀다', '팔았다', '샀다'를 반복하면서 매도 시기를 저울질할 것이다.

그런데 어느 날 그 이전까지만 하더라도 끝없이 계속 오를 것 같던 주가가 하락하기 시작하여 이후 내내 하락세를 이어가고 있다고 하자. 어느새 뒤돌아보니 주가의 정점에서 한참이나 내려선 상태이다. 이럴 때, 앞서 말하였듯 '주가가 꼭지를 만들고 하락세로 돌아서는 것이 확인되었을 때' 투자자들은 어떤 심리 상태일까? 분명히 후회스러울 것이다. 꼭지를 보았고 이후 주가가 하락하고 있다면, 정작 꼭지를 보았는데 팔지 못하여 매도 시기를 놓쳤다는 자괴감과 후회로 마음속은 어지러울 것이 틀림없다. 이런 심리 상태에 빠져들기 쉬우므로 이론은 쉬우나, 꼭지를 만들고 이후 하락하고 있는 주식을 추격하여 매도하는 전략을 정작 실천하기는 여간 어려운 일이 아니다.

예를 들어, 어떤 투자자가 와이지엔터테인먼트의 주식을 4만 2,000원에 매수하였다고 하자. 이 투자자는 이후 계속 보유하는 전략을 취하였는데, 와이지엔터테인먼트의 주가는 2019년 1월에 5만 800원의 꼭지를 형성한 이후 내내 하락하였다. 투자자는 와이지엔터테인먼트가 고점을 만들고 하락하는 것을 지켜보다가 하락세로 돌아섰다고 판단하여 4만 5,000원에 매도하였다. 이걸 앞의 표현대로 말한다면, 즉 꼭지를 만들 때까지 끝까지 보유하였다가 꼭지를 확인한 이후에 매도하는 전략이었다고 강변할 수 있다. 하지만 찬찬히 따져보면, 이 투자자는 4만 2,000원에 주식을 매수하여 4만 5,000원에 매도하였으므로 주당 3,000원씩의 이익을 보았다. 하지만 과연 이 투자자가 이익을 보았다고 느낄까? 모르긴 몰라도 투자자 마음속의 닻은 이미 와이지엔터테인먼트의 최고점인 5만 800원에 내려져 있을 것이 분명하고, 그래서 4만 5,000원에 매도하면서도 선뜻 수익을 보았다고 느끼지 못한다. 오히려 손해를 보았다고 생각할 수도 있다.

이 사례에서 알 수 있듯 꼭지를 확인하고 매도하는 전략도 그리 권할 만하지 않다. 어차피 투자자의 마음은 후회로 가득 차기 때문이다. 그러기에 결국 결론은 한 곳으로 모인다. 어차피 꼭지를 정확히 잡아내기는 확률적으로 불가능한 일이고, 또한 꼭지를 확인한 이후에 매도한다는 것도 역시 심리적인 이유로 실천하기 어렵다면, 꼭지를 잡아내겠다는 생각을 처음부터 하지 않는 것이 최선이다. 여전히 일부 투자자들은 꼭지에 대한 환상을 버리지 못하고 있다. 그들이 '환상' 속에서 살기 때문일 수 있고, 혹은 투자자들이 정확히 꼭지에서 매도하는 것을 주식투자에서 하나의 '승부'라고 생각하기 때문이기도 하다. 하지만 꼭지에서 팔아야 이겼다고 생각하는 한 그 사람은 절대로 주식에서 성공할 수 없다. 한 차례의 전투에서 이겨보았자 무슨 소용이 있는가? 제2차 세계대전 때, 독일군은 프랑스, 영국 등지에서 연합군과의 전투에서 곧잘 이겼지만, 결국 전쟁에는 패배했다. 세세한 소규모의 전투에 목숨을 걸어보았자 누가 알아주지도 않는다. 꼭지에서 짜릿하게 팔았다고 하여 누가 상을 주는 것도 아니고, 수익이 엄청나게 늘어나는 것도 아니다. 차라리 꼭지에 연연할 시간이 있다면, 그 시간에 종목을 연구하거나 혹은 다른 생산적인 곳에 연구 분석 능력을 집중하는 편이 더 효율적이다.

04 사전에 매도 이유를 생각하라

Stock investment 어떤 주식을 매도하기로 하고 이를 검토한 다면 현재 상황이 어떠하기에 매도를 결심했는지를 제일 먼저 따져보아야 한다. '팔아야겠다'라고 생각한다면 무언가 이유가 있을 터이다. 아무 이유 없이 불쑥 매도하거나 혹은 재미로, 아니면 주식을 보유하기가 싫증 나서 매도하는 것은 더더욱 아닐 것이다. 주가가 너무 올랐다거나, 더 오를 것 같지 않다거나, 주식시장의 전망이 불확실하다거나 등 무언가 투자자 자신이 느끼는 매도 이유가 있을 것이다. 그러므로 과연 그것이 타당한 매도 이유인지 아닌지를 따져보아야 매도를 결정할 수 있다.

왜 팔고자 하는지를 사유에 따라 분류해 보자.

〈해당 기업과 관련된 매도 이유〉

1. 기대했던 호재가 그리 만족할 만한 수준이 아니다.

2. 회사의 실적이나 재무구조 등이 예상과는 다른 방향으로 움직인다.

3. 증권회사 분석보고서의 투자 등급이 '매수'에서 '보유' 혹은 '매도' 등급으로 낮아졌다.

4. 주가가 기대만큼 오르지 못한다.

5. 악재로 인하여 주가가 폭락하였는데, 그 이후 지금의 주가는 약간 반등하고 있다.

6. 기대하고 있는 호재의 발표가 연기되고 있다.

〈주식시장의 주가 움직임과 관련된 매도 이유〉

1. 주가가 목표 가격에 도달하였다.

2. 거래량이 주가 꼭지에서 대량으로 발생하였고, 차트에 기다란 음선을 만들고 있다.

3. 포트폴리오가 모두 수익을 내고 있다.

4. 주가가 횡보만을 거듭하고 있고, 앞으로도 크게 움직일 것 같지 않다.

5. 손절 가격까지 하락하였다.

〈투자자 자신과 관련된 매도 이유〉

1. 좀 더 저가에 갈아탈 목적으로 일단 팔았는데, 주가가 올라 버려 매수하지 못했다.

2. 수익에 스스로 만족했다.

3. 기대감이 사라졌다.

4. 계속 손실을 거듭하고 있어서 주식을 매도하고 일단 쉬고 싶다.

그런데 투자자 중에는 위의 예시와 같은 뚜렷한 매도 이유를 제시하지 못하는 경우가 많다. 막연하게 '팔고 싶다'라는 생각으로 파는 경우가 대부분이다. 이처럼 주먹구구식의 행동으로는 투자에서 성공할 가능성이 작다. 오히려 앞서 열거한 매도 이유와 같이 투자자가 뚜렷하고 구체적인 이유를 가지고 주식을 매도할 때 분명히 주식투자로 성공할 것이다. 주식시장이 꼭지를 만들고 하락세로 접어들 때, 투자자가 보유하고 있는 종목 중에서 대부분이 위의 15가지 매도 이유 중에서 한두 가지 사항에는 반드시 해당되기 때문이다. 투자자가 사전에 자신의 매도 이유를 명확히 해두고, 실제로 그런 상황에 이르렀을 때 정확하게 매도하여 자신의 생각을 실천에 옮겼다면 더는 고민할 필요가 없다. 그것만으로도 충분하다.

매도 이유에 충족되는 종목이 나타날 수밖에 없고 투자자가 그 조건에 따라 주식을 팔았다면, 즉 투자자가 위에서 설정한 매도 이유를 충실히 지켰다면 주식시장이 크게 곤두박질치기 전에 일찌감치 주식을 다 팔아버렸을 것이다. 전체적인 주식시장의 추세가 하락세로 돌아서기 시작하였을 때, 일찌감치 그의 포트폴리오는 현금 비중이 상당히 높은 상태였을 것이다. 만일 그런 와중에도 여전히 보유하고 있는 주식, 즉 위의 15가지 매도 이유에 저촉되지 않는 주식이라면 그것은 대단히 유망한 성장주임이 틀림없다. 오히려 그런 종목이라면 서둘러 팔아버릴 이유 또한 없다. 하지만 대단히 유망한 성장주처럼 예외적인 경우를 제외한다면, 대부분 주식은 주식시장이 본격적인 하락세로 접어들기 전에 매도할 조건을 충족한다.

위에 언급한 15가지의 매도 이유는 실전적인 지침이다. 물론 그 이유가 절대적인 것은 아니며, 각자 나름대로 수정할 수도 있다. 하지만 그것을 기본으로 하여 자신만의 매도 이유를 미리 만들어둔다면 대단히 유용하다. 완성된 리스트를 복사하여 책상 앞에 붙여두거나 수첩 속에 간직하고, 필요할 때마다 꺼내 읽어 보면 큰 도움이 된다. 자신만의 매도 이유를 다음처럼 미리 설정해 두자.

1. 주가가 당초 예상대로 움직여서 목표치에 도달하였다.
2. 단기간에 너무 많이 올랐다.
3. 기업의 내용과 비교할 때, 현재의 주가는 비합리적으로 높은 수준이다.
4. 주가가 횡보만을 거듭하여 여기에 투자하는 것은 시간 낭비이다.
5. 기업의 펀더멘털에 심각한 문제가 발생하였다.

사전에 투자자가 매도할 조건을 미리 설정하고 있다면, 그는 매도 시기를 잡는 데 주저하지 않는다. 미리 대비하는 것처럼 마음 편한 일은 없다.

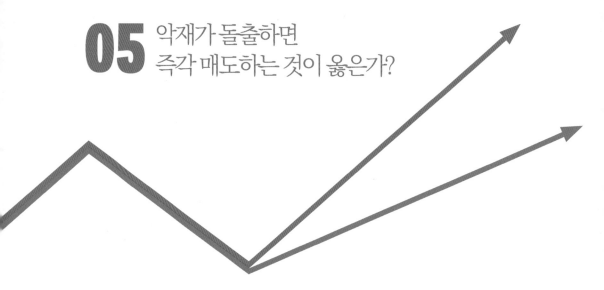

05 악재가 돌출하면 즉각 매도하는 것이 옳은가?

Stock investment　　　　　인터넷과 통신기술의 발달로 좋은 소식이
건 혹은 나쁜 소식이건 주식시장에 순식간에 전파된다. 아날로그 시대에
는 쉬쉬하면서 악재가 묻혀버릴 수도 있었으나, 요즘 세상에는 불가능한 이
야기이다. 만일 자신이 보유한 종목과 관련된 나쁜 소식이 터져 나왔다면,
그 영향으로 주가가 하락하는 것은 당연하다. 이때 지금이라도 당장, 재빨
리 그 주식을 팔아버리는 것이 옳은 선택일까? 아니면 좀 더 보유하면서 상
황을 지켜보는 것이 현명한 선택일까? 물론 각각의 주식마다 나름의 특성이
있고, 경우와 상황이 다를 수 있으니 일률적으로, 칼로 무 베듯이 '법칙'으로
만들 수는 없다. 그러나 최소한 가이드라인으로 삼을 만한 법칙은 생각해볼
수 있다.

악재가 터졌을 때 매도 전략을 생각하기에 앞서서 '악재'의 일반적인 특징부터 먼저 따져보자.

⟨악재의 특징⟩

- 일반적으로 주식시장 전체에 관련된 뉴스라기보다는 해당 기업에 국한되는 뉴스이다.
- 비교적 단기간에 나타났다 사라지는 뉴스이다.
- 주식시장 외부 요인에 의한 것은 제외한다.
- 앞으로도 내내 영향을 미칠 요인도 제외한다. (예를 들어, 원유의 선물가격이 폭락하였다는 뉴스는 정유회사의 주가에 당장에는 악영향을 미칠 수는 있으나 근본적인 것은 아니다. 원유 선물가격은 지속해서 움직이므로 원유회사 주가에 끊임없이 영향을 미친다. 주가에 앞으로도 계속 영향을 미칠 요인이라면 여기서 다루는 악재의 범주에 넣을 수 없다.)
- 주가의 추세가 상승세일 때나 혹은 횡보할 때는 주가에 큰 영향을 미친다. 그러나 주가가 하락세일 때는 악재가 주가에 미치는 영향은 상대적으로 미미하다.
- 악재가 알려졌을 때 주가는 급격하게 하락하는 경향이 있다. 이러한 주가의 하락세는 평상시 나타나는 자연스러운 조정과는 성격이 전혀 다르다.

결국, 악재란 구체적이면서 예상하지 못했던 것이어야 하고, 아울러 지속적인 것이 아닌 단기적인 성격을 가졌다고 정의된다. 특히, 악재가 구체적이고 예상하지 못한 것이라는 점은 대단히 중요하다. 그렇지 않으면서 부정적인 뉴스(구체적이지 않은 나쁜 뉴스)는 주가를 그다지 크게 움직이지 못하기 때문이다.

〈일회성 악재의 예시〉
- 보험주라면 일반적인 예상을 뛰어넘는 대규모 보험사고가 발생하였을 때
- 기술주라면 핵심 기술을 보유한 그 회사의 주요 과학자나 혹은 기술자가 사망하거나 사임하였을 때
- 대부분 중소기업에서는 창업자 혹은 그 기업을 이끌어가던 경영자가 사망하였다는 소식
- 급성장하던 기업인데, 이 회사가 보유하고 있던 기술이나 제품보다 뛰어난 것을 경쟁회사가 개발했다고 발표했을 때
- 배당주 성격의 기업이라면 이 기업이 배당률을 전년보다 줄이겠다고 발표했을 때
- 제조업체라면 명백히 그 회사의 책임이 아닌 일로 문제가 있을 때(예를 들어 태풍으로 인하여 공장이나 제조시설이 파괴되었을 때)
- 모든 기업에 해당하는 일회성 사건이 일어났을 때(이를테면 파업, 악천후 등으로 인하여 실적이 둔화되었을 때)

〈일회성이 아닌 악재의 예시〉
- 보험주라면 보험회사의 부담이 늘어나는 방향으로 법령이 개정되었는

데, 아직은 보험회사의 추가 부담이 얼마나 되고, 그에 따른 수익의 둔화가 얼마나 될지 계산하기 어려울 때

- 작업장에서의 사고 혹은 환경에 치명적인 악영향을 미치는 사고가 발생했는데 회사 측의 책임이 분명한 것으로 나타날 때
- 기술주라면 그 기업이 성장하는 데 결정적으로 중요한 특허권 확보에 실패하였을 때
- 금융감독 당국이 회사의 임원 혹은 기업체를 대상으로 증권거래법 등의 위반 사실을 조사할 때
- 기업의 최고 경영진이 갑자기 사임하였는데, 회계 부정이나 횡령 등의 스캔들 때문으로 알려졌을 때
- 이제까지 투자자들이나 애널리스트들, 대중에게 알려온 경영 성과나 경영 방침 등과 정면으로 배치되는 뉴스가 알려졌을 때

앞서 살핀 일회성 뉴스와 일회성이 아닌 뉴스와의 결정적인 차이는 '불확실성'에 있다. 일회성 악재라면 그것이 주가에 미치는 영향을 어느 정도 가늠해 볼 수 있으나, 1회에 그치지 않고 지속해서 기업에 영향을 미칠 수 있는 악재라면 대체 앞으로의 주가에 얼마나 영향을 미칠지 전혀 예측할 수 없다. 만일 일회성 악재가 아니라 향후 지속할 수 있고, 그러기에 주가에 대한 불확실성이 개재된 악재라면, 앞뒤 가릴 것도 없이 매도하는 것이 정답이다. 그런 악재는 여기서 다룰 성격이 아니다.

'알려진 호재는 더 이상의 호재가 아니라'고 하는 증시 격언처럼 '알려진 악재는 더는 심각한 악재가 아니다.'라는 말도 역시 성립한다. 악재가 불거

졌을 때, 시장은 충분히 그 뉴스에 대처할 수 있다. 그런데도 현실에서 주식 시장이 제일 싫어하는 것은 불확실성이다. 회사의 미래가 불확실하다면 거기에 투자하는 투자자들은 당연히 줄어들 수밖에 없고, 주가의 미래 역시 밝지 않다. 무엇보다도 악재의 성격이 어떤 것인지를 따져보는 일이 중요하다. 현재 돌출된 악재가 구체적인지, 예상하지 못하였던 것인지, 아울러 일회성인지 여부를 꼼꼼히 확인해 보아야 한다. 그런 연후에라야 비로소 대책이 수립된다.

일반적으로 말하여 악재가 돌출되었을 때, 주가는 2일 혹은 3일 연속하여 급격하게 하락세를 나타내는 경향이 많다. 그 뉴스가 언론 매체에 의하여 다루어지는 기간이 대체로 2일 정도이기 때문이다. 웬만큼 큰 뉴스가 아니라면 언론에서는 대략 2일 정도 그 뉴스와 관련된 기사를 다룬다. 아무리 큰 뉴스라도 연일 언론의 주목을 받기가 쉽지 않고, 또한 매일같이 새로운 뉴스가 쏟아지기 때문에 언론 입장에서도 과거의 뉴스에 매달릴 수만은 없다.

처음에 뉴스가 발표되면, 인터넷 언론이나 HTS의 속보 혹은 투자자들 사이의 메신저 등을 이용하여 시장에 즉각적으로 전파된다. 재빠른 투자자라면 뉴스가 터져 나왔을 때, 얼른 매도에 나설 것이고, 그로 인하여 주가는 한 차례 급락세를 나타낸다. 그리고 다음 날, TV나 신문 등 주요 언론에서 그 뉴스를 다루게 되고, 그로 인하여 훨씬 더 많은 숫자의 투자자들이 매도에 나서면서 주가는 한 차례 더 급락세로 곤두박질치는 것이 보통이다. 그런데 만일 악재가 목요일이나 금요일에 발표된다면, 주가는 하루 정도 더 급락세를 보이기도 한다. 주말을 지나면서 이 사실을 뒤늦게 알게 된 투자자들이 악재에 반응하기 때문이다. 2~3일 정도의 급락하는 기간이 지나면 주가는 더 급락세를 나타내지는 않는데, 이때부터는 크게 하락하지도 않고 오르지도 않은 채 횡보하는 경향이 많다. 일주일 혹은 그 이상의 기간을 횡보한 연후에 악재의 기억이 서서히 잊히면서 주가는 다시 반등하려고 시도한다.

악재가 돌출되었을 때 대처하는 요령은 첫째, 악재의 성격을 규명한다. 그것이 구체적인 것인지, 예상하지 못했던 것인지를 따져본다면 주가에 미치는 영향을 가늠할 수 있다. 구체적이지 않거나 예상했던 부정적인 뉴스라면 주가에 미치는 영향은 미미할 터이니 서둘러 매도할 필요는 없다. 그리고 무엇보다 중요한 것은 악재가 일회성인지 여부를 단단히 확인해 보아야 한다. 일회성 악재라면 그런대로 대책이 수립될 수 있으나, 그렇지 않고 주가의 불확실성만 늘리는 악재로서 주가에 지속해서 영향을 미칠 뉴스라면 지금이라도 매도하는 것이 현명하다.

둘째, 일회성 악재라면 주가가 급락하더라도 2~3일 정도 지나면 급락세를 멈추고 조정 국면으로 접어든다는 사실을 알아두는 것이 중요하다. 그러므로 악재가 돌출된 초기에 즉각 대처하지 못했다면 오히려 잠시 기다려보는 것도 좋은 방법이다. 물론 당장에는 악재가 나타나기 전의 주가 수준으로 회복하지는 못하겠지만, 그래도 2~3일 동안 주가가 급락할 때 매도하는 것보다는 차라리 기다려보는 편이 오히려 조금은 더 높은 수준에서 매도할 기회를 잡을 수 있다.

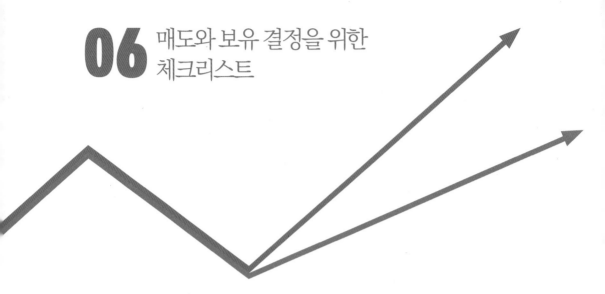

06 매도와 보유 결정을 위한 체크리스트

Stock investment 매도할 것인지 아니면 그냥 보유하고 있을 것인지를 결정하는 일은 그리 만만치 않은 작업이다. 앞장에서 살펴보았듯이 의사결정을 내리는 데는 심리적인 영향을 많이 받아서(후회 기피 심리나 인지 부조화 등) 이성적인 판단을 내리기가 어렵다. 머리(이성)는 '팔라'고 말하지만, 정작 가슴(감성)은 '아니야, 조금만 더 기다려보자!' 하고 유혹하는 일이 다반사이다. 이는 대부분 투자자가 자주 경험하는 일이기도 하다. 매도할 것인지 아니면 보유할 것인지에 대한 의사결정을 단지 머릿속으로만 내린다면 자칫 이성의 힘이 감성의 힘에 지기 십상이다. 그러니 이를 방지하기 위해서는 체크리스트를 직접 만들어 적용해야 한다. 체크리스트를 작성하다 보면 과연 팔아야 하는지 아니면 더 보유하고 있어도 될 것인지 스스로 해답을 깨

우치는 경우가 많고, 그렇게 얻어진 해결책은 대단히 유용하다. 체크리스트를 만들어 종이에 직접 써보는 것은 단순히 머릿속으로만 생각하는 것보다는 훨씬 구체적이고 객관적인 판단을 내리게 한다.

〈매도 & 보유 체크리스트〉

매수 시점에 기록해야 할 사항

1. 매수 일자

2. 매수 단가(예시: 당시 코스피지수 혹은 코스닥지수는 얼마였나?)

3. 매도 목표가

4. 매도 목표일(매수일, 매수 단가, 매도 목표 – 매도 목표일을 이용하여 목표 수익률을 계산할 수 있다.)

5. 이 종목의 주가가 오를 것으로 생각하는 구체적인 이유

매도 시점에 검토해야 할 사항

6. 과거 이 종목을 매수할 당시와 비교할 때, 지금도 이 종목의 움직임에 대하여 확신이 있는가?

7. 5번 항목에 기록된 이유가 주가에 작용하여 주가를 상승하도록 만들었는가? 만일 아니라면, 아직은 그렇지 않지만 조만간 그 이유로 인하여 주가가 오를 수 있는가? 만일 앞으로 오른다면 3번 항목에서 설정한 목표 가격에 이를 수 있다고 생각하는가?

8. 현재의 주가는 얼마인가?(2번 항목의 매수 단가 그리고 3번 항목의 매도 목표가와 비교한다.)

9. 이 회사의 재무구조나 실적 등이 향후 어떻게 되리라 전망되는가?(이를 5번 항목과 비교한다.) 그리고 친구나 직장동료 혹은 다른 투자자들과 이 종목에 관해 토론을 벌인다면 다른 사람들이 지금의 가격에 이 종목을 매수할 것으로 생각하는가?

10. 9번 항목에서 다룬 회사의 전망에 따른다면 향후 이 종목의 주가는 어디까지 오를 것으로 예상하는가?(이를 3번 항목과 비교한다.)

11. 10번 항목에서 예상하는 목표 가격의 도달 시점은 언제인가?(4번 항목과 비교한다.) 매수 일, 매수 단가에 10번 항목의 매도 목표가 그리고 도달 예상 시기를 이용하여 예상 수익률을 계산할 수 있다.

12. 만일 기대했던 일이 일어나지 않는다면, 현재 수준보다 주가가 낮아질 위험은 얼마나 되는가? 5번 항목 혹은 9번 항목에서 다룬 향후 전망 등이 엉터리가 되어 버린다면 주가는 어떻게 될까?

13. 주가가 상승할 가능성과 반대로 주가가 하락할 위험을 비교해 본다면, 어느 쪽의 가능성이 더 큰가?

14. 현재 코스피지수 혹은 코스닥지수는 얼마인가?(그리고 2번 항목에 기록한 대로 매수할 당시의 지수는 얼마였는지 비교한다). 그렇다면 이 종목의 주가는 지수의 움직임과 비교할 때 상대적으로 많이 올랐는가 아니면 적게 올랐는가?

15. 매수한 이후 이 종목이나 혹은 이 종목이 속한 산업에서 악재가 돌출되지는 않았는가?

16. 매수한 이후, 거의 매도할 뻔했던 적은 없었는가? 그리고 혹시 손절 가격에 이르렀지만, 슬그머니 주문을 취소하지는 않았던가?

매수 혹은 보유 분석

17. 이 주식을 지금 팔지 않아야 하는 구체적인 이유가 있는가?

18. 현재까지 알려진 사실로 판단한다면, 현재의 주가는 이 종목을 즉각 매수하기에 매력적인 수준인가?

19. 다른 곳에서 매우 유망한 종목을 발견하였는가?

20. 17번 항목에 대한 답변이 3번 항목과 18번, 19번 항목의 답변을 충분히 능가할 수 있을 정도인가?

체크리스트의 각 항목에 대한 답변을 작성하면서 그저 눈으로만 읽거나 마음속으로 답해서는 안 된다. 반드시 종이에 직접 써 가면서 리스트를 작성해야 한다. 그렇게 하는 것에는 두 가지의 장점이 있다. 첫 번째 장점은 직접 리스트를 작성하다 보면 보다 세밀한 부분까지 자세히 그리고 구체적으로 생각할 수 있고 논리적으로 판단할 수 있다는 것이며, 두 번째 장점은 이런 기록이 쌓인다면 나중에 훌륭한 참고자료가 된다는 점이다.

주식을 매수하는 시점에 1번 항목부터 5번 항목을 완성해 두는 것으로 체크리스트를 작성하기 시작한다. 1번(매수 일자) 및 2번(매수 단가)은 별문제가 없겠으나, 3번(매도 목표가), 4번(매도 목표일) 그리고 5번(매수한 이유)은 객관적으로 써야 한다. 그리고 자신을 속이면 절대로 안 된다. 투자자에 따라서는 자기합리화를 위한 방편 혹은 변명거리를 만들기 위하여 나중에 3번, 4번, 5번 항목을 고치는 일도 있는데, 그러한 행위는 아무짝에도 소용없는 일이다. 자신마저 속인다면 이 책에서 열심히 다루었던 매도하는 법은 아예 공부할 필요조차 없다. 자신에게 엄격하고, 모든 일을 객관적으로 판단하는 데서 주식투자의 성공이 온다.

나중에 주식을 매도하려는 생각이 들 때 9번(전망), 10번(예상 주가), 11번(예상 주가 도달 시점)을 작성하고, 이를 각각 3번(매도 목표가), 4번(매도 목표일), 그리고 5번(매수한 이유) 항목과 비교해 본다. 이때 9번, 10번, 11번 항목을 작성하면서 단순히 과거에 써 놓았던 3, 4, 5번 항목의 내용을 베끼는 것은 무의미하다. 이 과정은 과거에 주식을 매수하였을 당시의 상황과 지금의 상황이 어떻게 바뀌었는지를 판단하기 위해서이다. 그러므로 이 과정을 객관적으로 충실하게 수행하면 그만큼 의사결정에 도움이 된다. 아울러 인간이니만큼 주식을 팔기보다는 보유하는 쪽으로 편견이 가는 것은 어쩔 수 없다. 하지만 매수할 당시와 지금의 상황이 바뀌었다면 그것을 면밀하게 점검해야 한다.

15번 항목(과거 악재 돌출 여부)과 16번 항목(매도할 뻔한 경험)을 체크해 보는 것도 역시 인간의 심리 때문이다. 인간이기에 사람들은 종종 자기합리화를 시도한다. 예상보다 주가의 움직임이 신통치 않거나 혹은 악재가 나타났을 때, 이를 애써 무시하거나 혹은 관용하려는 태도를 보인다. 이런 경험을 체크리스트에 기록해 둠으로써 나중에 의사결정을 할 때 훨씬 객관성을 띠는 데 도움이 된다.

그런데 여기서 가장 핵심적인 항목은 바로 18번 항목(지금 가격에 매수할 수 있는가?)이다. 가슴에 손을 얹고, 가장 솔직하고 정직하게 이 질문에 '예'라고 대답할 수 없다면, 매도하는 것이 정답이다. 투자자 자신도 매수할 수 없는 가격이라면 다른 투자자라고 하여 그 가격에 매력을 느껴 매수하리라고 기대할 수는 없다. 그리고 이 가격에 다른 투자자들도 매수하지 않는다면 주가가 하락하는 것은 당연한 결과다.

주식은 잘 팔아야 성공한다

이 책의 마지막에 이르러 다시 한번 강조한다.

'잘 파는 것이 주식투자의 성공이다.'

우리는 이 책의 첫 부분에서 사람들이 왜 주식을 선뜻 팔지 못하는지 그 이유를 알아보는 것으로 시작했다. 결국, '후회'를 극복하는 것이 가장 중요하다는 것은 거듭 강조해도 지나치지 않는다. 그리고 이어서 잘 팔 수 있는 환경을 조성하기 위하여 스스로 만든 심리적 함정에서 벗어나는 방법을 연구하였다. 그리고 '이단아'가 되어 대중의 움직임과 반대 방향으로 거래하는 것이 성공의 지름길임을 익혔다. 또한, 막연한 매도 목표가 아니라 구체적인 매도 목표를 설정하는 방법도 살폈고, 나아가 이동평균선을 위시하여 RSI, MACD, 스토캐스틱 등의 서양식 기술적 분석 기법에 일목균형표라는 동양식 기술적 분석 기법에 이르기까지 동서양을 아우르며 정확한 매도 시기를 잡는 방법도 숙지했다. 그리고 마지막 장에서는 구체적인 매도 전략을 어떻게 잡아야 할 것인지도 알아보았다.

만약 이 책을 다 읽었는데도 아직 '어떻게 하면 잘 팔 수 있는지' 이해하지 못했다면 마지막으로 한 마디만 덧붙인다.

이 책에서 내내 강조했듯이, 인간이란 원래 간사한 동물이다. 아무리 성인군자라 하더라도 누구나 다 자신의 이익에 민감하고, 타인의 불행에는 둔감하기 마련이다. 또한, 누구나 자신에게는 관대하고, 타인에게는 냉철하다. 자신이 저지른 잘못에 대하여 관대하다 보니 사람들은 슬슬 자기합리화를 한다. 예를 들어, 자신의 주식은 무조건 오를 것이라고 과신하거나 처음과 상황이 바뀌면 오히려 생각을 바꾸어 버리는 식의 행동을 그야말로 천연덕스럽게 해치운다. 그러고는 아무 일도 없었다는 듯이 행동한다.

주식투자에서 성공하려면 그리고 특히 잘 매도할 수 있으려면, 무엇보다도 이러한 자기합리화에서 벗어날 수 있어야 한다. 자신이 보유한 종목의 주가가 오르면 당연하게 생각하지만, 반대로 자신이 매도한 종목의 주가가 상승하면 그건 시장이 잘못되었다는 식으로 해석하는 일, 혹은 거꾸로 자신이 매도한 종목의 주가가 하락하면 그건 자신이 선택을 잘한 것이지만, 자신이 보유한 종목의 주가가 하락하면 그건 시장이 그 종목의 '참된 가치'를 몰라주기 때문이라는 생각 등이 대표적인 자기합리화의 사례이다.

손해 보려고 주식투자를 하는 사람은 없다. 그러나 주식투자를 하다 보면 손해를 보게 되는 것은 어쩔 수 없다. 누구나 다 손해를 본다. 소로스도, 피터 린치도, 심지어 주식투자의 현인으로 칭송받는 워런 버핏도 손해를 보았다고 하지 않는가? 평범한 사람인 우리가 손해 보는 것은 너무도 당연하다! 그러므로 손해 보는 것을 두려워하지 말아라. 오히려 손해 보는 것을 불가피한 일이라고 받아들이되, 손해는 되도록 줄이고, 이익이 났을 때 그것을 최대한으로 늘리는 것이 결국 전체적인 주식투자에서 수익을 얻는 길이 된다는 사실을 꼭 기억해야 한다. 아무런 변수가 없다면, 객관적으로 따져 어떤 주식을 샀을 때 주가가 오를 확률과 내릴 확률은 50 대 50이 될 것이다. 10번의 주식거래를 한다면 5번의 거래는 성공할 수 있겠고, 반면 5번의 거래에서는 실패를 맛볼 것이다. 이때, 실패하는 거래에서 입는 손해를 줄이고, 성공하는 거래에서 얻어지는 수익을 최대한으로 늘리면 전체적인 주식투자 성과는 플러스가 될 것이다.

물론 "말이야 쉽지!"라고 불평할 수 있다. 나 역시 수없이 경험했고 손실과 성공을 거듭하였다. 그리고 생각과는 다르게 실제로는 성공하는 거래에서 수익을 더 늘리지 못하는 이유도 잘 안다. 앞서 살펴보았듯 인간의 심리상, 매수한 이후 주가가 오른 주식은 얼른 팔아서 수익을 '현금으로' 확보하고 싶지만, 반대로 매수한 이후 주가가 내린 주식은 그걸 팔아서 손실을 확정하기는 정말 싫기 때문이다. 하지만 이런 심리에 머물러 있는 한, 주식투자로 돈을 벌 길은 요원하다. 이 책에서 나는 대중의 방향과는 반대로, 즉 이단아가 되라고 주장했다. 남들이 수익이 나는 주식을 얼른 팔고 싶고, 반대로 손해 보고 있는 주식은 팔기 싫어한다면, 여러분은 그것과는 정반대로 거래하라. 수익이 나면 악착같이 보유하고, 손해가 나면 얼른 팔아버려라. 분명 성과가 있을 것이다. 수많은 사람이 주식투자에서 성공하지 못하는 이유는 제대로 행동하지 못하기 때문이다.

손해 보고 있을 때, 잘 팔리지 않는다고 하소연하는 사람이 많다. '이론'은 잘 알지만 '실천'이 잘 안 되기 때문이다. '머리'로는 이해하지만, '가슴'으로는 선뜻 받아들이지 않는다. 미련이 남아서, 아쉬워서, 억울해서, 마음이 아파서 등의 이유로 손해 보고 있는 주식을 선뜻 팔지 못한다.

이럴 때 하나의 방법을 제안하자면, 원칙을 하나 만들자. 이동평균법이건,

스토캐스틱이건 혹은 MACD이든 뭐든 상관없다. 오로지 단 하나만의 기법을 정해 두고, 그 기법이 시키는 대로 '기계적으로' 매매해 보자. 그 기법이 매수하라고 하면 즉각 매수하고, 그 기법이 매도하라고 할 때 즉각 매도하는 식의 원칙을 정해 둔다면, 설령 손해를 보더라도 크게 심리적으로 타격받지 않고, 쉽게 매도를 해치울 수 있다. 기계적일수록 인간의 핑계, 자기합리화 등이 들어설 여지가 없기 때문이다.

이때, 원칙은 되도록 간단한 것이 좋다. 다시 한번 강조하지만, 사람은 간사하기 마련이어서 스스로 세운 원칙도 어기기에 십상이다. 그러니 아예 예외가 끼어들 소지가 없도록, 쉽고, 단순하게 기계적인 원칙을 세우는 것이 최선이다. 이때 필자가 즐겨 쓰는 말이 K.I.S.S^{Keep It Simple, Stupid}(단순하게 생각해, 바보야!)이다.

신문이나 뉴스에는 잊을 만하면 "주식투자를 비관하여……." 하는 기사가 실린다. 이런 소식을 접할 때마다 참으로 안타깝다. 여러분은 지금 어떤 상황인가? 왜 주식투자를 시작하였던가? 사실 처음 시작할 때만 하여도 주식은 별것 아니게 생각했을 거다. 괜찮은 종목 하나 잡아서 길게 보유하고 있으면 뭐 슬슬 주가가 오르겠거니 하고 판단하고 이 주식 판에 뛰어들었으리라 생각한다. 하지만 생각과는 달리 처음에 쉬워 보였던 주식투자가 점점 어려워졌고, 그 결과 원금도 숱하게 날리고, 다시는 주식투자를 하지 않는다고 결심하였다가 그래도 또 이 시장 언저리에 얼쩡거리고 있는 사람도 많을 것이다. 그런 사람일수록, '매도하는 것이 어렵다'라는 말에 동감할 것이다. 매수 시기는 기가 막혔는데, 종목을 고르기도 잘 골랐는데, 정작 매도 시점을 놓쳐 버려 안타깝게 수익을 얻을 기회는 물론 원금마저 허공에 날려버린 경험은 누구나 다 있을 것이다.

　아직도 기회는 많다. 주식투자를 하느라 얼마를 손해 보았을지라도 기죽을 것 없다. 더구나 이제 여러분은 잘 팔 수 있는 비법을 안다. 앞으로 실패가 전혀 없으리라고는 말하기 어렵지만, 그래도 이제는 실패한 투자에서는 재빨리 벗어나야 한다는 것 그리고 성공하고 있는 투자라면 수익이 더 늘어나도록 악착같이 보유하여야 한다는 것을 터득하였다. 또한, 무엇보다도 매도 시기를 선택하려면 자신의 심리적 약점을 이겨내야 한다. 그러려면 '원칙'을 최대한 간단하게 만들고, 그 원칙을 철저하게 지켜야 한다. 이게 바로 주식투자의 성공 비법이다.

저 자 소 개

김중근

서울대학교 경영학과를 거쳐 서울대학교 대학원 경영학과, 홍익대학교 대학원 박사과정에서 공부했다. 학교를 졸업해서는 JP모건체이스은행 서울지점, BNP파리바은행 서울지점 등에서 달러, 엔, 유로 등의 외환과 선물, 옵션 등 파생금융상품을 매매하는 외환딜러로 오랜 경력을 쌓았다.

외환딜러로 일하면서 금융시장 움직임을 예측하는 기법에 관심이 많았고, 그 결과 동서양의 많은 선진기법을 국내에 처음으로 도입하였다. 1991년, 당시만 하더라도 국내에 거의 알려지지 않았던 RSI, MACD, 스토캐스틱 등 서양의 분석 기법을 심층적으로 다루어 기술적 분석의 교과서로 자리매김하였던 〈국제금융시장의 기술적 분석〉이 그 시발점이다. 주식시장이 한창 상승하고 있던 1994년에 서양의 주식시장 파동이론인 《엘리엇 파동이론》을 최초로 국내에 소개하면서 주가 하락을 정확히 예측하여 주목을 받았고, 그 이후에는 전환선과 기준선의 균형으로 앞날을 전망하는 《일목균형표》를 집필하여 시장에 알렸다. IMF 금융위기 직후 혼란스럽던 시절, PC통신 〈천리안〉에 증권 칼럼을 게재하면서 폭발적인 인기를 모았고, 본격적인 주식 애널리스트로 활동하는 계기가 되었다. 한국경제신문 증권 담당 전문위원을 역임하였고, 경인방송을 비롯하여 〈한국경제TV〉, 〈MBN〉, 〈서울경제TV〉 그리고 〈토마토TV〉 등 증권 전문 채널에 오랫동안 고정출연하였으며 〈주간 한국〉, 〈연합인포맥스〉 등의 금융 전문 언론에 칼럼을 10년 이상 집필하였다. 한때 연합뉴스TV의 생방송 금융 뉴스 〈마켓워치〉의 앵커 겸 해설위원으로 나서서 또 다른 면모를 보인 바도 있다.

현재 환리스크 관리를 전문으로 하는 마크로헤지 코리아의 대표로 일하면서 동시에 한국무역협회 무역아카데미를 비롯한 연수원, 다수의 기업, 증권사, 은행, 대학 등에서 활발하게 강의하고 있다.

지은 책으로는《국제금융시장의 기술적 분석》,《엘리엇 파동이론》,《손바닥 금융》,《미래의 주가를 예측하는 일목균형표》,《외환 실무 및 환리스크 관리》,《7일 만에 끝내는 실전 매매》,《차트의 정석》 등이 있으며, 옮긴 책으로《워렌 버핏 투자법》,《워렌 버핏의 완벽투자기법》,《주식 고수들의 필승 투자전략》,《불황기 투자 대예측》 등이 있다.